Gertrud Höhler

Herzschlag der Sieger

Gertrud Höhler

Herzschlag der Sieger

Die EQ-Revolution

ECON

Die Deutsche Bibliothek – CIP-Einheitsaufnahme

Höhler, Gertrud: Herzschlag der Sieger : Die EQ-Revolution / Gertrud Höhler. – Düsseldorf ; München : ECON, 1997. ISBN 3-430-14717-4

Der ECON Verlag ist ein Unternehmen der ECON & List Verlagsgesellschaft.

Gesetzt aus der Times und Helvetica, Linotype. Satz: Josefine Urban – Kompetenz-Center, Düsseldorf. Papier: Papierfabrik Schleipen GmbH, Bad Dürkheim. Druck und Bindearbeiten: Pustet, Regensburg. Printed in Germany.
ISBN 3-430-14717-4

Für Luna und ihre Eltern –
für eine freundlichere Welt.

Inhalt

I

Zurück zur Emotionalen Vernunft: Von der Intelligenz der Gefühle

Die »virtuelle Welt« lebt nicht von Multimedia – sie lebt von Werten und Vertrauen

Wer von der »virtuellen Welt« spricht, meint den vernetzten Erdball, um den die *Internet-* und *E-Mail-*Botschaften kreisen, den die Millionen Funkverbindungen umfließen, auf denen menschliche Stimmen und Botschaften von Kontinent zu Kontinent strömen. Er sieht ortlose Manager den Erdball umkreisen, teils »virtuell«, teils immer noch leibhaftig in den Flugzeugen, die per Polkurs den neu entdeckten Charme der *Face-to-face-*Begegnung (s. S. 155) verfügbar halten: Die Rückkehr zum Einfachen, einem Dinner mit dem Vertragspartner, fesselt die Gemütskräfte der Manager – auch wenn sie diesen selbstkreierten Trend nicht ganz durchschauen. Virtuelle Welt, das sind im Assoziationsfeld unserer Gehirne auch die Bildschirmkonferenzen, in denen ferne Gesichter in unseren Konferenzraum blicken, um uns ihre Entschlossenheit, ihre Verläßlichkeit oder ihren Dissens mit unseren Ideen zu signalisieren.

Die merkwürdige Mischung fossiler Bedürfnisse nach sozialer Nähe und *High-Tech-*Skelettierung der kommunikativen Prozesse zeigt, daß Komplizierteres sich aufbaut als ein neuer, hochabstrakter Werkzeugkasten, der uns computersimulierte Welten betreten läßt, ohne daß wir unseren Sessel verlassen. Die Mobilität im Kopf nimmt zwar zu, sie kann aber das Bedürfnis nach anfaßbarer Wirklichkeit nicht gänzlich stillen. Mit der unsichtbaren Vernetzung der professionellen Prozesse zwischen Konzernen und Einzelunternehmen, Lieferanten und Kunden entstehen große weiße Flecken auf der inneren Landkarte der Erlebnisse, Begegnungen und sinnlichen Erfahrungen. Sie können nicht mit den Symbolen und Zahlen der Networks befriedigend gefüllt werden.

Der intellektuellen Anforderung entspricht eine emotionale Unterforderung.

In der offiziellen Diskussion um den Wandel der Anforderungen am Arbeitsplatz wird beharrlich die fortschreitende Abstraktion der Abläufe mit »Höherqualifikation« der Arbeitskräfte verknüpft. Das Denkmuster stammt aus der Industriekultur: Je weniger Anschauung, desto dünner wird die Luft, die einer atmet. Wer gar nichts mehr auf dem Schreibtisch hat, ist der Boß. Wer in einem Wust von Werkzeugen wühlt, muß niedrig qualifiziert sein – auch wenn er uns nachweisen kann, daß wir keines seiner Werkzeuge zu nutzen verstehen und keine seiner Aufgaben übernehmen könnten. Dann sind wir eben »überqualifiziert«, stellen wir kurzerhand fest.

Was bei diesen schnellen Vor- oder gar Fehlurteilen nachwirkt, ist die klassische Rangordnung von Kopf und Hand, die den Erfolgslauf in die Industriegesellschaft und ihre Automatisierung bestimmt hat. Da wurde der Handarbeiter vom Kopfarbeiter geführt – und das Kopfwerk war hierarchisch höher positioniert als das Handwerk. Besonders kühn erscheint dieser eilige Schluß, wenn wir uns daran erinnern, daß wir unser rasantes Gehirnwachstum, die kreative Evolution, wahrscheinlich unseren tastenden, gestaltenden und zupackenden, die Welt »begreifenden« Hände verdanken – die frei wurden, als *Homo sapiens* sich aufrichtete. Diese Hände waren es, die das innere Terrain im Kopf schneller expandieren ließen als jemals in der Geschichte der Arten zuvor.

Wenn wir die Hände des hochzivilisierten *Homo sapiens* heute beobachten, so tasten sie sich wieder in neue Welten vor: Diesmal ist es der glatte Pelz der Computermaus, den sie sachte streicheln, um sich in virtuelle Welten einzuspielen – viel weniger spektakulär als das Schwingen der Axt, viel weniger kraftvoll als der gezielte Speerwurf oder der exakte Bogenschuß. Eine Welt der tippenden, tastenden und Luftschlösser modellierenden Hände ist es, die in Debatten tatsächlich »virtuelle« Gegenstände vor die Augen der anderen stellen, mit den Händen eingerahmt und gleich wieder sich auflösend – in jedem der anwesenden Köpfe eine andere Spur zeichnend –, weil nirgends *Tabula rasa* sie empfängt: Im Kopf ist geformte Landschaft, in der Impulsketten einander anstoßen und durchdringen – ganz wie das gigantisch vergrößerte Bild der Erdkugel sie den Astronauten zeigt.

Die Welt im Kopf – das ist das Motto beim Eintritt in die virtuelle Landschaft der Informationsgesellschaft. Wechselt die Emotion nun ihre Docks, an denen sie landet, von denen sie startet? Wir wissen (s. S. 46 f. und Graphik S. 78), daß die Emotionen Handlungsimpulse sind und daß ihr Leerlaufen Vergeblichkeitsgefühle auslöst, Streß erzeugt und krank macht. Leerlaufende Emotionen sind ein Zivilisationsprodukt, auf das viele Hochleister stolz sind: Endlich gelingt es, nicht mehr Sklave von Gefühlswallungen zu sein, nicht mehr Opfer ihrer Überfälle, nicht mehr Beute ihres blitzschnellen Angriffs, der die Bauwerke der Ratio im Sturm nimmt.

Die virtuelle Welt möchten viele Manager als den endgültigen Sieg der emotionsbereinigten Ratio verstehen: eine Welt ohne Störfeuer aus der assoziativen, sehnsuchtstrunkenen Seele, die das private Leben – vor allem das Leben mit Frauen, die gar nicht daran denken, dieses emotionale Störfeuer auszutreten – schon unberechenbar genug macht.

Die virtuelle Welt ist *clean* und exakt, sie ist der Reinraum der *High-Tech*-Phantasien, in dem nur noch immaterielle Botschaften den Besitzer wechseln, von allen Schlacken der Materie befreit. Das muß, so folgern die Anhänger intellektueller Monokulturen, eine berechenbare und zugleich faszinierende Welt sein, weil das Internet, die große virtuelle Grabbelkiste, immer noch kaum mehr als den Schrotschuß zuläßt, nicht den Blattschuß, von dem die Perfektionisten träumen.

Internet ist Abenteuer, das wissen alle Eingeweihten, aber es ist ein diskretes Abenteuer für Verschworene – und eines im Reinraum, bei dem man sich nicht die Hände schmutzig macht. Das Klicken und Zucken und Gleiten, das Saugen und Schmelzen von Bildern und Zeichen ist eben simulierte Welt, wunderbar unverbindlich, nie fassen die Hände wirklich hinein, nie riecht es nach etwas, nie schmeckt man es wirklich, nie ist es lauter, schneller als man will: Die virtuelle Welt ist das Geisterreich, in dem man folgenlos weilt und aus dem man unbefleckt zur Realität zurückkehrt.

So jedenfalls suggeriert sie es dem Nutzer.

Die weißen Flecken auf der inneren Landkarte, die der Durchschnitts-*Worker* noch spürt, weil sie wüst und kahl sind, nach Vegetation und Wasser dürsten, nach emotionalem Futter schreien, verschaffen sich aber wieder Nahrung – nicht trotz, sondern wegen der virtuellen Fortschritte.

Was einstweilen noch im Schatten der Begeisterung Eingeweihter für das immaterielle Geisterreich liegt, ist ein virtueller Bezirk ganz anderer Art, an dem die Freibeuter der Informationsmeere freilich wenig interessiert sind. Dafür werden die scheinbaren Verlierer dieser Expedition in simulierte Welten einen unerwarteten Sieg feiern.

Wir leben nämlich längst in großen »virtuellen« Arealen miteinander, denen wir freilich ganz andere Namen geben – wir nennen sie Wertvorstellungen, Ethik, Moral – und in denen wir uns ziemlich sicher bewegen: Kopfwelten, Herzwelten, in denen jeder von uns einen guten Erfahrungsvorrat besitzt und die keiner von uns in Konkurrenz zur realen Welt der Güter, Waren, Gegenstände des Alltags und der Lebewesen sieht, die uns körperlich und räumlich greifbar umgeben. Keiner käme auf die Idee zu sagen: »Werte sind unsichtbar, deshalb habe ich kein Vertrauen zu ihnen; Alltagstugenden sind entbehrlich, weil man sie nicht anfassen kann.«

Es spricht einiges dafür, daß diese virtuelle Konkurrenz für das neue Reich von Internet und Cyberspace im gleichen Maße erstarken wird wie die Macht der virtuellen Welten aus der High-Tech-Produktion.

Die wechselseitige Durchdringung von »wirklicher« Wirklichkeit und virtueller Realität ist für die Wertewelt selbstverständlich. Reißt der Alltagskontakt von Werten ab, ist das wie der Riß einer Nabelschnur: Sie trocknen aus, sie sterben ab. Die Welt der Ethik und der Wertvorstellungen ist ein Metareich, das sich im realen, materiellen Alltag seine Nahrung holt. Versiegt der Energiefluß zwischen beiden Ebenen, stürzt die virtuelle Welt ein.

Ähnliche Durchdringungen beobachten wir schon heute bei den beiden Reichen von Alltagserfahrung und virtueller Medienrealität: 40 Prozent der Schulkinder in Bayern zeichnen eine Kuh ganz selbstverständlich lila. Sie würden aber über braune Kühe auf den Weiden ihrer Umgebung deshalb nicht staunen: Die Wirklichkeit hat verschiedene Schichten, in denen man entspannt blättert.

Die Spaziergänge junger intelligenter Spieler im *Internet* haben viel von dieser *Nonchalance:*

Sie nehmen Urlaub aus der Welt der Normen, in der die Bürokraten leben und die Pedanten rechnen. Sie genießen den Rausch der Gesetzlosigkeit und beobachten amüsiert das Bemühen der Systembewahrer, die Fesseln und Fallen der Überregulierung auch hier auszulegen auf Schritt und Tritt.

Die jungen Surfer im Internet lassen auch die ältere virtuelle Welt, den Überbau aus Werten und ethischen Standards, einstweilen hinter sich – noch ohne zu ahnen, daß sie genau damit die Freiheit schaffen, ganze Wertlandschaften neu in Besitz zu nehmen. Nicht ganz neue Landschaften, nein, sondern Topographien der menschlichen Kommunikation, die der virtuellen Welt von Wissen, Können und Lernen die verläßlichen Strukturen eines schützenden Ethos liefert. Wie sonst können Ziele vereinbart, Bündnisse geschlossen und Verträge besiegelt werden? Wo alles fließt, könnte jeder sich jederzeit aus dem Netzwerk seiner gestern eingegangenen Verpflichtungen verabschieden. Der virtuelle Händedruck über Ozeane, was ist er wert? Die *E-Mail-Message,* wie lange hat sie Bestand?

Das irreale Flackern der Verständigungsprozesse rund um den Globus wird durch eine mächtige Ressource mit Glaubwürdigkeit angereichert: Diese Ressource heißt Vertrauen. Sie ist ein Mischprodukt aus der für jeden Partner vorstellbaren Ächtung des Regelverletzers (s. S. 144) und der wechselseitigen Zusicherung, den schleichenden Vertrauensverlust in abstrakten virtuellen »Begegnungen« sozusagen gemeinsam aufzufangen und abzuwehren.

Vertrauen als Ersatz für reale Präsenz und soziale Nähe: ein Ingrediens für weltweites Business, das völlig unentbehrlich werden wird. Und manchem dämmert heute schon die fällige Umkehrung des kühlen Spruches, den jeder kennt – sie heißt: Kontrolle ist gut, Vertrauen ist besser. Was sich im Führungsalltag zwischen sehr real konfrontierten Arbeitspartnern als eine der wichtigsten Zukunftsressourcen erweist, das wird auch global eine neue, sorgsame Kultur brauchen: Weltweit tätige Unternehmer müssen Vertrauenskulturen managen (s. S. 111–119).

Die virtuelle Welt

Virtuelle Begegnungen in der globalen Kommunikation:

Ihre Erfolgsbasis ist die längst erprobte „virtuelle Welt" von Werten und Vertrauen.

Je weniger reale Präsenz, desto wichtiger die wechselseitige Glaubwürdigkeit.

Das Vertrauen ist nicht die einzige »virtuelle« Kraft, die das Geschehen in der wachsenden virtuellen Szene berechenbarer machen wird. Neben der Intelligenz der Systeme ist ja weiterhin viel menschliche Intelligenz im Spiel, wenn Datennetze genutzt und erweitert, Botschaften und Konzepte, Kontrakte und Entwürfe, simulierte Welten und Szenarien zwischen globalen Gesprächspartnern hin- und hergeschoben werden. Die menschliche Intelligenz ist aber nie *clean* zu haben, als isolierter Wirkstoff, der genauso störungsfrei funktioniert wie die intelligenten Systeme. Wäre es so, könnten wir eines von beiden abschaffen. Gehirn-Intelligenz ist immer mit Störungen verbunden – die wertvollsten sind die kreativen, von denen ich an anderer Stelle deshalb ausführlich spreche (s. S. 282–312). Kreative Energie, die sich einfallsreich in intelligente Argumente einmischt und den logischen Fluß über Stromschnellen jagt und zu Strudeln aufrollt, ist reich an emotionalem Potential, das Spontaneität sichert, beweisunabhängige Gewißheiten liefert, handlungsstark macht und visionär vereinfacht, worum es geht, wohin man eilen sollte.

Die menschliche Intelligenz, in diesem Feuer um Stringenz und Logik bemüht, ist nicht ins *Internet* zu bannen; sie begleitet seine Nutzer aber und verbessert die Qualität der virtuellen Netze. Das emotionale Störfeuer, das sie durchzuckt, liefert genau die Energieart nach, die der virtuellen Welt schnell ausgeht: soziale Kompetenz, unprofessionelle Wärme, wie sie nur entsteht, wenn nicht der fehlerlose Prozessor herrscht, sondern der fehlerhafte Nutzer um die Senkung seiner Fehlerquote kämpft. Oft ist das, was wir resignierend »menschliches Versagen« nennen, die einzige humane Spur in einem gnadenlos perfekten Prozeß. Das Dilemma: Wir brauchen beide, den perfekten Ablauf, wo er unser Leben schützt, und die wärmende menschliche Hand, um nicht in der gnadenlosen Fehlerlosigkeit der *High-Tech*-Kultur zu erfrieren.

Vertrauen, Glaubwürdigkeit und Verläßlichkeit, das sind Tugenden aus dem vertrauensvollen Werteset der freiheitlichen Gesellschaften. Sie erleben im globalen Netzwerk der Verständigungen, Absprachen und Geschäfte eine Dramatisierung, die nicht überrascht. Weltweite Kommunikation hebt unausweichlich die Standards der Werte und

Globale Kommunikation

macht die Arbeitstugenden der freien Gesellschaft nicht überflüssig, sondern wertet sie auf:

Weniger soziale Nähe –
mehr Glaubwürdigkeit und Verläßlichkeit.

Weniger kulturelle Vertrautheit –
mehr interkulturelle Vertrauensleistungen.

Ziele, in deren Schatten man kommuniziert, auf ein anspruchsvolleres Niveau: Sie müssen internationalen, interkulturellen Anforderungen genügen. Jeder muß sich auf Partner verlassen, die gestern noch Feinde oder mindestens Fremde waren. Jeder Partner spürt, daß keine Zeit bleiben wird, in der schnellen Welt auf gründlichere Annäherungen der Kulturen zu warten, ehe man Geschäfte macht: Die Geschäfte sind es, die die Kulturen zueinander öffnen. Die Geschäfte bedürfen daher einer hohen, progressiven Verständigungs-Qualität. Sie brauchen diese Qualität um so mehr, als die virtuellen Kapitel in den internationalen Begegnungen größer werden: Schon das Zeitmanagement auf beiden Seiten schickt manchen wichtigen Prozeß ins *Internet* statt die Manager ins Flugzeug. Vertrauenskulturen managen – eine globale Aufgabe, die den Unternehmen helfen könnte, ihre ethischen Standards ganz nebenbei einander so anzunähern, daß der Kulturen-Mix in Zukunft für weltweit pendelnde Mitarbeiter keine große Belastung mehr darstellt.

So zeigt sich überraschend, daß die virtuelle Kommunikation auf den Weltmeeren des *Cyberspace* nicht soziale Nähe im Weltall verdampfen läßt, sondern deren wichtigste Essenz, die vertrauenstiftenden Werte, gründlicher kultivieren muß, als zwei Kaufleute das tun, die sich am Tisch gegenübersitzen, um zu erfahren, ob sie einander trauen können, ehe sie unterschreiben.

Den schlafenden Riesen wecken – Von den ungenutzten Rohstoffen im menschlichen Gehirn

In unserem Gehirn kooperieren nicht nur Intelligenz und Emotion – selten in idealer Weise, wie dieses Buch zeigt –, sondern auch Vergangenheit, Gegenwart und Zukunft. Signale aus der Urzeit unserer Säugervergangenheit blitzen auf, übereilen den nachfassenden Verstand, um uns das Leben zu retten oder uns ins Unglück zu stürzen; intelligente Kontrollen arbeiten die Botschaften des Reptilhirns durch, um sie gegenwartsfähig zu machen; sie strangulieren dabei oft den lebensrettenden Impuls und zerstören ein andermal beflügelnde Motivationen, weil die Gedanken den Gefühlen nicht trauen.

Die Zahl der möglichen Schaltungen und der Zellen ist so viel größer als im leistungsfähigsten Computer, daß der Vergleich mit den Geräten zur Datenverarbeitung ungeeignet erscheint, um das Geschehen im menschlichen Gehirn auch nur annähernd zu beschreiben. Zumal die Zeitachse, auf der die Kapazität des Gehirns arbeitet, den Zugriffen und Ergebnissen eine unverwechselbare Qualität gibt, die völlig konkurrenzlos ist.

Daß der Umgang mit einem so hochkomplizierten Energiespeicher nicht quasi von selbst gelingt, ist leicht einzusehen. Daß zugleich die Komposition von Leistungseinheiten mit so unterschiedlicher Zuständigkeit – Fühlen, Denken, Reagieren, Reflektieren – und so unterschiedlichem Alter nicht einfach spontan optimal funktioniert, sondern der sensiblen und vielseitigen Einübung bedarf, ist auch leicht verständlich. Im Gegenteil wundert man sich erst jetzt, wenn man beides bedenkt, wie unbeschwert die meisten Menschen der Spontanentwicklung dieses komplizierten Kosmos von Sendern, Leitern und Empfängern zuschauen, wenn sie Kinder aufziehen. Der Zugriff von Erziehung und ungeregelten Umwelteindrücken auf das empfindliche Zusammenspiel von Impulsen, Kontrollen und Prägungen im kindli-

Die verlorene Balance von Ratio und Emotionen in der modernen Welt

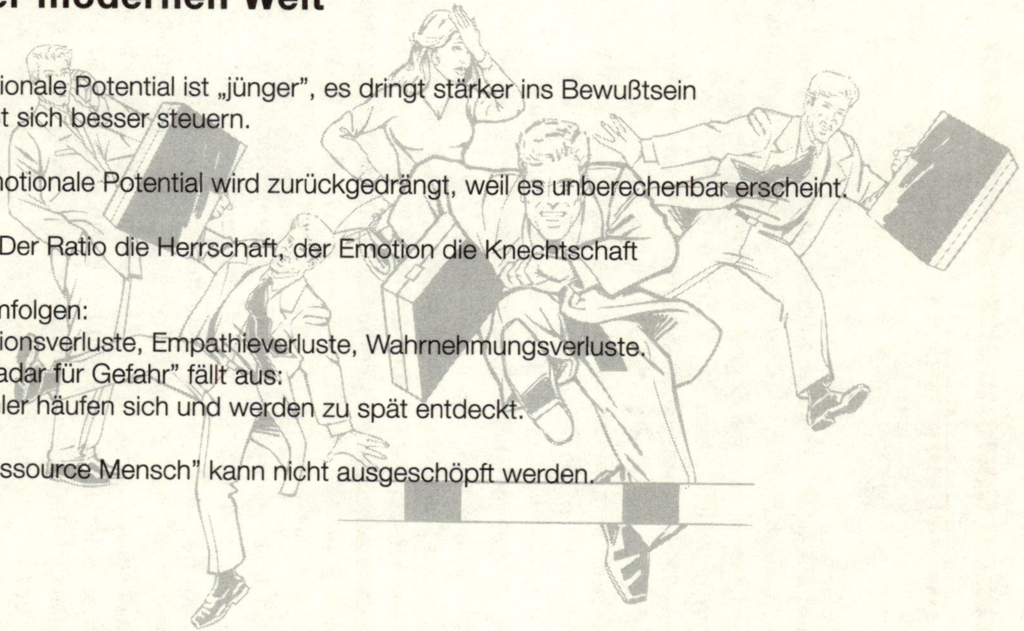

Das rationale Potential ist „jünger", es dringt stärker ins Bewußtsein und läßt sich besser steuern.

Das emotionale Potential wird zurückgedrängt, weil es unberechenbar erscheint.

Motto: Der Ratio die Herrschaft, der Emotion die Knechtschaft

Problemfolgen:
Motivationsverluste, Empathieverluste, Wahrnehmungsverluste.
Das „Radar für Gefahr" fällt aus:
Die Fehler häufen sich und werden zu spät entdeckt.

Die „Ressource Mensch" kann nicht ausgeschöpft werden.

chen Gehirn hat im Vergleich zu dessen Verletzlichkeit und Leistungsfähigkeit etwas so Plumpes und Zufälliges, leider obendrein auch etwas so Einseitiges, daß man sich eher wundern muß, daß nicht noch mehr Schaden angerichtet wird. Vielleicht ist aber auch der angerichtete durchschnittliche Schaden Standard, und wir können den Idealfall, da er einfach nicht vorkommt, nicht zum Vergleich danebenhalten.

Nun sind freilich die empfindlichen Zonen unseres Gehirns recht gut verpackt. Die Kern-Emotionen (s. S. 48, 77) sind ein international von keiner Kultur bislang zerstörtes Grundset an Kommunikation. Aber ein mindestens ebenso wichtiger Bereich, die ethische Energie, mit der wir unser Zusammenleben im Wertekonsens ordnen, ist sehr jungen Datums und entsprechend schutzlos in den äußeren Schichten des Gehirns untergebracht. Zerstörungen durch Drogen zum Beispiel treffen diese Schichten zuerst; die soziale Kompetenz versagt, die Bindungsfähigkeit erlischt, und die für Gesunde unerklärlichen Übergriffe im sozialen Nahbereich nehmen ihren Lauf. Sie zerstören das Vertrauen genau jener Lebenspartner, auf deren besondere Zuwendung der Süchtige nun angewiesen wäre. Zwanghaft erschreckt er sie durch immer weiter vorangetriebene Eingriffe in ihre persönlichen Besitz- und Sicherheitsstandards; er löst die Bande, die ihn halten sollten. Nur wer genauer verstünde, daß das Gehirn des Süchtigen buchstäblich verletzt ist, könnte die eigene Kränkung überwinden und angemessen helfen, ohne Sentimentalität.

Was bedeutet nun die unausgeschöpfte Leistungskapazität unseres Gehirns, was seine vernachlässigte Komplexität für Führungs- und Leistungsorganisationen, in denen Menschen gemeinsam nach Zielen streben, Erfolge suchen und mit Wettbewerbern konkurrieren? Die Vermutung, daß wir auch hier wie die Wanderer im Nebel von Zufällen des Gelingens leben, liegt nahe. Natürlich handelt es sich um gelenkte Zufälle – die Lenker sind Trends und Bequemlichkeiten, aber auch Erfolgserlebnisse wie jene der Industriekultur, die sich dem menschlichen Intellekt verpflichtete, weil er so stürmische Fortschritte gebracht hatte wie nie zuvor. Der Tempomacher und Komfortspender des 20. Jahrhunderts, so schien unzweifelhaft, war der diszipli-

Den schlummernden Riesen wecken:

Fühlen und Denken sind gleichwertig.

Leistung und Erfolg sind Mischprodukte:

Wer **Verstand** und **Gefühl** gleichmäßig belastet,
erreicht das optimale Verhältnis von Aufwand und Erfolg.

Nur die ausgewogene Belastung schafft Motivation für neue Anstrengungen.

nierte Sachverstand an der Leine der Ratio. Gefühlskulturen blühten üppig nebenher; die Mischung aber wurde nicht zum Ideal erklärt, weil die Isolation der Kräfte – hier die Rechner, dort die Deuter; hier das Beweisen, dort das Verstehen – so erfolgreich schien. Die Entscheidung für die Überschätzung der Ratio wurde um so leichter mehrheitsfähig, als die Industriephase überwiegend von Männern geprägt wurde; die Domestizierung der Emotionen unter dem Kommando des Verstandes ist eine männliche Neigung, für die es ebenso massive Ursachen wie Beweise gibt.

Daß es sich beim Zusammenspiel der Wahrnehmungen, Auswertungen und Reaktionen, der Gefühle und Erregungsmuster nicht nur um eine friedliche Kooperation, sondern um eine dynamische und spannungsreiche Konkurrenz der Kräfte handelt, ist schon in der griechischen Antike erkannt und beschrieben worden. Es bedurfte nicht der modernen Wissenschaft, um diese Spannung und den häufig schmerzlichen Zwiespalt wahrzunehmen, der unser Denken, Fühlen und Handeln begleitet.

Die logische Konsequenz wäre, diese Spannung auch als die Voraussetzung jeder Kooperation von Menschen, jeder Führungsaufgabe und Zielorientierung zu begreifen. Statt dessen sind unsere Arbeitssysteme nach Modellen aufgebaut, die nur Ausschnitte der Hirnleistung voraussetzen und anfordern; alles, was als schwer steuerbar und planungsresistent begriffen wird, blendet man kurzerhand aus. Die Störanfälligkeit der gemeinsamen Leistungen kann daher eigentlich nicht verwundern. Eher muß man auch hier verwundert sein, daß vieles gut gelingt. Aber der Preis dieses Gelingens ist höher als notwendig – für die Menschen und für die gemeinsame Sache.

Wer sich die beschriebenen Zusammenhänge klarmacht und die ungeheuren Reserven begreift, die wir mehr schlecht als recht und mehr zufallsgesteuert als planvoll ausbilden und nutzen, der ahnt, daß für die Qualität des Lebens und Arbeitens noch große Qualitätssprünge möglich sind. Drängend werden sie deshalb, weil wir uns hier nicht mehr in der künstlichen Welt des Entweder-Oder bewegen, sondern in der natürlichen des Sowohl-Als-auch: Was für die Ergebnisse von Führung und Leistung einen Qualitätssprung verspricht, bringt zugleich subjektiv mehr Erfüllung, mehr Selbstvertrauen und mehr Motivation.

Der »schlummernde Riese« in unserem Kopf ist also tatsächlich eine Innovationsquelle ersten Ranges, wenn es uns gelingt, seine zahllosen Fähigkeiten ausgewogener in Anspruch zu nehmen – was voraussetzt: in ihrer Gleichwertigkeit zu schätzen. Wer sich nicht von der Irrlehre verabschieden möchte, Fühlen sei weniger wert als Denken, wird keine Chance haben, von der einseitigen Nutzung des Gehirnpotentials wegzukommen, die der technisch-wissenschaftlichen Kulturphase ihr Tempo und ihre Defizite gebracht hat.

Wer Leistung optimal organisieren will, muß den Vorteil der Leistungsträger und den Vorteil der angestrebten Sache in Übereinstimmung bringen. Wie sich auf der Basis unseres heutigen Wissens herausstellt, ist das kein Gegensatz, sondern eine völlig stimmige Entsprechung: Wer mit seinen Energien optimal umgeht, bleibt leistungsfähig und erlebt Erfolgsgenuß. Zugleich erzielt er die besten Arbeitsergebnisse, das beste Verhältnis von Aufwand und Erfolg und die überzeugendsten Konzepte für Partner und Kunden – für Menschen.

Erfolgreiche Mitarbeiter sind inspirierte Mitarbeiter. Was heißt das aber genau?

Inspirierte Menschen zeigen eine gesteigerte Assoziationsfähigkeit. Sie verknüpfen das, was sie wissen, besser mit dem, was sie neu erfahren, und werden innovationsstärker. Für die Führungsaufgabe heißt das: Es muß gelingen, jene Flüssigkeit der Schaltungen herzustellen, die das Gehirn von der bloßen Wiederholung des Bekannten (= Verwalten) zur Eroberung des noch Unbekannten (= Innovation) befähigen. Diese Sprungbereitschaft, bildlich gesprochen, wird unter Bedingungen erreicht, die wir kennen. Sie heißen:

- Information und Sachinteresse vermitteln,
- provozierende Zielentwürfe liefern,
- Lust auf lohnendes Risiko wecken,
- Furcht, Aggression und Streß abbauen.

Leistung organisieren heißt:

Den Vorteil der Leistungsträger und den Vorteil für die Sache in Deckung bringen.

Entscheidende Voraussetzungen im Führungsklima:
- Viel Information und Sachinteresse vermitteln
- Provozierende Zielentwürfe liefern
- Lust auf lohnendes Risiko wecken
- Furcht, Aggression und Streß abbauen

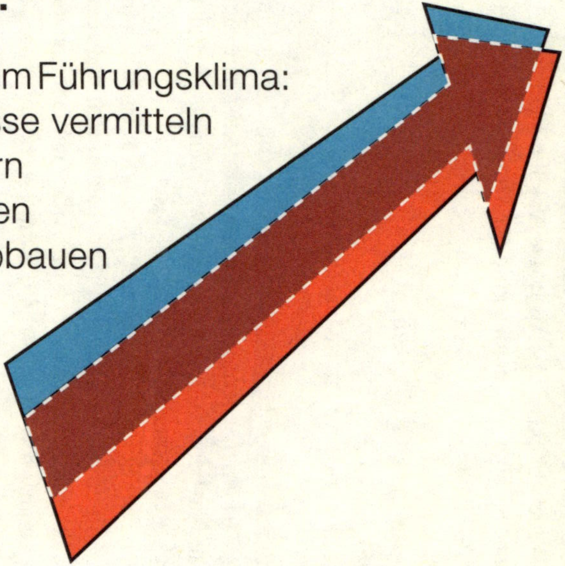

Diese Liste der Inspirationsbedingungen läßt uns in zwei gegensätzliche Welten blicken. Die Welt der Apathie steht jener der Übererregung gegenüber. Die beiden Pole der Mitarbeitermentalität sind damit ins Spiel gebracht:

- Lustlosigkeit auf der einen

  und

- leerlaufende Agitationslust auf der anderen Seite.

Beide Stimmungslagen sind gleich weit von der Inspiration entfernt; sie bedarf einer federnden, angstfreien Bereitschaft zum vertretbaren Risiko; sie bedarf des Vertrauens zwischen den Arbeitspartnern und einer guten gemeinsamen Wissensbasis.

Der inspirierte Arbeitsprozeß, das wird damit schon deutlich, ist nicht mit einem abgezäunten Hirnabschnitt zu managen, der isoliert dressierten Ratio etwa. Schon die Arbeit der Gehirne muß umfassender gemanagt werden, wenn ein umfassend nutzbares Ergebnis herauskommen soll.

Führungskräfte sollten wissen, daß für einen anspruchsvollen und vom Mehrfachnutzen dieser neuen Art gekennzeichneten Arbeitsprozeß »intelligente« Konzepte nicht genügen. Inspiration für hochwertige – und höchst befriedigende! – Leistungen muß tatsächlich auch jene Hirnregionen beteiligen, auf die offiziell bislang keine Führungsüberlegung Bezug nimmt: das Reptilhirn mit seiner kostbaren Fracht an Überlebens-Impulsen (s. S. 34), das emotionale Gehirn, das im limbischen System die ichbezogenen Echos auf die Botschaften des Reptilhirns produziert, und beide zusammen als das »Radar für Gefahr«, das die langsame Vernunft übereilt, um uns eine vereinfachte, schnelle Diagnose zuzurufen.

Die Ratio – Wunderkind im Funkenflug der Emotionen

Daß wir der menschlichen Ratio soviel zutrauen, verwundert erst recht, wenn wir sehen, wie unerfahren sie ist – im Vergleich zu den höchst bewährten, kampferprobten Gehirnteilen: 280 Millionen Erfolgsjahre hat das Reptilhirn hinter sich, 165 Millionen das Emotionshirn – und lächerliche 5 Millionen Jahre haben das Vernunfthirn zum präpotenten Kontrolleur für alle Ausbrüche, Ideen und Aufschreie der beiden anderen gemacht. Das verwundert schon.

Gleichzeitig verblüfft das Reptilhirn uns durch seine elementare Macht, durch sein Tempo und die Intensität seiner Wahrnehmungen; das limbische System, das diese Botschaften auf uns selbst anwendbar macht, liefert Verstärkung – und so manches intellektuelle Kalkül stürzt ein vor dieser Woge von schnellen Gewißheiten. Während der moderne Mensch den alten Dämonen, die er so schwer steuern kann, den Zwischenruferplatz zugewiesen hat, preschen sie immer wieder vor und zerstören seine sauberen Vernunftgebäude – vor allem dort, wo diese menschenfern werden und den Wärmehaushalt aus dem Lot bringen.

Die junge Kraft, die Vernunft, verliert oft diese Wettläufe wegen ihrer Langsamkeit. Sie ist wie einer, der seinen Rechenstift zu spitzen beginnt, wenn der Hurrikan heranrollt. Die evolutionserfahrenen Kernteile unseres Gehirns brüllen uns Fluchtsignale zu, und der kluge Bleistiftrechner geht unter. Da er Besitzer desselben Gehirns ist, in dem sich dieses Feuer der Wahrnehmungen und Reaktionen abspielt, wird er oft durch die archaischen Impulse gerettet, während sein kühler Verstand noch längst nicht auf der Höhe der Ereignisse ist.

Schwierig werden diese Rettungsaktionen, wenn die Botschaft von Chance und Gefahr sehr komplex und widersprüchlich wird. Schwierig werden sie aber auch dann, wenn es dem Gehirnbesitzer in langjäh-

Emotionen sind Überlebens-Impulse

Sie entstehen im Reptilhirn, der ältesten Hirnregion (ca. 280 Mio. Jahre).

Das Reptilhirn regelt alle vitalen Funktionen:

Kampf	Essen
Flucht	Trinken
Entspannung	Schlafen
Territorialverhalten	Sex
	Brutpflege

riger Disziplin gelungen ist, die Anstürme seiner Emotionen so zu blocken, daß er schließlich sogar das spontane Reaktionsmuster auslöscht: Sein Herz schlägt nicht mehr schneller, seine Pupillen weiten sich nicht, seine Muskeln werden nicht besser durchblutet, seine Atmung legt nicht mehr einen Takt zu, wenn die *Fight-or-flight*-Sirene in seinem Kopf aufheult oder der Zorn, die Freude zur Aktivität blasen möchten.

Was er selbst als höchste Stufe der Selbstkontrolle erlebt, ist zugleich der endgültige Abschied von jeder Idee, ja auch von der Ideentoleranz, die seine Mitarbeiter benötigen, um visionäre Konzepte durchzubringen. Es ist auch der Abschied vom inspirierenden Führungsstil, denn die sterile Intelligenz reißt niemanden vom Stuhl. Und es ist der Ausstieg aus jedem Vertrauensmanagement, weil schon für den Cocktail, der »Vertrauen« heißt, nur die halbe Formel bereitsteht. Wer Gefühle nicht mehr zuläßt, kann sie auch bei anderen nicht mehr managen.

Wären die alten Impulse aus Reptilhirn und Emotionshirn nicht so heftig, sie wären längst der jungen Supermacht namens Vernunft gewichen.

Wie es um die Durchsetzungsfähigkeit der Ratio bei durchschnittlichen Leuten bestellt ist, beschreibt der Psychiater Gottlieb Guntern mit einem schlagenden Beispiel:

> *»Die Hirnrinde* (also das Vernunfthirn) *ist wie der erste Puderschnee, der im Herbst die Felsen bedeckt: Ein kräftiger Windstoß, und der ganze Zauber ist weg – und schon schaut der darunterliegende atavistische Felsen hervor.«*

Die Zusammenarbeit zwischen sehr erfahrenen und sehr unerfahrenen »Mitarbeitern« in der Zentrale der menschlichen Überlebensstrategien könnte noch viel störanfälliger sein, so sieht man plötzlich. Aber wie viele gutgemeinte Konzepte zu überraschend schädlichen Ergebnissen führen, das spiegelt schon die Unausgewogenheit dieser Kooperation im menschlichen Kopf.

Die Revolution der Ratio hat schnell unsere sicheren Instinktbin-

Emotionsmanagement

Wer eigene Gefühle nicht zuläßt, kann auch bei anderen keine Gefühle managen.

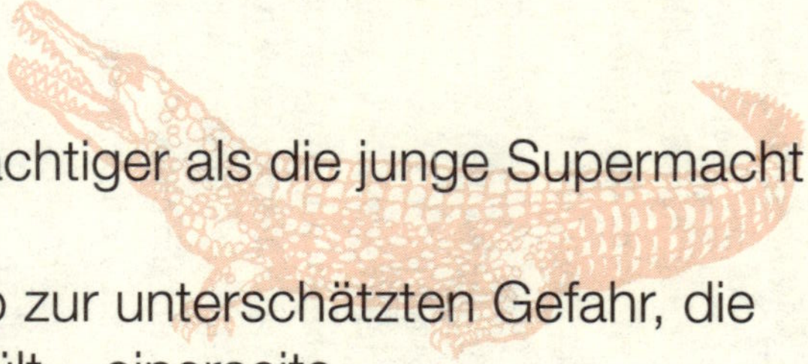

Reptilhirn und Emotionshirn sind mächtiger als die junge Supermacht Ratio:
Geleugnete Gefühle werden deshalb zur unterschätzten Gefahr, die jede vernünftige Überlegung wegspült – einerseits.

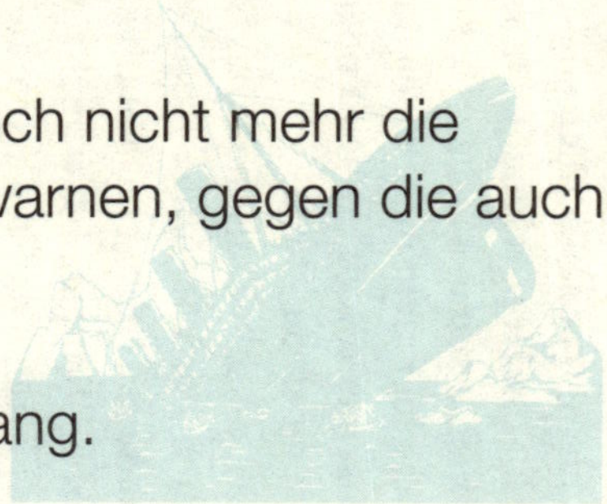

Geleugnete Gefühle haben – andererseits – auch nicht mehr die Chance, uns vor übermächtigen Gegnern zu warnen, gegen die auch unsere Vernunft machtlos ist:

Streß, Angriffe und Intrigen, Scheitern, Untergang.

dungen überlagert; sie konnte aber bis heute kein wirklich tragfähiges Äquivalent liefern, das uns für diesen schweren Verlust entschädigt. Deshalb ist es so entscheidend, daß wir nach rückwärts wieder anknüpfen, daß wir die Stimmen aus der Tiefe unserer Vorgeschichte wieder zu hören lernen. Die Leistungen von Reptilhirn und Emotionshirn waren ja nicht nur umweltbezogen – was sie in der Tat weitgehend gegenstandslos machen würde: Der Bär erscheint halt nicht mehr vor unserer Höhle, und in unserem Vorgarten liegt kein Tiger in der Astgabel. Die handgreifliche Gefahr ist eher die Schauseite dessen, was Instinkthirn und Emotionshirn wahrnehmen. Sie checken blitzschnell auch die psychische Seite der Gefahr. Sie warnen uns vor übermächtigen Gegnern auch dann, wenn diese die abstrakte Gestalt von Streß, Konflikten oder Sackgassen haben. Diese sehr erfahrenen Radarstationen in unserem Inneren sind eben nicht umweltzentriert, sondern egozentriert; sie sichern die Überlebenschancen in jeder, nicht nur vordergründiger Weise. Im Reptilhirn und im emotionalen Zentrum ist noch klar, was das Vernunfthirn oft zu leugnen versucht: daß physische Unversehrtheit nur ein kleiner Teil des Überlebens ist. Deshalb sind die »atavistischen Felsen«, mit *Guntern* zu sprechen, so wichtig für uns.

Das Vernunfthirn ist also ein jugendlicher Wanderer in der Evolutionsgeschichte. Sein Selbstbewußtsein ist umwerfend, auch für manche Emotion aus der Tiefe, und es leistet eine Arbeit, die der Welteroberung die Grundlage gab. Das Vernunfthirn urteilt. Das macht es auch mit den Gefühlen des Individuums, dem es gehört: Es urteilt, widerspricht, wiegelt ab, ordnet zu, entschärft und verwirft. Es spielt den Dompteur. Seine Urteile sind:

- sachorientiert statt ich-orientiert,
- relativierend,
- flexibel, d. h. argumentationsoffen.

Auch im Vernunfthirn gibt es Leistungszentren, die dem modernen Menschen besonders förderungswürdig, und andere, die ihm eher als zensurwürdig erscheinen. Denn dieses siegreiche junge Gehirnareal

Das menschliche Gehirn – Seitenansicht

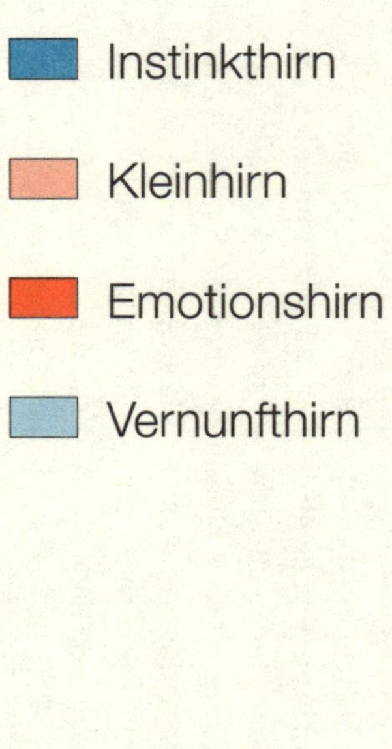

Quelle: G. Guntern, „Im Zeichen des Schmetterlings"

hat zwei Hälften, die einander zuarbeiten wollen – und dies eigentlich nicht in einer Rangfolge, sondern gleichberechtigt. Welche Hälfte die Zivilisation begünstigt hat, wird jeder leicht folgern können, der die folgende Liste der Leistungen liest, die uns das Vernunfthirn mit seinen beiden Hälften offeriert.

- Die eine Hälfte – meist die linke – denkt
  - abstrakt
  - analytisch-dualistisch
  - rational
  - quantitativ
  - sprachlich
  - schlußfolgernd, stringent
  - handlungsbezogen.
- die andere Hälfte – meist die rechte – denkt
  - konkret
  - einheitlich, ganzheitlich
  - intuitiv
  - qualitativ
  - bildhaft
  - abwägend, einkreisend
  - aufnahmebereit.

Dominant in der menschlichen Geschichte sollte nach Auffassung der Menschen die linke Hälfte sein – abstrakt-analytisch-rational sind ihre Stichworte. Der Rechtshänder – und mit ihm ungefähr 75 Prozent der Menschen – trägt sie links in seinem Kopf. Neben ihm existieren Mischtypen ohne feste Spezialisierung und jene geborenen Linkshänder, deren Hirnhälften sozusagen den Platz getauscht haben.

Die Begünstigung der linken Hirnhälfte führt die Abwehr gegen alles »schwer berechenbare« Material weiter, die sich gegen die Uralt-Zwischenrufe aus Reptil- und Emotionshirn richtet.

Nun finden wir deren Anwälte oder potentielle Kooperationspartner wieder in jener Gehirnhälfte, die als »nicht dominant« auf den zweiten Platz gewiesen wird: die rechte, in der sich Aktivitäten abspielen, die Türöffner für Instinkte und Emotionen an der Pforte zum Vernunfthirn sein könnten – ließe man sie nur.

Und tatsächlich sind auch Hirnphysiologen der Meinung, daß die Aufteilung in »dominante« und »nichtdominante« Aufgaben, mit denen wir kurzerhand die Kooperation der beiden Hemisphären zu einer Rangordnung machen, der Vernunftvergötterung entspricht, der die gesamte abendländische Kulturgeschichte gefolgt ist. Selbst die

Das Vernunfthirn spielt den Dompteur.

Es urteilt, ordnet und relativiert. Es operiert in zwei Hälften.

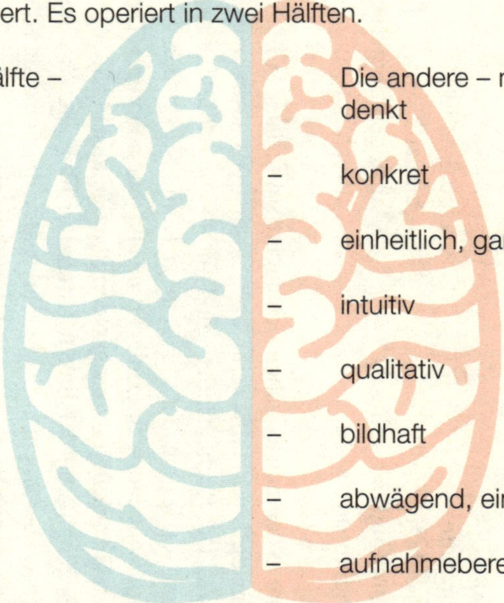

Die eine – meist die linke Hälfte – denkt		Die andere – meist die rechte Hälfte – denkt
abstrakt	–	konkret
analytisch-dualistisch	–	einheitlich, ganzheitlich
rational	–	intuitiv
quantitativ	–	qualitativ
sprachlich	–	bildhaft
schlußfolgernd, stringent	–	abwägend, einkreisend
handlungsbezogen	–	aufnahmebereit

Bei den meisten Menschen ist die linke Hälfte dominant

ungeheuerlichsten Entgleisungen wie zum Beispiel die Hexenverfolgung bedienten sich der Werkzeuge und der Sprache der Ratio – während die Feuer des Wahns loderten.

Wie schnell die sogenannte dominante Hirnhälfte an ihre Grenzen kommt, das zeigt sich, wenn Entscheidungen gefällt werden müssen, die kein ideales Muster für den Zugriff dieses logischen Werkzeugs bieten. Wie der Fisch im Wasser bewegt sich der linkshirnig Dominierte immer dann, wenn

- alle Entscheidungsgrundlagen eindeutig sind,
- die Zahlen und Fakten vollständig sind,
- das Datenwerk in sich stimmig und widerspruchsfrei ist,
- alle Fakten quantitativ überschaubar sind,
- eine frühere Situation strategisch sehr ähnliche Anforderungen bot.

Für diese ideale Schönwetterlandschaft des Entscheidens ist der einseitige Gebrauch der linken Gehirnhälfte kein großer Schaden.

Aber das Szenario wirkt fast wie aus dem Labor; es kommt im Alltag des Wirtschaftens schon deshalb nicht so störungsfrei vor, weil Menschen involviert sind. Und die müssen in aller Regel Entscheidungen verstehen, mittragen und ausführen. Mit diesen Entscheidungen muß draußen, im Markt überzeugt werden. Selbst wenn die interne Truppe gleichmäßig vernunftgesteuert und speziell linkshirnig dominiert ausgelesen wurde, versagt die Überzeugungskraft der Entscheidung an späteren Stationen, wo gemischt qualifizierte Menschen sitzen – und beim Kunden, der keinen Grund hat, sich für den Umgang mit dem linkshirnig geführten Unternehmen eigens zu disziplinieren. Er hat die Wahl; er kann sich Partner suchen, die ihn nicht nur überzeugen, sondern auch begeistern. Inspirierend, mitreißend, das sind solche einseitig basierten Entscheidungen nie. Sie sind nachprüfbar, sie halten kontrollierenden Gegenrechnungen stand, sie zeigen keinen Widerspruch – und rechnen mit einer widerspruchsfreien Wirklichkeit, die es nicht gibt.

Die rechte Gehirnhälfte ist für diese Art der Entscheidungslage nicht gut geeignet. In idealem Wasser bewegt sie sich, wenn die linke unsicher wird – ein Kooperationssignal erster Ordnung, so sollte man meinen. Aber der Wunsch nach übersichtlichen Gefechtslagen ist oft der Vater des linkshirnigen Gedankens; einfache Konzepte hätten die Macht, die Welt einfacher zu machen.

Die sogenannte »nichtdominante« rechte Gehirnhälfte greift erfolgreich ein bei strategischer Unklarheit vor Entscheidungen:

- unsichere Datenlage,
- unvollständige Faktenreihen,
- Widersprüche im Zahlenwerk,
- qualitativer Charakter der Vorgaben – Theorien, Ideen, Emotionen,
- völlig neue Struktur der Datenlage, Ermessensspielräume lassen keine reinrassige »intelligente« Entscheidung zu.

Natürlich gibt es Mischformen beider Szenarien. Die Häufung des zweiten Typus ist aber auffallend, seit wir uns unter komplexeren Bedingungen im internationalen Geschehen bewegen.

Das Profil der Sieger ist nicht mehr linkshirnig dominiert; aber die Karrieremuster vieler Aufsteiger in der Wirtschaft sind es immer noch. Mit den Ausbildungen fängt es an, mit den Vorstands-Assistenzen geht es weiter. Der junge Mann mit der messerscharfen Ratio ist berechenbar für seinen Chef und deshalb angenehm. Er kämpft mit denselben Waffen und muß als Gegner einstweilen nicht gefürchtet werden.

Was die rechte Hemisphäre des Vernunfthirns kann, wirkt wie ein Nachhall aus der Uraltwelt der Reptil-Instinkte und der limbischen Emotionen. Es sieht wirklich so aus, als sei sie der Vorposten dieser mächtigen Handlungsimpulse in der modernen Welt, und es sieht weiter so aus, als sei diese rechte Hirnhälfte genau deshalb »degradiert« worden: Sie wiederholt die gefürchtete Konfrontation mit dem Unberechenbaren, vor dem der *Homo sapiens* schon so lange auf der Flucht ist. Zwar spürt er immer noch die Jagdinstinkte seiner Vorfahren; zwar pocht sein Herz, und seine Hände glühen, wenn er zornig wird; zwar schüttelt ihn die Rivalität gegenüber Rudelpartnern und packt ihn Angst, wenn er eine unbeherrschbare Gefahr sieht – aber er wiegelt alle diese Schübe rational ab, um das Gebärdenset des dominanten

Leittiers aufrechtzuerhalten. Und dabei bleibt dann oft die angemessene Reaktion auf singuläre Chancen und Jahrhundertgefahr auf der Strecke: zu schnell ausgeblendet das Feuer der Ahnen in seinem Stammhirn, zu schnell abgewürgt der Alarmglockenschall aus dem Emotionshirn und unbelehrbar ausgeknipst der schon gedämpfte Nachhall dieser Urschreie im rechten Hirnareal, wo Intuition noch Geltung hat und Emotion in Inspiration umgesetzt wird – wenn der Besitzer dieser multifunktionalen Wahrnehmungs- und Handlungszentrale es zuläßt.

Der moderne Gebrauch des menschlichen Gehirns spielt weder aus, was dieser *Homo sapiens* kann, noch – und das ist gefährlicher – genügt er dem, was dieser störanfällige, psychisch labile Sieger der Evolution braucht. Aber auch unsere Systeme brauchen heute dringlicher als noch in den letzten Takten der Industriegeschichte die komplexe statt der bereinigten *Brainpower*. Management-Strategien der Zukunft werden vor allem davon ausgehen müssen: die Ressourcen des menschlichen Power-Mix aus Intelligenz und Emotion auf den verschiedenen Ebenen der Reaktionenkette besser zu nutzen.

Die Zeiten des linkshirnigen Klassenprimus waren jene, als der Aufschwung ein Selbstgänger war. Das Aufschäumen der Gegenwelt wurde von den Soziologen und Psychologen mehr schlecht als recht gemanagt, weil sie nicht genau verstanden, was da eigentlich ablief. Die Gunst ihrer Stunde verging deshalb ziemlich rasch: Sie wurde nicht genutzt. Nun haben wir die Chance, uns an der Mischung zu versuchen, die der frostigen rationalen Kompetenz die leuchtende emotionale Brillanz hinzufügt. Strategische Emotionalität ist nicht via Entscheidung einzuführen, sondern per Training einzuüben. Die Vokabelhefte für dieses Training sind in diesem Buch zumindest angefangen, so daß jede Company sie weiterschreiben kann. Im *Powerplay* der Führung mit den Mitarbeitern werden sich Vorsprünge der weniger dressierten Mitspieler gegenüber den höher positionierten auftun – das *Fair play* wird also wichtig. Das junge Wunderkind, die menschliche Ratio, muß ins Licht ihrer Väter und Förderer gestellt werden, damit der komplexe Handlungsplan wieder klar wird, nach dem wir überleben.

Das Erbe des Industriezeitalters:
Intelligente Systeme schulen intelligente Köpfe.

Die Erfahrung des High-Tech-Zeitalters:
Die Intelligenz der Teams ist nicht der einzige Erfolgsfaktor.

Intelligente Systeme sichern ihren Markterfolg durch emotionale Kompetenz.

Emotionen – mehr als Hintergrundmusik!

Glück und Trauer, Zorn und Schmerz: Im Kern diese vier und unzählbare Abstufungen und Nuancen begleiten alles, was wir tun. Sie beeinflussen es auch mehr, als die meisten von uns glauben oder zugeben möchten. Emotionen mischen sich so geschickt unter unsere rationalen Argumente, schlüpfen so lautlos in unsere logischen Schlüsse, daß sich kaum voneinander trennen läßt, was sie uns und was unser Verstand uns geraten hat. Sie lassen ihn nicht von der Leine, unseren Intellekt, die Emotionen; sie überwachen ihn, während wir überzeugt sind, sie mit unserem kühlen Verstand zu überwachen.

Dennoch: In der modernen Zivilisation gibt es weite Bereiche, in denen man nur erfolgreich sein kann, wenn man seine Emotionen an der kurzen Kette führt. Aber die Götterdämmerung des Intellekt-Zeitalters hat begonnen; immer mehr Anforderungen in der komplexen Welt lassen uns begreifen, daß der Steuermann IQ spezielle Fehlerketten produziert – aus denen wir uns nicht mit seiner Hilfe allein befreien können. Das emotionale Störfeuer, das die Top-Etagen in die tiefen Straßenschluchten zum normalen Volk verdrängt hatten, züngelt überall auf, auch und gerade dort, wo die klügsten Köpfe sitzen.

Natürlich wissen diese klugen Köpfe, daß sie in kleinen und geheimen Dosen ihre Emotionen haben mitspielen lassen – überall dort, wo die Überzeugungs-Power des reinen Gedankens und der sterilen Zahl nicht reicht: Man warf der Intuition, die entscheidungsleitend war, einen intellektuellen Mantel um, und schon passierte sie die Kontrollen im Rudel. Aber offiziell blieb Emotion aus dem professionellen Handeln ausgeschlossen. Mitarbeiter, ja, die haben Emotionen. Und die Führung teilt die Leinen aus, um sie zu disziplinieren. Mit Emotionen bleibt man Mitarbeiter. Ohne wird man Boß.

Mag das ein wenig übertrieben klingen, so hilft es doch, den Kern der Defizite rascher zu finden: Die emotionale Kultur der Unternehmen ist Notstandsgebiet. Die Symptome dafür häufen sich. Die forschende Intelligenz kann zu diesem Ergebnis nicht ohne die Hilfe emotionaler Kompetenz kommen. Intelligenz ist einäugig – der Firmen-IQ ist es auch. Seit wir wissen, daß er keine Garantie für erstklassige Ergebnisse bietet, eher die Gewähr, daß die Ergebnisse ein bißchen schlechter werden, als der IQ der Mannschaft ist, hat die Suche nach dem »vollplastischen Blick« begonnen, der in der vollständigen Gleichung von IQ plus EQ verfügbar wird.

Die neue Ressource ist aber ein verborgener Kontinent. Emotionen kultivieren, das galt für jeden, der Karriere machen wollte, als Gefahr. Vermintes Gelände, das Terrain, auf dem Frauen unberechenbar umherstreifen, gefühlsstark und gedankenschwach, so der Eindruck der meisten Männer, nein, das konnte ihr Areal nicht sein. Belastbarkeit ist in unserer Business-Kultur immer noch identisch mit einem Training in Emotionsverzicht. Der blanke, schlackenlose Intellekt scheint alles zu garantieren, was für kalkulierbare Erfolge wichtig ist: wenig Ablenkbarkeit, gute Logik, Entschlußstärke bei geringer Neigung zum Abwägen und Zweifeln, Unbeirrbarkeit und unerschütterliches Selbstvertrauen. Emotionen, so glauben heute noch die meisten Entscheidungsträger, bringen Unberechenbarkeit in das Geschehen. Damit haben sie sogar recht – solange diese Emotionen unbearbeiteter Wildwuchs sind, eben: die Vegetation eines unbekannten Kontinents.

Die meisten Manager glauben auch, daß geringe Schwankungen auf der Gefühlsskala ein Zeichen ihrer Führungsfähigkeit seien. Wer »sich im Griff hat«, so meinen sie, muß nie an die Enden der Emotionenskala, weder oben noch unten. Er wird nie Opfer, so würden es die meisten Männer ausdrücken, nie Sklave seiner Gefühle. Passiert es doch einmal, mit einer privaten Leidenschaft etwa, sorgt ein Ultimatum der Firma rasch wieder für die richtige Rangfolge auf der Prioritätenskala. *Business first.* Und Business ist emotionsbereinigte Welt, jedenfalls bei den Spitzenleuten.

Emotionen waren in unserer Vorgeschichte unentbehrliche Warner

Emotionen – ein unbekannter Kontinent

Kernemotionen werden weltweit
in allen Kulturen erkannt:

- Furcht
- Zorn
- Trauer
- Glück

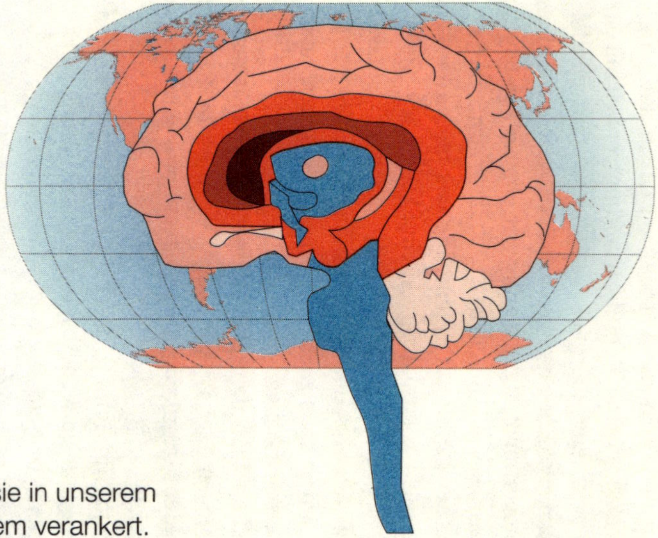

Die Evolution hat sie in unserem
Zentralnervensystem verankert.

vor Gefahren und Stimulatoren, wenn rasch entschieden gehandelt werden mußte – rascher, als das denkende intelligente Gehirn in seinen jüngeren Schichten entscheiden konnte. Die Emotion übersprang als Lebensretter die Haltesignale des reflektierenden und bewertenden Verstandes: Ein Sprung in die Deckung rettete den emotional Starken, während der Nachdenkliche unterging.

Emotionen sind auch für das *Fight-or-flight*-Modell verantwortlich, das blitzschnelle Entscheidung über Kampf oder Flucht erlaubt. Diese Entscheidungszentrale sitzt tief in unserem Stammhirn, dort, wo das sogenannte Reptilhirn uns immer noch mit der Welt der Säugetiere verbindet, die allein instinktgesteuert überleben mußten. Der Gedanke, solche Attacken aus der Urzeit seien eines modernen Entscheiders nicht mehr würdig, ist ebenso verständlich wie abwegig. Denn dieses Instrument des Spontan-Alarms, das wir in uns tragen, ist nicht nur gepolt auf Feinde, die uns in den modernen Großstädten nicht mehr nachstellen, wie Großkatzen und Giftschlangen. Es reagiert auf alles, was uns bedroht oder unsere Chance sein könnte – weil es im Netzwerk unserer Erfahrungen und unseres Gehirns mit seinen Milliarden spontaner Schaltungen zwischen älteren und jüngeren Schichten arbeitet.

Schon nach dem ersten Aufflackern gerät der uralte Reflex von Schrecken oder Wut, Freude oder Angst in die Kontrollsysteme der jüngeren Gehirnteile, die das Stammhirn, unser Erbstück aus der Welt der Säuger, in mehreren Schichten umschließen. Das limbische System, für Gefühle und deren Bewertung zuständig, schwingt mit und beginnt zu sortieren, was wichtig für uns sein könnte und wie wir reagieren sollten.

Cortex und *Neocortex,* jene Gehirnschichten, die den Menschen zum Menschen machen, setzen in abstrakte Denkbilder um, was die älteren Regionen stürmisch aufzeichnen: Der *Neocortex* liefert Umsicht, Weitsicht und Einsicht – und die kreative Auswertung des Erlebten. Die jüngeren Hirnteile also zurren die Kontrollen fester. Aber das gelingt ihnen nur, wenn die Botschaft des Stammhirns, vom *Limbex* unterstützt, nicht zu machtvoll war; sonst kommen sie in jedem Falle zu spät. Die Macht der archaischen Hirnteile ist also des-

Ratio:

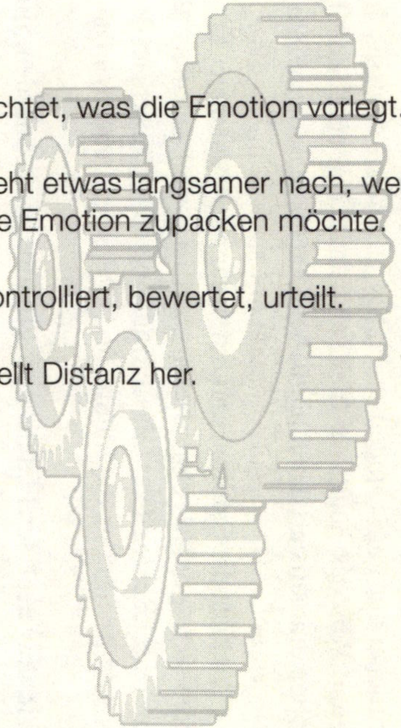

- sichtet, was die Emotion vorlegt.
- zieht etwas langsamer nach, wenn die Emotion zupacken möchte.
- kontrolliert, bewertet, urteilt.
- stellt Distanz her.

Emotion:

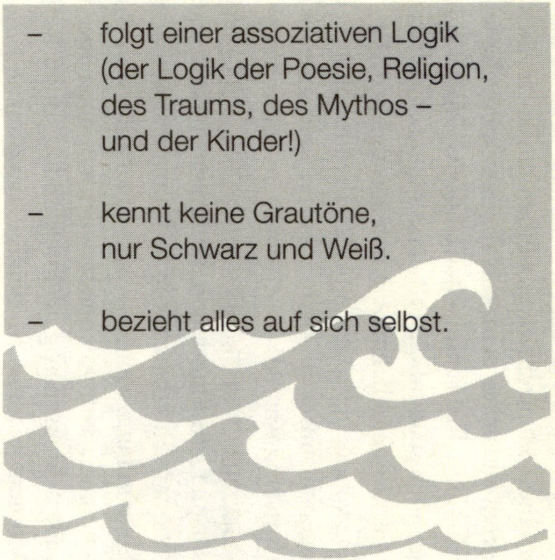

- folgt einer assoziativen Logik (der Logik der Poesie, Religion, des Traums, des Mythos – und der Kinder!)
- kennt keine Grautöne, nur Schwarz und Weiß.
- bezieht alles auf sich selbst.

halb so ernst zu nehmen, weil sie in Kooperation mit den jüngeren Regionen längst »neuzeitfit« geworden sind – freilich ohne sich in einem beirren zu lassen: dem, was für unsere Psyche wichtig ist. Und die ist, trotz lebhafter Einmischung unseres *Homo-sapiens*-Verstandes, immer noch erstaunlich treffsicher bei ihren primären Reaktionen zu dem, was uns glücklich macht und was uns bedroht.

Das Netzwerk der einander zu Hilfe eilenden Wahrnehmungen und Bewertungen in unserem Gehirn bringt eine gute Orientierung in unserer Umwelt zustande, die Gefühl und Ratio ausgewogen und je nach Thema angemessen, also wechselnd stark beteiligt. Dieses Zusammenspiel läßt Emotionen mitwirken an dem, was wir »soziale Intelligenz« nennen können. Sie hilft uns, Empathie zu entwickeln, also die Empfindungen anderer wahrzunehmen, weil wir unsere eigenen ernst nehmen. Nur so können wir Emotionen auch mobilisieren, um für andere Menschen gute Entscheidungen zu treffen – und im rechten Moment spontan die richtige Reaktion zu zeigen. Oft sehen wir in unerwarteten Lagen die geschulte Intelligenz versagen und die spontane Emotion weniger intelligenter Beobachter sofort zur einzig möglichen Reaktion greifen. Das gilt für eigene und fremde Notlagen: Emotionen sind unentbehrlich für den »kurzen Weg« zur Notreaktion. Sie bahnen, wie wir noch sehen werden, auch den kurzen Weg zum Mitarbeiter und zum Kunden – wenn es gelingt, sie strategisch zu kultivieren. Was das heißt, sei hier schon angedeutet: Die stürmische Emotion dramatisiert den alltäglichen Gedanken und gibt ihm Flügel, damit wir andere begeistern können mitzumachen. Die disziplinierte Ratio flankiert die Emotion und liefert ihr die Argumente. Emotionen wehren sich spontan gegen diesen Souffleur, weil sie rufen: Wir sind Argumente! Beide zu veranlassen, aufeinander zu hören, ist die strategische Aufgabe aller, die führen, und aller, die irgendwo an der Spitze stehen.

Wie universal der Fundus von Emotionen ist, mit dem die Menschen weltweit ihr Leben zu ordnen versuchen, das erweist sich, wenn man um die Erde reist und testet, was Mienenspiel und Gebärden bei Menschen aus den verschiedensten Kulturen bewirken. Die Überraschung: Alle Menschen auf dieser Erde verstehen auf Anhieb, ohne

Botschaften der ratio-gesteuerten Welt

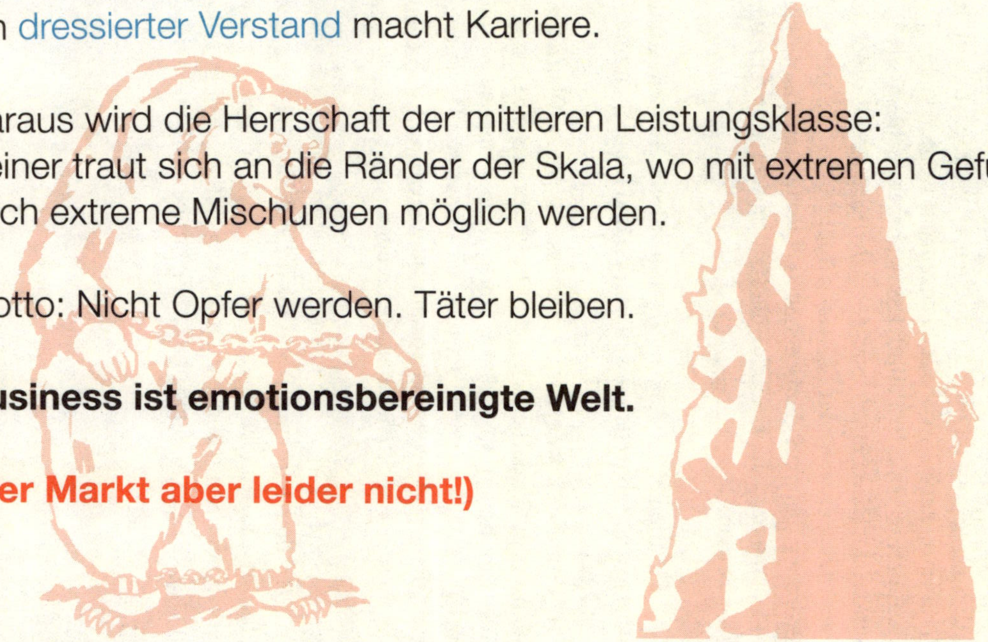

Ein dressierter Verstand macht Karriere.

Daraus wird die Herrschaft der mittleren Leistungsklasse:
Keiner traut sich an die Ränder der Skala, wo mit extremen Gefühlen auch extreme Mischungen möglich werden.

Motto: Nicht Opfer werden. Täter bleiben.

Business ist emotionsbereinigte Welt.

(Der Markt aber leider nicht!)

Sprache, die Grund-Emotionen Trauer, Glück, Angst und Zorn – allein am Mienenspiel und an der Gebärdensprache. Das heißt immerhin: Die Sprache der Emotionen ist eine Weltsprache. Sie wird überall ohne Worte verstanden. Sie verbindet die Menschen rund um den Erdball. Und sie beweist damit, daß sie ein uraltes Erbe ist, das durch keine Zivilisation ausgelöscht oder wegzensiert werden kann.

Wer Emotionen niederkämpft, leistet immer noch ein Streßpensum, das ihn auf die Dauer krank macht – auch in den Zivilisationen, wo das statuarische Gebaren der *Leader*-Gruppen so selbstverständlich geworden ist, daß man glauben möchte, hier fänden Emotionen wirklich nicht mehr statt. Dreierlei muß zu diesem Konzept vor allem bedacht werden:

① Wer Emotionen niederkämpft, fällt falsche Entscheidungen für Märkte und Menschen – weil Märkte und Menschen mit Emotionen leben.
② Wer Emotionen wegzensiert, verliert ein ganzes Warnlampensystem und gefährdet seine psychische und physische Gesundheit.
③ Wer Emotionen wegdrückt, findet keine starken Verbündeten mehr, sondern nur noch Partner mit demselben Defizit. Er reduziert die emotionale und soziale Intelligenz seiner Systeme und vermag niemanden mehr zu überzeugen.

Diese Aspekte werden uns noch in mancher Hinsicht beschäftigen. Sie spielen eine kardinale Rolle für die Führungsleistung und ihren Erfolg, für die Kundenbindung und für die Glaubwürdigkeit von Unternehmen. Schließlich ist emotionale Intelligenz für jede unternehmerische Entscheidung, die Erfolg bringen soll, unverzichtbar.

Die Götterdämmerung des Intellektzeitalters hat begonnen.

Emotion spielt bis heute in Entscheidungsprozessen eine Inkognitorolle:

Im intellektuellen Mantel passiert sie
die Kontrollen im Rudel.

Intelligenz ist einäugig –
der Firmen-IQ ist es auch.

**Für komplexe Probleme
brauchen wir den
vollplastischen Blick –
IQ plus EQ.**

Strategische Emotion – Der Power-Mix

Emotionale Kompetenz wendet nicht nur Gefahren ab und macht uns fähig, Chancen zu ergreifen. Sie macht uns auch fähig, unserer Umwelt zu vermitteln, was wir in der nächsten Sekunde tun werden. Die Emotionen geschehen eben nicht im Bauch, sondern im Kopf, und das bedeutet, daß sie dort chemische Kettenreaktionen anstoßen, die uns sprintstark machen, wenn wir fliehen müssen, die uns Konzentration auf das Wichtigste schenken, wenn wir argumentieren müssen. Emotionen liefern Treffsicherheit, wie sie der abwägende Verstand nicht sofort bereitstellt.

Der ganze Organismus ist »durchlässig« für Gefühle; er setzt sie um und macht uns handlungsbereit – ein Aspekt, der Manager nicht begeistert, weil sie sich ungern vorstellen möchten, daß ihre Gefühle ihren Kopf und obendrein auch noch ihren Körper beherrschen.

Dennoch laufen die alten Reflexketten auch in jeder Vorstandssitzung ab, wenn eine bedrohliche Situation für das Unternehmen diskutiert wird: Adrenalin wird ins Blut ausgeschüttet; es verbessert die Nährstoffversorgung der Organe und läßt die Herzen schneller schlagen. Der Blutdruck der Herren steigt an, ihre Atemwege erweitern sich. Erhöhte Alarmbereitschaft und Handlungskraft bestimmen jetzt die Runde.

Es ist nicht üblich, in Geschäftsführungsrunden Blutdruck oder Puls zu messen, und es ist erst recht nicht üblich, auf diese gesteigerten Funktionen mit körperlicher Unruhe zu reagieren: Ein gut Teil Top-Energie geht in die Bekämpfung dieser natürlichen Reflexe. Das sind die Nachteile des Menschenrudels gegenüber ihren wölfischen Vorfahren: Nicht das nervöse »In-Position-Rücken« auf dem Hügel schließt sich an, sondern das kortikale Glühen der zahllosen Verbindungen im Kopf sublimiert die Energiezufuhr, dämmt sie ein, baut sie

Schluß mit der systematischen Entmachtung der Emotionen

Das Konzept der Emotionsasketen bringt nur Teilerfolge.

Fehlentscheidungen liefert es überall dort, wo Probleme eine gemischte Struktur haben: **Ratio plus Emotion.**

Überall, wo Menschen leben, haben Probleme diese gemischte Struktur.

Emotionsasketen entscheiden überall da falsch, wo Probleme

- Zorn
- Furcht
- Freude oder
- Trauer

auslösen.

Diese Emotionen kann die alleingelassene Ratio nicht managen.

ab und baut sie – im Idealfall – um in Konzepte, die so komplex sind wie das Erregungsmuster im Gehirn und wie das Problem, um das es geht.

Wir haben ja tatsächlich die weithin unbeachtete Chance, auf die komplexen Anforderungen der Gegenwart noch komplexer – und das heißt doch wohl: noch angemessener – zu reagieren, als wir es gewohnt sind. Wir müssen dafür allerdings wieder lernen, mit allen Ressourcen unseres Gehirns auf die Anforderungen zu reagieren, statt einige Regionen systematisch zu entmachten, weil wir uns vor ihrer elementaren Macht fürchten.

Die »Durchlässigkeit« unseres Organismus für Impulse, die im Kopf entstehen, kann nie gänzlich versperrt werden. Wer entschlossen ist, ungerührt zu wirken, wird verraten durch ein unwillkürliches Muskelflattern oder einen hastigen Wimpernschlag, ein Zucken in den Fingern oder den Gesichtsmuskeln. Auch Menschengruppen, wie etwa die Top-Runden der Großunternehmen, die aus lauter wohltrainierten Emotionsasketen bestehen, zeigen das leise Wellenspiel der Unruhe, wenn explosive Themen verhandelt werden. Die stumme Verabredung, keine Gemütsbewegung zu zeigen, läßt auch die Argumentation erstarren im intellektuellen Kältebad. Wer hier lacht, ist der Spielverderber; er durchbricht die solidarische Anstrengung, auch Aufregung zu ritualisieren und schweigend abzubauen. Was aber, wenn die Probleme Aufregung nicht nur verdienen, sondern wenn sie den Aufschrei des Reptilhirns benötigen, um in ihrer Brisanz begriffen zu werden? Was, wenn der Dauerfrost des Intellekts die Streßhormone blockiert, die zur entschlossenen Bewältigung der komplexen Anforderung gebraucht würden? Wer nicht mehr zuläßt, daß er alarmiert ist, wird die problemgerechte Reaktion verfehlen. Spitzengremien bauen mit der Ritualisierung stoischer Grundhaltungen, so zeigen die Hirnforscher, auch viel Lösungsenergie ab. Diese Lösungspower wird geliefert von voll durchschlagenden Emotionen – die dann immer noch in die scharfen Kontrollen des analytischen Intellekts geschickt werden können.

Die jüngsten Jahrzehnte in der Wirtschaft der Bundesrepublik und in der Lohn- und Sozialpolitik des Landes präsentieren uns die Fehler-

Emotionale Intelligenz ist Strategie der Gefühle.

Emotionale Intelligenz
ist die
intelligente Nutzung
emotionaler Fähigkeiten.

Ihre Mittel sind:

- Selbstbeherrschung und Einsatzfreude
- Beharrlichkeit und Eigenmotivation
- Empathie – die Fähigkeit, sich auf den Platz der anderen zu setzen
- Soziale Kompetenz

ketten, die die ritualisierte Selbstbeschwichtigung produziert. Wer die Alarmglocke nicht läutet, um die unschuldigen Schläfer ringsum nicht aufzuwecken, wird bald selbst die alarmierende Situation nicht mehr wahrnehmen. Die Tugend der Unerschütterlichkeit als Führungsmerkmal taugte blendend zur Verschleierung des Lasters, Emotion und Intelligenz in Isolationshaft zu nehmen und gegeneinander auszuspielen. Ungerührte Bosse zeigten aufgeregten Bürgern, wie überlegene Auftritte aussehen, wenn man Emotionen wegzensiert. Die Ruhe des Überlegenen verunsichert den emotionsstarken Normalverbraucher – er fühlt sich unbeherrscht und dumm. Nach diesem Motto sind viele emotionale Warnsignale niedergeschwiegen worden.

Die emotionale Stärke von Menschen, die mit der Zensur ihrer Gefühle nicht so weit kommen wie die *Leader*-Figuren, ist in Wahrheit ein wichtiges Hilfsangebot an die, deren guter Kontakt zu ihren emotionalen Zentren längst abgerissen ist. Deshalb sind Mitarbeiterkontakte für die Führung und Kundenkontakte für beide gemeinsam so wichtig: Der Markt ist die Arena der schlagenden Herzen, wo vielgleisig reagiert wird. Hier kollabieren bereinigte Intelligenzkonzepte augenblicklich.

Frauen neigen weniger zur Gefühlszensur als Männer. Ihr Körper ist »durchlässiger« für ihre Stimmungen und spontanen Empfindungen. Sie »verraten sich«, sagt der Mann geringschätzig. Sie öffnen damit aber auch eine Tür zur Kooperation: Da sie wenig verbergen, wecken sie schnell Vertrauen. Man geht durch die geöffnete Tür, man »vertraut sich ihnen an«. Daß genau diese Qualität beim Berufserfolg kontraproduktiv werden kann, müssen Frauen in Rechnung stellen: Wer Türen öffnet, wird beansprucht. Wer beansprucht wird, hat zwar ein gutes Echo, aber weniger Zeit, für die eigene Karriere etwas zu tun. Die emotionale Zensur der Männer ist auch ein Energiesparprogramm, das Schmarotzer fernhält.

Der Umgang mit Gefühlen verlangt also Maß. Die Zensurgewohnheit gegenüber den Emotionen, die zu Top-Positionen zu gehören scheint wie ein wichtiges Qualifikationsmerkmal, ist auch dadurch begünstigt worden, daß die Macht der Emotionen viele Männer zu

Unerschütterlichkeit als Führungsmerkmal tarnt ein Laster.

Emotion und Intelligenz werden in Isolationshaft genommen und gegeneinander ausgespielt.

Die emotionale Stärke von weniger dressierten Menschen ist die ideale Korrektur für die Leader:

Mitarbeiter und Kunden sind diese Menschen.

Sie bilden den Markt der schlagenden Herzen, wo reine Intelligenz scheitern muß.

dem vorschnellen Schluß verleitet, mit diesem Material sei sicheres strategisches Vorgehen nicht möglich. Also konzentrieren sie sich ganz auf ihren Intellekt – der total emotionsbereinigt zwar nie zu haben ist, aber immerhin kontrollierbarer erscheint als die aufwogenden Gefühlsstürme. Die paar emotionalen Schlacken in der IQ-Leistung muß man halt achselzuckend hinnehmen.

Emotionen gerieten so in den Ruf der Unberechenbarkeit. Sie überfallen den klugen Strategen aus dem Hinterhalt und zerstören seine Gedankengebäude; sie trüben sein analytisches Vermögen und machen ihm zum Verlierer, so die unter intelligenten Männern mit Karriere-Interesse vorherrschende Meinung. Daß Emotionen, ganz wie die logische Intelligenz des Menschen, ein Rohstoff sind, der bearbeitet werden muß, kommt noch heute kaum jemandem in den Sinn. Intelligenz wird erweitert, geschult, verfeinert, das hält jeder für selbstverständlich möglich. Emotionen strategisch erweitern, schulen, verfeinern? »Wozu?« fragt der selbstbewußte Manager mit nachgewiesen hohem IQ. »Die stören doch nur; ich bin froh, daß ich sie im Griff habe!« – »Gefühle schulen? Das ist allenfalls etwas für Frauen«, antwortet ein anderer lachend. Und alle Kampfgefährten stimmen ihm zu.

Dabei gibt es gewisse Sektoren der Emotion, die gut kaschiert durchaus zugelassen sind in Top-Zirkeln. Ein gutes Aggressionsniveau zum Beispiel, salonfähig sublimiert, als Grundlage für Auseinandersetzungen mit aggressiven Wettbewerber-Strategien. Auch die Kooperation im Führungszirkel selbst lebt von diesem Fundus an Aggression, ich zeige das an anderer Stelle (s. S. 138–148).

Daß aber generell der Aufschrei des Reptilhirns, sein Warnruf und Kampf- oder Fluchtappell hier auf kurzem Wege Gehör fände, kann nicht behauptet werden. Daß Trauer, Wut oder Glück hier anders als stark verfremdet auftreten dürften, ist eine Illusion. Und wer all diesen mächtigen Erdstößen aus den Tiefen unserer Vergangenheit wenig für die Lösung moderner Aufgaben zutraut, ist damit auch zufrieden. Berufswelt ist gefühlsbereinigte Welt.

Aber wir produzieren für das emotionsgeladene Gewimmel der Märkte! Wir tun es mit Menschen, unseren Mitarbeitern, die fühlen,

Die intelligente Zensur für emotionale Energie

ist auch ein Energiesparprogramm:

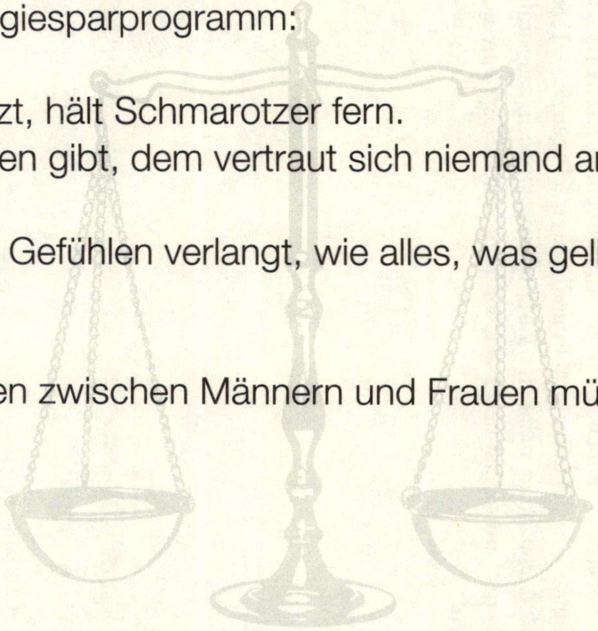

Wer sich abgrenzt, hält Schmarotzer fern.
Wer kein Vertrauen gibt, dem vertraut sich niemand an.

Der Umgang mit Gefühlen verlangt, wie alles, was gelingen soll:
Maß.

Führungsdebatten zwischen Männern und Frauen müssen diesem Thema gelten!

wie Kunden fühlen, und die unser Produkt an ihr Ohr halten und lauschen, ob das Herz des Produktes schlägt, um den Kunden zu gewinnen. Intelligente Produkte für eine emotionale Welt; wie sieht die Formel aus, die die Brücke schlägt? Auf welche Weise gelingt der Power-Mix?

Das Business ist – wie das Leben im ganzen – ein Mannschaftsspiel, in dem wir intelligente und emotionale Botschaften bewegen. Wer die ideale Mischung findet, siegt. Es reicht weder, die intelligenteste Formel zu haben noch das freundlichste Lächeln. Ist es die lächelnde Formel oder die freundliche Intelligenz? – Tatsächlich etwas davon, aber nicht der Zufall-Mix, sondern das strategische Konzept. Und das ist unser Nachholpensum: die Strategie der Emotionen.

Das Business ist ein Mannschaftsspiel, in dem gemischte Qualifikationen zählen.

Wenn eine Führung nur rationale Kompetenz mitbringt, vermissen Mitarbeiter den Herzschlag der Firmenkultur – und Kunden den Herzschlag der Produkte.

Wenn der EQ der Führung versagt – Vagabundierende Emotionen

Achtzig Prozent aller Flugzeugabstürze, so erfahren angehende Piloten in ihrer Ausbildung, gehen auf Pilotenfehler zurück. »Menschliches Versagen« heißt das dann; und wir alle wissen: Das ist die Fehlerquelle, die wir niemals ganz ausschalten können. Anders das technische Versagen: Da schäumt Empörung auf, wenn ein Gerät nicht funktioniert; was tat das andere, mit dem es verglichen werden mußte? Was war mit all den doppelten Sicherungen und wechselseitigen Kontrollen der technischen Intelligenz der Systeme? Also ein Gerät zuwenig? Ändern! Dieser Defekt werde nie mehr zum Absturz führen, versichert man dem Publikum. Die Fehlerquelle zu entdecken heißt, sie auszuschalten.

Bei »menschlichem Versagen« fragen wir nicht ganz so exakt weiter. Die Diagnose heißt ja eben: Da war jemand einen Augenblick unkonzentriert, er ließ sich täuschen oder ablenken, vielleicht dachte er einen Gedanken zuviel, vielleicht einen zuwenig. Oder er traute seinen Geräten nicht, den intelligenten Verbündeten seines erfahrenen Verstandes. Oder er glaubte, sie gut zu kennen, und warf nur einen flüchtigen Blick auf sie. Routine, Erfahrung, Gewohnheit, tausendfache Wiederholung der gleichen Anforderung: wichtige Grundlagen des Erfolgs, die zum Mißerfolg führen – in dem Moment, wo ein winziger Akzent der aktuellen Anforderung nicht zum Set der Erfahrungen paßt.

Das gilt nicht nur für Piloten und ihr Fluggerät. Das gilt auch für die Reisen der größeren und kleineren Konzernschiffe durch die Wirtschaftsozeane. Auch hier spielt viel Erfahrung und Routine mit. Auch hier ein ausgeklügeltes Kontrollsystem, geübte Mannschaften, klare Aufgabenteilung. Und doch: Das Riff, auf dem der stolze Tanker plötzlich festsitzt, hat keiner gesehen; den Sturm, der plötzlich auf-

IQ und EQ – der Power-Mix

Motto: Gedanken profitieren von Gefühlen –
Gefühle profitieren von Gedanken.

Ziel der strategischen Mischung beider Potentiale:

Emotionen durchdringen die rationalen Prozesse – Ratio entwickelt weiter, was die Emotion vorlegt – und legt ab und zu ihr Veto ein.

kommt, hat niemand vorausberechnet; die Logistik des Wettbewerbers, der plötzlich vorbeizieht, hat man anders eingeschätzt. Nach allem, was die konzertierte Intelligenz der Tankerbesatzung weiß, darf nichts vom Unerwarteten geschehen. Aber es geschieht. »Menschliches Versagen?« »Schlechtes Management?« »Pilotenfehler?«

Alles macht sich fieberhaft an das wichtigste Ablenkungsmanöver: Die Diagnose »menschliches Versagen« muß vom Tisch. Viele Auswege bieten sich an: die Rahmenbedingungen, der Markt, die Wettbewerber, die Lieferanten, der unberechenbare Kunde ... Das Management?

Solange wir in dieser Manier das Splitting der Verantwortungen verfolgen, finden wir keine Schuldigen. Das Prinzip heißt *divide et impera* – teile und herrsche. Verteilte Verantwortung macht den Verteiler – das Spitzenmanagement – zum Sieger in der Fehlerdebatte.

In Wahrheit aber verrät uns gerade dieses Prinzip. Die Lage ist komplex, sagen die Manager abschließend, es kamen viele ungünstige Faktoren zusammen. Aber die Menschen kamen offenbar nicht zusammen bei der Bewältigung dieser Unübersichtlichkeit. Die soziale Intelligenz der Systeme war unterentwickelt. Die Symptome für das Defizit an sozialer Intelligenz haben wir lange übersehen, müßten die Manager wahrheitsgemäß sagen. Es gab viele kleine Kontrollverluste, eine Menge kollabierter Gespräche gab es auch, Terminversäumnisse und Ausfälle bei wichtigen Mitarbeitern. Fast nie blieb Zeit, darüber zu sprechen. Kommunikation erschien als Luxus, auf den hundert kleinen Schauplätzen des täglichen Krisenmanagements legte niemand Wert auf die Analyse, da es um schnellste Reparaturen ging: Kommunikation macht öffentlich, was wir verschwiegen korrigieren möchten; also sind sich alle einig, sie klein zu halten.

Aber in der Krise kommt sie mit Macht. Da wird fast nur noch kommuniziert, so mächtig sind die emotionalen Staus aus der Zeit der Krisendämmerung. Jeder hat es gewußt, jeder kann hundert Beispiele erzählen, an denen er sah: Da braut sich was zusammen, das geht nicht gut. Aber die Fessel der Angst hat sie alle zum Schweigen gebracht.

Wieder wird die Diagnose verpaßt, die eine wirksame Therapie einleiten könnte. Emotionale Energie läuft leer, solange ihr die diszipli-

Stärken Sie die soziale Intelligenz Ihrer Systeme.

Mangel an sozialer Intelligenz erzeugt den Kommunikationsstau, der sich in unkontrollierbaren Emotionen entlädt, wenn die Krise auf dem Höhepunkt ist.

Emotionale Energie läuft leer, solange ihr die disziplinierende Intelligenz fehlt.

nierende Intelligenz fehlt. Das Management versucht, die eigene Haut zu retten, die Mitarbeiter nehmen Zuflucht bei ihren Interessenvertretern – und die Wahrheit bleibt auf der Strecke. Sie heißt: Defizit an sozialer Energie durch Mangel an emotionaler Intelligenz. Managern wird es nicht genügen, diesen Satz zu lesen. Sie wollen Beweise. Hier sind sie.

Jedes Unternehmen ist ein intelligentes System – mehr oder weniger perfekt organisiert, auf jeden Fall aber systematischer organisiert als die Außenwelt, aus der die Mitarbeiter kommen – und in der die Kunden leben. Der Bau solcher Systeme soll das Handeln ordnen. Ökonomisch, effizient und berechenbar soll es sein; der Zufall soll die kleinstmögliche Rolle spielen, Fehler sollen in einem Netz von Kontrollen korrigiert oder ausgeschaltet werden.

Die Menschen, die in den Unternehmen arbeiten, agieren also in zwei Welten: Die eine, ihre private Welt, ist voller Zufälle und Ungenauigkeiten, voller Überraschungen und Spontaneität, prall von sozialer Energie und Aggression. Sie gestattet emotionale Höhenflüge und Tauchgänge. Die private Welt ist nur in dem Ausmaß vorgeordnet, wie ihr Bewohner es will – vom Eingriff der staatlichen Behörden einmal abgesehen.

Die andere Welt, die berufliche, tritt mit einem Vorschuß an genormten Abläufen an den Menschen heran; über viele seiner Ideen braucht er sich hier gar nicht erst Gedanken zu machen. Gefühlsaufwallungen exponieren ihn negativ; Aggressionen könnte er nur dann ausleben, wenn zu seinem Lernpensum emotionale Strategien gehört hätten – in der Schule oder später. Das Ungenaueste in dieser Umgebung, fühlt der Mitarbeiter oft, sind seine Stimmungen. Die unberechenbare Größe trägt er in sich herum: Es ist seine Seele, sein Herz oder wie immer er es nennen will – es sind seine querschießenden Erinnerungen, seine Träume, seine spontanen Unlust- und Sinnverlustanfälle.

Man trifft Vereinbarungen mit ihm, »Zielvereinbarungen« für seinen Arbeitserfolg, in denen seine spontane Energie nicht vorgesehen ist. Man verspricht ihm gute Kommunikation und ein anregendes Teamwork – die künstliche Welt simuliert Natürlichkeit. Warum?

Der Power-Mix: IQ + EQ

Intelligenz sichert Logik und Perfektion für Systeme und Produkte.

Strategische Emotionen sichern den Führungs- und Markterfolg.

Weil jede Führungskraft das kardinale Dilemma spürt: Es gelingt nicht, diese künstliche Welt zu einem sozialen Organismus zu machen.

Und tatsächlich geht das weder mit Absichten noch mit dem Reden über diese Absichten. Es geht auch nicht mit Einsichten und Appellen, sondern nur mit der Kraft, auf die alle Appelle zielen: der emotionalen Strategie. Strategisch geordnete Emotionalität ist eine der wichtigsten Führungstugenden; wo sie virtuos gehandhabt wird, sickert sie in die intelligenten Systeme und füllt sie mit emotionaler Energie. Die kühle Intelligenz der Systemlogistik wird angereichert mit der sozialen Intelligenz der neuen Manager – und der künstliche Organismus beginnt zu atmen (s. dazu S. 343–354).

Es gibt einige Manager, die das längst wissen. Und *Ferdinand Piëch* muß es zumindest geahnt haben, als er – mit viel zu geringem Echo und dann auch mit überraschend geringer Konsequenz – Mitte der neunziger Jahre von der »atmenden Fabrik« sprach. Manager, die emotionale Brillanz besitzen, leben ja nicht einfach Gefühle aus. Sie setzen Gefühle strategisch ein und gewinnen dadurch an Überzeugungskraft, an Innovationsfreude – und an Gelassenheit. *Helmut Maucher* (Nestlé) und *Helmut Werner,* ehemals Mercedes-Benz, sind solche Manager. Ich zeige in diesem Buch (s. S. 320–333) warum die Erfolgspower der emotional gut konditionierten Persönlichkeiten mit einer entspannteren Grundstimmung einhergeht – Vorteile auf der ganzen Linie, die die Attraktion der emotionalen Intelligenz eigentlich unwiderstehlich machen müßten. Schon beim Aufstieg von Führungskräften ist das Anforderungsprofil aber immer noch ein ganz anderes. *Daniel Goleman* berichtet in seinem Buch über die emotionale Intelligenz, daß die Mehrzahl der Führungskräfte überzeugt ist, daß ihre Arbeit »ihren Kopf, aber nicht ihr Herz« verlange.

Auch so etwas mißlingt, packt der Kopf zu, um wieder Ordnung zu schaffen. Häufig finden die alarmierten Köpfe die Ursache des Versagens nicht; – das Fazit bleibt Ratlosigkeit, begleitet von der Hoffnung, man werde doch noch einen technischen Defekt dingfest machen. »Menschliches Versagen« läuft aber in Wahrheit jetzt bei der Fehlersuche ab. Was tun, wenn es nicht ein »Kopf-Fehler«, sondern ein

Binden Sie Mitarbeiter-Emotionen in den Arbeitsprozeß ein!

Wer Mitarbeitergefühle als Störfeuer wegrationalisiert, plant Mitarbeitermotivation weg.

Wer Gefühle tabuisiert, hat keine Chance mehr, sie strategisch zu nutzen.

Strategische Emotion: Das ist intelligente Kultur der Gefühle.

Marktmanagement ist zu großen Teilen Gefühlsmanagement.

»Herz-Fehler« war, der passiert ist? Wie therapiert man »Herzversagen« dieser Art? Wie behandelt man, wenn man denn bereit wäre, es zu diagnostizieren, das Versagen der sozialen und emotionalen Intelligenz in einem Unternehmen? Warum die Abwehr gegen solche Diagnosen so heftig und einmütig ist, läßt sich leicht verstehen:

Die Emotionalität ist nicht rechenbar; und wer nie strategisch mit ihr umgegangen ist, empfindet sie sogar als »unberechenbar« und gefährlich. Sprengstoff für den Kosmos der logisch gepolten Abläufe im Unternehmen – bei denen dennoch so vieles nicht nach Plan läuft, daß man eigentlich zu der Frage kommen müßte, ob es reicht, jede Störung nur auf das Konto der querschießenden Emotionalität zu schreiben, statt sie selbst, die emotionale Energie, zu integrieren. Freilich nicht mehr als den Kettenhund des *Corporate IQ,* sondern als gleichberechtigte Macht im strategischen Set der Erfolgsfaktoren.

Emotion verhält sich zur Intelligenz wie der Herzschlag zum Tikken eines logisch trainierten Gehirns: Wenn er laut wird, stört er. Wird er nicht beachtet, steigt der Herzschlag empor bis in die Kehle, schließlich hämmert er im Kopf und überlagert die Denkarbeit: Emotionalität in Alarmstimmung.

Im Führungsalltag meiden die meisten Vorgesetzten die Sphäre der Emotion. Sich in Mitarbeiter zu versetzen, also in Gedanken deren Platz einzunehmen, um ihnen gerecht zu werden, stufen sie als Gefahr ein: Es könnte ihnen ja zustoßen, daß sie mit dem Kopf der Mitarbeiter zu denken, schlimmer noch, mit deren Emotionalität zu fühlen beginnen, während sie doch harte Entscheidungen zu fällen haben ...

Wir waren in den achtziger Jahren auf dem Wege, diesen ängstlichen oder arroganten Abstand der Führung von ihren Verbündeten im Hause aufzugeben, aber die Krise führt zu Fehlreaktionen wie dieser: Der Virtuose der sozialen Intelligenzleistungen gehöre unter den blauen Boomhimmel der Hochkonjunktur; die Rezession sei eher eine Wetterzone für Gefühlsasketen. Es sieht ganz danach aus, als verleite uns die Krise dazu, auch wichtige Errungenschaften der achtziger Jahre wieder zu verspielen.

Strategischer Umgang mit emotionalem Potential heißt also auch: bei Fehlern, die uns zunächst unerklärlich sind, weil unser wohlgeordnetes System mit seinen flankierenden Kontrollen sie eigentlich nicht zulassen durfte, die emotionale Qualität des Fehlers zu ergründen. Freilich tun wir etwas Ähnliches. Aber wir tun es unter dem Motto, Emotionalität sei unerwünschte Energie, Störfeuer, das wir ausschalten wollen. Unsere Frage lautet dann wie ein Verdikt, unter das sich die Schuldigen schweigend ducken: Welche ungeplante emotionale Entgleisung konnte zu diesem Ausfall führen? Alle, die sich schuldig fühlen, werden von nun an nichts entschiedener vermeiden als die Aufklärung – die ihrer Entdeckung als Schuldige gleichkäme.

Solange emotionale Kräfte tabuisiert werden, können wir ihr Wirken weder systematisch begreifen noch gar einplanen in den Unternehmensalltag. Wir brauchen sie aber! Zum Beispiel für die Motivation, für die psychische Balance, für die humane Kultur des Unternehmens. Für das Vertrauen, das uns miteinander und mit den Marktpartnern verbinden muß, ist ein guter emotionaler Standard der Firmenkultur unerläßlich. Wir sind also auf einem Irrweg, wenn wir Fehlerstrategie unbewußt unter das Motto der Emotionsächtung stellen.

Fehler können häufig nur über die Frage nach ihrer emotionalen Quelle verstanden werden. Am leichtesten einzusehen ist das bei Konzentrationsstörungen, Fehlzeiten und Verspätungen bis hin zu Lügen im Zusammenhang mit privaten Problemen, die eine hohe emotionale Energie haben. Weiß der Mitarbeiter, daß sein Privatschicksal vom Unternehmen ausgeklammert wird, hat er keine Wahl: Der hohe Rang seiner Probleme steht für ihn außer Zweifel, weil er mit der starken emotionalen Gewißheit lebt, daß er hier gefordert ist (s. dazu S. 90–103). Er macht also dort den Kompromiß, wo er emotional weniger involviert ist: im Unternehmen. Er schützt seine hochwertige emotionale Privatrealität durch eine Lüge vor dem gnadenlos intelligenten Urteil seiner Berufsrealität. Wie belastend das für den einzelnen Mitarbeiter ist, wie schädlich für seine Leistung, habe ich an anderen Stellen besprochen (s. S. 101).

Wer die private Verantwortungsbereitschaft von Mitarbeitern weiterhin der Spaltungstheorie unterwirft, daß im Unternehmen untragbar sein könne, was privat eine Tugend ist, der disqualifiziert die Kultur und die Kundenfähigkeit des Unternehmens. Die *split person* als Idealfigur? Wie soll ein Unternehmen mit diesem Menschenbild Erfolg haben?

Komplizierter als im gezeigten Fall kann das Zusammenspiel von emotionaler und logischer Intelligenz bei anderen Fehlerszenarien sein: Da überfordert die Intelligenz der Systeme den einzelnen Ingenieur; er kennt und versteht das System, aber es »rechnet nicht mit ihm«, das heißt, die Perfektion der Maschine fordert ihn zu einseitig; er macht Fehler. Ein winziger Ausschlag emotionaler Energie genügt, und alle Warnlampen leuchten auf – die an der Maschine leider früher als die in seinem Kopf.

Natürlich werden auch unsere perfekten Partner, die Maschinen, toleranter mit uns. Sie lassen sich inzwischen eine ganze Menge kleiner Fehler gefallen und heulen nicht gleich auf. Aber die Fehlerquote von Mitarbeitern ist immer auch eine Debatte über die emotionale Temperatur im Unternehmen wert – nicht nach dem Modell »Fehlerfreundlichkeit«, sondern mit dem Ziel einer besseren Komposition des Ressourcenverbrauchs: »Kopf schlägt Herz« kann schon deshalb nicht das Prinzip sein, weil der Kunde mit Kopf und Herz auf unser Tun reagiert – und uns meiden wird, wenn wir als tickende Kopfkultur daherkommen. Auch die »Kondition« des Unternehmens, seine Spannkraft und Regenerationsfähigkeit beruhen auf dem Power-Mix von Kopf-und-Herz-Energie.

Die Fehler, die im Unternehmen unterlaufen, geben Auskunft über die intellektuelle Kompetenz von Führung und Mitarbeitern, das dachten wir schon. Was wir vernachlässigt haben und in der Krise panisch übergehen, ist aber ebenso wichtig: die emotionale Kompetenz strategisch zu ordnen, um nicht länger mit halber Kraft zu fahren.

Empathie – Die Kunst, Gefühle zu teilen

»Ich könnte du sein«: Kinder, die mit anderen Kindern weinen, ohne zu wissen, was diese schmerzt, setzen sich noch ohne Zögern auf den Platz des anderen. Im Heranwachsen trainieren wir ihnen das ab – es macht schwach, sagen die Männer; es gehört sich nicht, sagen die Frauen. Man geht auf Distanz. Das ist gut und wichtig. Aber der Tod der Empathie darf es nicht sein. Denn wer sich abgewöhnt, Gefühle anderer mitzufühlen, verlernt auch, diese Gefühle wahrzunehmen. Gut so, sagen viele Männer, wir haben ohnehin in einem vernunftgesteuerten Berufsleben zu tun, und wir bieten *Fair play:* Unsere eigenen Gefühle nehmen wir auch kaum noch wahr. Gleiche Einsätze, gleiche Erfolgs-Chance.

Aber die Einsätze sind nicht gleich. Spätestens wenn Mitarbeiter unruhig werden, weil sie erfahren, daß Umbrüche bevorstehen, richtet die wohltrainierte Ratio der Topmanager wenig aus. Lange bevor dies geschieht, im ganz normalen Fertigungs-, Vertriebs- und Verkaufsalltag, werden jeden Tag die Begegnungen erlebt, bei denen nicht der messerscharf geschliffene Verstand, sondern die wohldosierte Emotion erfolgsentscheidend ist.

Topmanager müssen, um erfolgreich zu sein, vor allem eines wissen: Sie sind nicht der Prototyp des Menschen, nach dem sich die übrige Welt richtet, sondern sie sind die Ausnahme – auch was ihre rationale Unterkühlung angeht. Sie tun daher nicht gut daran, von sich auf andere zu schließen. Was nicht heißt, daß sie mit ihrer Kultur der emotionalen Defizite vorbildlich wären, im Gegenteil: Den weitesten Weg zu einer geglückten Kundenbeziehung drinnen wie draußen haben oft die Topmanager. Davon reden wir an anderer Stelle noch ausführlicher (s. dazu S. 247 f.). Die Führungsaufgabe besteht ja gerade darin, die eigenen Defizite selbstkritisch zu erkennen und sie nicht zum

Maßstab für Mitarbeiter zu machen. Ein heikles Kapitel, zu dem wir noch kommen.

Die Fähigkeit, Gefühle anderer zu lesen, ist kaum zu trennen von der Übung, mit eigenen Gefühlen umzugehen. Die Empathie ist unter erwachsenen Menschen die Grundlage für Überzeugungsprozesse, wie sie zum Beispiel im Verkauf, aber schon lange bevor dieser gelingt, zwischen Mitarbeitern und Führung, in allen internen Kundenverhältnissen des Unternehmens täglich ablaufen. Aufgaben zu übertragen, das gelingt natürlich auch ganz ohne Empathie. Fehler diskutieren, Ziele setzen: Ganze Mitarbeitergespräche laufen häufig oder meistens ab ohne die Kunst der Empathie – sachlich, sagt dann die Führungskraft, ohne falsches Pathos, ohne irritierende Vermischung von intelligenter Bilanz und emotionaler Anteilnahme.

Der Markt, sagen dieselben Führungskräfte dann aber, wenn etwas nicht nach Wunsch gelaufen ist, besteht zu 80 Prozent aus Psychologie. Ein Satz, der meist schulterzuckend vorgetragen wird, so als sei das Wort »Seelenkunde«, das man da benutzt, ein Signal, daß man machtlos sei.

Auf jeden Fall verrät dieser geflügelte Satz, daß wir Bescheid wissen. Überall wo Menschen handeln, wirken Stimmungen und Meinungen, Gefühle und Gedanken. Damit haben wir einen der Leitsätze dieses Buches: Gedanken profitieren von Gefühlen. Gefühle profitieren von Gedanken.

Wer als Marktteilnehmer mit den Menschen im Markt erfolgreiche und befriedigende Kontakte pflegen will, der braucht die Fähigkeit, die Gefühle dieser Menschen aufzuschlüsseln. Dafür genügt nicht die delegierte Erkundung durch Marktforschung, aus der man dann in Geschäftsführungsmeetings referieren läßt.

Ein paar Kunden sitzen zwar mit am Tisch: die Mitarbeiter. Aber der wirklich unbefangene Partner, der Kunde im Markt, ist weit. Man spricht über ihn und hält ihn sich im übrigen vom Leibe. Sollen die Verkäufer zusehen, wie sie ihn überzeugen.

Das bedeutet aber: Soll die Führung zusehen, wie sie die Verkäufer überzeugt! Sonst reißt die Kundenkette. Und der Stoff, aus dem die

Bindung ist, heißt auch hier, wo kühle Köpfe sich gegenseitig mit logischen Ableitungen imponieren: Empathie. Wahrlich keine Unternehmertugend – bis heute. Aber eine von den wichtigsten für morgen.

Alle Marktprozesse sind Verständigungsprozesse – geglückte oder mißlungene. Wer am besten kommuniziert, hat den größten Erfolg. Daß es dazu nützlich ist, die Gefühlslage von Partnern genauso exakt zu erkennen wie die Zahlen und Fakten, die sie uns vortragen, wird niemand bezweifeln. Erschwerend für dieses Vorhaben ist eine stille Übereinkunft, in der die zivilisierten Völker leben: Über Gefühle gibt man geschäftlich so gut wie keine Auskunft. Ein Teil der professionellen Kommunikation läuft also offen ab – es ist der »intelligente« Teil der Sache, mit technischen Details und Fakten –, der andere läuft verdeckt mit. Dieser verdeckte Prozeß ist in einer *High-quality*-Welt immer häufiger erfolgsentscheidend. Denn – auch dies einer der Leitsätze dieses Buches:

Gute Produkte haben andere auch.

Was nicht besprochen wird, das wird oft vergessen. Insbesondere Geschäfte zwischen Männern finden in dieser stillen Solidarität statt, daß man sich auf den eigenen klugen Kopf verläßt und auch Gefühlsentscheidungen auf das Konto des eigenen IQ schreibt. So weit, so gut – aber die Lesekunst im Gefühlsdschungel des Gegenübers leidet unter diesem Fehlschluß auch. »Klüger« würde man, könnte man nicht nur die Mienen- und Gebärdensprache des Partners besser lesen, als dieser ahnt – und dazu gibt dieses Buch eine Anleitung (s. S. 164–174), sondern auch via Empathie sein Gefühlsgemisch, das er »intelligent« tarnt, komplett »enttarnen«. Empathie ist ein echter Wettbewerbsvorteil.

Der Start eines Empathie-Trainings beginnt also bei der Wahrnehmung, nicht der Verdrängung der eigenen Gefühle. Häufig beruht das Eröffnungsgefühl, mit dem wir eine Begegnung erleben, schon auf Gefühlssignalen des anderen. Wir versäumen es aber, sein Mienenspiel auf uns wirken zu lassen, wie wir das in Kinderzeiten konnten, als uns manche Gesichter in Tränen ausbrechen ließen, andere uns mit einer Woge von Zutrauen und Glück überfluteten. Männer berichten, daß sie nicht mit geschärften Aufnahmesensoren in ein Gespräch

Gefühlsimmune Gipfelkulturen

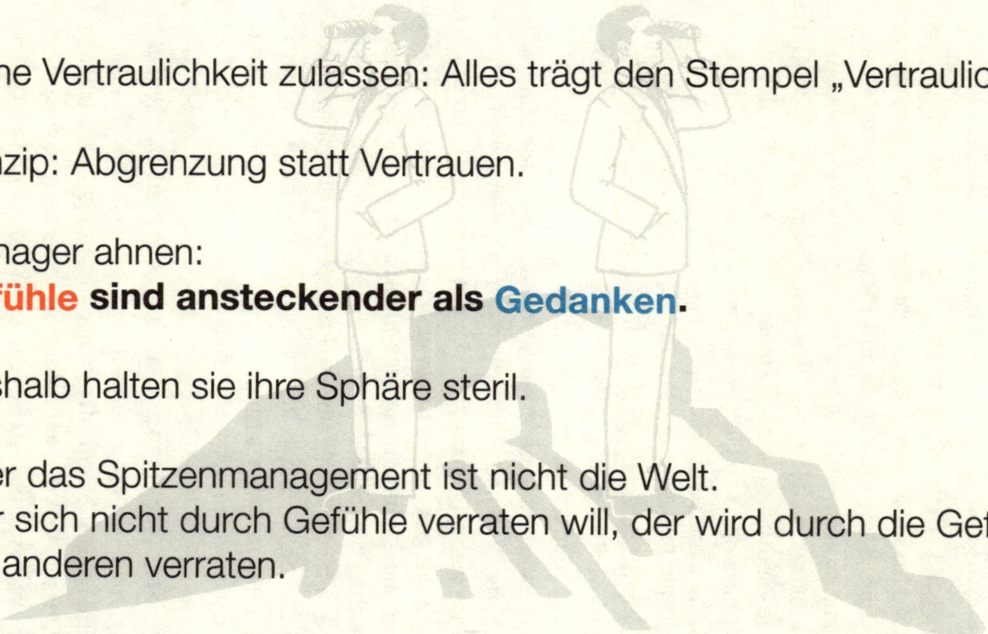

Keine Vertraulichkeit zulassen: Alles trägt den Stempel „Vertraulich".

Prinzip: Abgrenzung statt Vertrauen.

Manager ahnen:
Gefühle sind ansteckender als Gedanken.

Deshalb halten sie ihre Sphäre steril.

Aber das Spitzenmanagement ist nicht die Welt.
Wer sich nicht durch Gefühle verraten will, der wird durch die Gefühle der anderen verraten.

gehen, das sie zum Erfolg bringen wollen, sondern mit geschärfter Zielvorstellung. Von beidem etwas wäre ideal: genau wissen, wohin ich will, aber auch genau wahrnehmen, wohin ich diesen Partner dort mitnehmen kann – und zu welchen Bedingungen. Beim männlich-weiblichen Mißverständnis-Spiel ist dies ein sehr ergiebiges Kapitel: Die Frau buchstabiert die mögliche Niederlage, der Mann entwirft den Sieg. Die Frau lauert auf die brutale Siegstrategie des Mannes, der Mann amüsiert sich über die abwartende Grundhaltung der Frau. Sie ist das Opfer, entscheidet er – und ahnt sie. Ein Einigungsprozeß. Beide hatten vom Ausgang dieselbe Vorstellung. Aber die Frau beschwert sich.

Von beidem etwas: Es gibt offenbar ein Set an Signalen, auf die wir mit unserem gut verpackten, uralten Stammhirn ziemlich sicher reagieren – so sicher wie das Baby, dessen Gesichtchen sich zum Weinen verzieht, wenn es ein anderes Kind weinen sieht. Das Lächeln ist am anderen Ende der Skala völlig unwiderstehlich. Daß es ebenfalls ein sehr altes Verhaltensmuster ist, nicht in der jüngeren *Homo-sapiens*-Geschichte ansozialisiert, hat die Forschung nachweisen können, als man bei blinden Kindern, die niemals ein menschliches Gesicht gesehen hatten, das sie aufmunternd anlächelte, das einladende Lächeln beobachtete – eine soziale Ermunterung an die Fürsorgebereitschaft dessen, der akustisch und über Riech- und Tastsinn für das Kind präsent ist. Das frühe Lächeln ist nichts anderes als eine Einladung zur Empathie.

Wer sich die spontane Wahrnehmung von Stimmungslagen anderer Menschen abtrainiert, mag sich relativ sicher fühlen, solange er unter ähnlich trainierten Kollegen lebt. Die ganze Gruppe entwickelt dann einen niedrigen EQ und wird über ihr Defizit an Empathie so lange nicht aufgeklärt, wie sie keine Überzeugungsprozesse nach außen managen muß. Was aber alarmiert, sind jüngste Ereignisse aus den *Bell Labs* nahe Princeton, die den Schaden durch die einseitige Intelligenz-Orientierung mitten in der klugen Gruppe diagnostizieren: Auch die Spitzen-Logiker lassen nach, wenn ihre Umgebung leer von Empathie ist (vgl. D. Groleman, a.a.O., S. 204–209).

Wer den Lesestoff »Gefühle anderer« meidet, glaubt sich in der

Verkaufserfolg durch Empathie

Empathie:	Die Fähigkeit, Gefühle anderer Menschen wahrzunehmen.
Voraussetzung:	Die Fähigkeit, eigene Gefühle wahrzunehmen.
Die Barriere:	Erziehung und Ausbildung stärken die strategische Intelligenz. Die emotionale Intelligenz unterliegt einer scharfen Zensur.

Die Hohe Schule der Empathie:

Intelligentes Know-how

mit emotionaler Power mischen.

Regel dadurch gefeit von Ablenkungen und Fehlerquellen. Fatal erscheint aber daneben das Forschungsergebnis, daß die Fähigkeit, Gefühle anderer Menschen wahrzunehmen, erstens nicht an den hohen IQ gekoppelt ist und – zweitens und gravierender – daß diese Fähigkeit in der Gesellschaft hoch honoriert wird. Wer in der Lage ist, die Gefühlsbotschaften anderer zu verstehen, auch wenn diese nicht reden, genießt in der Gemeinschaft Vertrauen und Zustimmung. Mehr noch: Die »emotionale Kondition« von Menschen, die fähig sind, Gefühle anderer wahrzunehmen, ist deutlich belastbarer als die von Gefühlsblockern. Damit immer noch nicht genug: Selbst bei bescheidenerem Intelligenzquotienten sorgt die Empathiefähigkeit für bessere Lern- und Arbeitserfolge – warum, läßt sich mutmaßen. Wer bessere Beziehungen im Team hat, ist entspannter und konzentrationsstark – lautet die eine Erklärung. Wer auf die Stimmungen anderer reagieren kann, überzeugt eher – wäre die andere.

Nehmen wir ernst, was die Kommunikationsforschung uns über die Durchmischung jeder sprachlichen Botschaft mit nichtsprachlichen Appellen und Mitteilungen sagt – das Verhältnis liegt bei 10 Prozent Sprache und 90 Prozent sprachloser Message –, dann wird auch für Intelligenzgläubige die Fähigkeit, in dieser Message wenigstens einiges zu lesen, interessanter.

Das Set von elementaren Botschaften, das jeder von uns über sein Stammhirn zu lesen versteht, umfaßt immerhin die wichtigsten Stimmungen, in denen Menschen einander begegnen können. Diese Kern-Emotionen, wie die Forschung sie genannt hat, werden weltweit in allen Kulturen von Menschenaugen in Menschengesichtern sofort richtig erkannt. Es sind

- Furcht
- Zorn
- Trauer
- Glück

Der IQ-verliebte Manager lehnt sich jetzt siegesgewiß zurück: So ausgeprägte Emotionen kommen doch im Geschäftsleben nur im Aus-

Emotionen sind Handlungsimpulse

 **Zorn:** Blut strömt in die Hände (zupacken, Griff zur Waffe).

 **Furcht:** Blut strömt zu den großen Muskeln (Beine); Hormonausschüttung: Schema „Fight or Flight".

 **Glück:** Blockade für alle negativen Wahrnehmungen, starke Handlungsbereitschaft.

 **Trauer:** niedriger Blutdruck, schwächere Durchblutung, verlangsamter Stoffwechsel, reduzierte Immunabwehr.

nahmefall vor! Wir bewegen uns in Zwischenwerten! Also ist dieses Handwerkszeug völlig unbrauchbar! Zorn kommt höchstens bei mir selbst vor, überlegt er weiter, und dann ist er berechtigt; Furcht kenne ich nicht, Trauer gehört ins private Leben und hat im Geschäft nichts zu suchen, und Glück, das ist nun wirklich etwas hoch gegriffen. Triumph vielleicht, Siegesgewißheit, Erfolgsfreude – aber Glück? Nein, nicht im Geschäftsleben. »Glück gehabt«, darauf kann er sich einlassen, diesen Stoßseufzer gibt es ab und zu. Aber mit Glück hat der erst recht nichts zu tun.

So schnell wird der Manager sein Empathie-*lag* natürlich nicht wirklich los. Jede dieser Kern-Emotionen hat eine Fülle von Schichten, Nuancen und Graden. Sonst wäre es keine Kunst, sie wahrzunehmen. Einen furchtschlotternden Menschen weiß auch ein entschiedener Ratiojünger einzuordnen. Ebenso verhält es sich mit dem wilden Zorn, der fassungslosen Trauer und dem überschäumenden Glück.

Mit unserem offenbar angeborenen Vermögen, diese Grundstimmungen zu erkennen, haben wir natürlich auch die Sensibilisierung für Zwischentöne mitbekommen – das heißt: Gesichtszüge und Gesten, die entfernt an Traurigkeit erinnern, lösen in uns so etwas wie den Trauer-Reflex aus. Mit dem Glücklichen lacht oder lächelt man, mit dem Furchtsamen fühlt man das leise Schaudern, ohne sein Opfer zu werden – gerade genug, um ihn nicht mit seiner Furcht alleinzulassen –, und mit dem Zornigen fühlen wir Wut aufsteigen – aber nur einen Sekundenbruchteil, wenn es nicht »unser« Wutanlaß ist; diese Fähigkeit, ein wenig einzutauchen in das »fremde« Gefühl, macht uns entschlossen, den anderen herauszuholen oder nicht alleinzulassen – auch den Glücklichen nicht. Was uns für einen winzigen Augenblick den Impuls zur Identifikation schenkt, ist das plötzliche Empfinden: »Ich könnte du sein – vielleicht bin ich es ein anderes Mal.« Das ist – Empathie.

Gefühle sind ansteckender als Gedanken – das mag manche Topmanager immer wieder davon abhalten, sich eine gründlichere Gefühlskultur zu leisten. Wer Gefühle nur als Störenfriede kennt, kann auch nicht ahnen, wie bewußt es sich mit ihnen umgehen läßt. Sie sind dann tatsächlich die Helfer der Gedanken. Spitzenpositionen, so denkt mancher Spitzenmann, hält man auch mit einer gewissen Exklusivität der *brainware* – und Gedanken hat man, wenn man will, für sich allein. Man gibt nur soviel ab, wie man mit anderen teilen will.

Gefühle dagegen verraten –; sie fetten gewissermaßen durch wie ein schlecht verpacktes Frühstücksbrot. Der Abstand, den der Spitzenjob erfordert – und der den Spitzenjobber schützt –, ist nicht mehr garantiert. Empathie von anderen erscheint ihm deshalb als eine gefährliche Waffe, die seine Exklusivität aufbricht. Er bestimmt nicht mehr, was er zeigt.

So werden die Waffen gegen Vertraulichkeit geschärft im Gipfelzirkel. Alles bekommt den Stempel »Vertraulich«, aber kein vertrautes Wort bricht die intellektuellen Panzer auf, in denen man einander gegenübertritt. Das Ritual ist gefühlsimmun. Die Welt der Mitarbeiter ist weit. Die Welt des Kunden – außer er wäre ein Topkunde und damit ähnlichen Naturells – verschwimmt von hier aus kaum sichtbar am fernen Horizont.

Was mancher Spitzenmanager als Kind gut konnte, hat er nun längst wegrationalisiert aus seiner Psyche: Gesichter lesen, Augen flackern sehen, ein Zucken um die Mundwinkel wahrnehmen, den Griff ins Haar richtig deuten. Er weiß es wirklich nicht mehr, was diese oder jene Geste bedeutet. Er fährt sein Erfolgsprogramm wie ein *Bulldozer.* Und alle Untergebenen spielen mit. Bis die Krise kommt – und die Gefühle rings um ihn heftiger werden. Vielleicht sogar seine eigenen: Furcht, eine Kern-Emotion aus seinem Reptilhirn (s. S. 30, 32). Er wandelt sie in Wut um. Entgleist jetzt öfter. Die Mitstreiter sehen einander stumm an. Er verliert die *Contenance.* Nun zahlt er den Preis für den stolzen Verzicht auf Empathie: Die Gefühle überfallen ihn. Ungeübt, wie er ist, wird er ihr Spielball. Hilflosigkeit ängstigt ihn. Zur Trauer ist er nicht fähig. Von Glück war nie die Rede. Furcht und Zorn schütteln ihn. Der Streß lähmt seine Phantasie.

Und die Rache der anderen begleitet ihn zielsicher: Sie geben ihm nicht, was sie nie von ihm erhalten haben; sie verweigern ihm Empathie.

Ein Horrorbild? Für viele Virtuosen der reinen Intelligenz ist es Wirklichkeit, auch wenn sie uns nicht davon erzählen.

Die angeborene Empathie wird schon im frühen Kleinkindalter von den erwachsenen Erziehern entscheidend beeinflußt. »Unerzogen« nimmt das Kleinkind intensiv Anteil an den Gefühlszuständen anderer. Es macht sich den fremden Gemütszustand zu eigen und versucht ihn, wenn er Schmerz bereitet – was es ja durch Anteilnahme ausprobiert hat –, zu ändern. Mit etwa zweieinhalb Jahren driften die Reaktionen plötzlich auseinander: Eine Gruppe Kinder wirkt nun fast immun gegen fremdes Leid, und die andere kultiviert ihre Anteilnahme noch mehr als früher, ist auch besser in der Lage, die Phase des Mitleidens abzukürzen und gleich zu helfen.

Die Immunisierung geschah bei Kindern, deren Eltern zu Tadel neigten, also den schmerzlichen Zusammenhang in eine Schuldzuweisung verwandelten: »Schau mal, nun weint er; warum spielt ihr auch so wild!« – So angesprochen, mußten die Kinder sich verteidigen; sie hatten keine Zeit und Energie mehr für Anteilnahme. Im Gegenteil: Die Empathie machte sie zu Mitschuldigen; also flohen sie aus dem negativen Ereignis. Die mitfühlenden Kinder verfeinerten dagegen ihre konstruktive Reaktion auf fremdes Leid, weil die Eltern sie ausdrücklich anhielten, sich in das Leid des anderen zu versetzen: »Schau mal, wie weh ihr das tut.« – Erziehungsunterschiede mit Folgen bis ins Erwachsenenleben.

Natürlich sind das nicht unumkehrbare Prägungen. Was sie über den kleinen Menschen sagen, gilt auch für große: Die Flucht aus der Empathie ist immer auch die Verwechslung von Mitleiden und Mitschuld. Die Souveränität, Empathie zu geben, entsteht überall, wo keine Drohung über dieser Identifikation schwebt.

II
Revolution der Ressourcen: Führung im Feuer komplexer Ansprüche

Kopf, Herz und Hand – Das neuronale Zeitalter

Was arbeitet, wenn wir arbeiten? – In der Welt der unsichtbaren Prozesse ist auch das nicht mehr auf den ersten Blick zu erkennen. Je abstrakter die Abläufe werden, desto mehr wandern sie auch beim Lenker und Kontrolleur, dem Menschen, nach innen. Da sitzt einer auf einem Stuhl, tastet mit einem Arm an einem kleinen Gegenstand herum und starrt auf einen Bildschirm. Arbeit – kaum Bewegung, keine sichtbare Muskelanspannung, kein Schweißausbruch. Oder doch? Vielleicht heute abend, wenn er schlafen will? Also zur Unzeit, wenn gar keine körperliche Anstrengung verlangt wird? Am Ende **weil** keine verlangt wird? In den großen Werkshallen der Automobilfabriken arbeiten gewaltige Muskelmänner mit Stahlgelenken. Ihr Muskelapparat ist geölt und wird gewartet – wie der Boxer, Ringer oder Gewichtheber von seinem Trainer betreut wird. Kleine Menschen laufen zwischen diesen gelenkigen Giganten umher, überwachen sie, gehen ihnen mit kleinen Bewegungen zur Hand, drücken winzige Knöpfe auf Schalttafeln, die diese Bühne der künstlichen Helfer bewegen oder stoppen. Muskelkraft, an künstliche Arbeiter delegiert.

Im *High-Tech*-Zeitalter ist auch die Arbeit komplexer geworden. Neben der Muskelarbeit der Straßen- und Bauarbeiter, der Stahlkocher und Müllwerker, die körperliche mit psychischen Belastungen und Organstreß mit Muskelaktivität verbindet, ticken die Netzwerke der Informationsgesellschaft, an denen geräuschlos und ohne viel körperliche Bewegung gearbeitet wird. Hand- und Kopfarbeiter so einfach beiden Welten zuzuordnen ist eine Versuchung, die uns viele Einsichten kosten kann, die wir brauchen, um die Zukunft der Arbeit besser zu organisieren.

Die beiden Sphären – die Welt der Muskelarbeit und jene der Kopfarbeit – durchdringen einander längst an jedem Arbeitsplatz. Wer mit seinen Händen Lasten bewegt oder Hebel umlegt, hat in aller Regel auch Schalttafeln und Warnlampen, Energiequellen und Steuerungssysteme in seinem Handlungs- und Blickfeld, die mit seinem Kopf kommunizieren und nur nebenbei durch Handgriffe gesteuert werden. Wer im Stahlwerk Lärm- und Hitzestreß ertragen muß, während glühende Tonnenlasten ins kühlende Bad gleiten, von Station zu Station maschinell bewegt werden, der kennt diese gemischte Belastung – körperlich und geistig.

In Richtung Topmanagement verschiebt sich freilich dieses Bild immer deutlicher: Immer weniger sichtbare körperliche Belastung wird durch immer mehr unsichtbare, geistige Aktivität abgelöst – und ausgeglichen? Wer diese Rechnung als eine quantitative Bilanz aufmachen will, gerät in große Schwierigkeiten. Wer arbeitet »mehr«? Wessen Belastung ist größer, vielseitiger, streßbetonter, wo findet mehr Verschleiß statt? Verschleiß, aber von was? Von Muskelkraft? Von Kalorien? Von psychischer oder geistiger Energie? Von Gefäß-Elastizität, von organischer »Gesundheit«?

So schwierig sie sich darstellt: Diese Frage wird – nicht nur für die Gesundheitsstrategie und die Krankenstände der Unternehmen – immer wichtiger. In einer komplexen, das heißt ja: vieldeutigen und widersprüchlichen Welt wird jeder Arbeitsplatz, auch übrigens der Arbeitsplatz »Leben«, komplexer in seinen Anforderungen. Von niemandem kann mehr gesagt werden, er arbeite nur mit seinen Händen, von niemandem auch, der sein Gefäß-System durch Mangel an Bewegung, schlechte Luft und Schlafmangel und Konsumgewohnheiten beschädigt, er sei als Kopfarbeiter klar definiert und vor allen körperlichen Folgen geschützt, weil sein Muskelapparat in schöner Unterforderung im Schongang laufe. Das alles wissen wir längst, es erscheint trivial. Gerade deshalb brechen wir die Debatte zu schnell ab. Bekanntes, das in vertrauten Kurzschlüssen abschließend abgelegt ist, holen wir nicht gern hervor, um weiterzulernen. Wer die Heilung des Risses zwischen Kopf und Herz aber ernst nimmt, kommt daran nicht vorbei. Was denn nun: der Riß zwischen Kopf und Herz – oder zwischen Kopf und Hand? Wer in der heutigen Gesellschaft einen Platz findet, auf dem er Kopf und Hand ausgewogen beschäftigen darf, hätte große Chancen, auch Kopf und Herz wieder miteinander, nicht gegeneinander zu beschäftigen.

Aber langsam. Das Problem ist schwierig. Wie alle ehemals eindeutigen Bedingungen unseres Lebens ist auch die Kooperation der Menschen und Systeme, von Bürokratien und Institutionen gegängelt und behindert, mehrdeutig geworden. Was Arbeitsmediziner und Topmanager, Betriebspsychologen und Gesellschaftstheoretiker sagen können, das setzt sich zu diffusen Bildern einer diffusen Lage zusammen. Gibt es keine deutlichen Kraftlinien mehr, die uns helfen, Konturen zu erkennen, auch wenn diese morgen schon wieder verschwimmen in einer Phase des Übergangs? Das Dilemma der Beobachter, die sich selbst beobachten – die Fähigkeit, die *Homo sapiens* so stark gemacht hat (s. S. 282–293) –, ist inzwischen die Arbeitsteilung bei der Analyse: Jede Fachdisziplin bringt ein paar Splitter, und niemand wagt es, das Kaleidoskop der imponierenden Einzelergebnisse so energisch und sensibel zu schütteln, daß die Splitter ein Bild ergeben, das wir verstehen – und aus dem wir Handlungsaufforderungen ableiten können.

Zum Beispiel so: Die Informationsgesellschaft kann das »Nervenzeitalter« genannt werden (*Bernhard Voigt* in: PERSONALFÜHRUNG 7, 1992) – und das in mehrfacher Hinsicht. Wie ein Nervengeflecht umspannt das Netzwerk der Sensoren und Sender den Erdball, wie Nervenimpulse eilen Informationen von Kontinent zu Kontinent, viel schneller als jedes andere Transportmittel arbeiten die virtuellen Funkenflüge des Internets. Die Geräte, mit denen dieses Geschehen gesteuert wird, haben wiederum quasi »neuronale« Strukturen, sie ähneln dem menschlichen Gehirn. Gleichzeitig werden die Anforderungen in der Arbeitswelt für immer mehr Menschen immer konzentrierter zu nervlichen Belastungen. Das Gleichgewicht zwischen Kopf und Hand ist nicht einmal mehr zu ahnen – und die Balance zwischen Kopf und Herz ist gar nicht vorgesehen. Ihr gilt kein Plädoyer, sie hat das Licht der Aufmerksamkeit noch nicht erblickt.

Aber die Bestandsaufnahme des »neuronalen Zeitalters« wird uns nicht mehr lange erlauben, dieses Splitting aufrechtzuerhalten. Wer Köpfe einseitig belastet, wer neuronale Netze in Kopf und Körper

Das neuronale Zeitalter

Verstärkung der „neuronalen Faktoren“:
Höherer Anspruch an Nervenstärke und psychische Kondition,
mehr abstrakte Arbeits- und Denkprozesse.
Der doppelt vernetzte Mensch:
Um den Globus das „neue neuronale Netzwerk“, Internet.
Im Gehirn das Netzwerk intelligenter und emotionaler Potentiale

- alter und junger Hirnregionen,
- rechter und linker Gehirnhälfte.

Der Mensch als integrierter Nutzer und als Faktor beider Systeme: neuartigen Belastungen ausgesetzt, für die noch kein „Programm“ bereitsteht.

strapaziert, der bekommt die Krankmeldung schließlich aus der »Zentrale«: vom Gefäßsystem, das das Herz versorgt, und vom Herzen selbst. Der Energietransfer, auf den sich jeder Kopf fast blind verläßt, wird eingestellt; das sauerstoffreiche Blut versackt, staut sich, statt das rastlose Gehirn zu versorgen, irgendwo in den Extremitäten; das vergessene Herz stolpert, stottert, überschlägt sich – es meldet sich gebieterisch mit seiner Macht über alle Vorgänge des Organismus.

Das Fatale: Es meldet sich erst, wenn zwei Akte des Dramas schon gelaufen sind. Wer jetzt reagieren will, hat nie mehr den ganzen Rückweg frei. Diese verspätete Meldung an unseren störrischen Verstand verdanken wir unserer ungeheuren Effizienz: *Homo sapiens* hat seine Notaggregate so leistungsfähig gemacht, daß sie stillschweigend, ohne Warnsignal »Normalbetrieb« vortäuschen, während ein rasanter Ressourcenverschleiß läuft, der unheilbar ist. Die Hirn*power* nach der kreativen Evolution hat den Menschen mächtig gegenüber der Macht seines Herzens gemacht – und dies, wie wir in diesem Buch diskutieren, in mehrfachem Sinne. Auch im ganz konkreten körperlichen Sinne: Der Kopf hält das Herz nieder, es liefert und pumpt und baggert Blut heran, damit die Kraftmaschine im Kopf arbeiten kann. *Brainpower* schlägt *Heartpower*. Das ist die fragwürdige Erfolgsbilanz des *Homo sapiens*.

Wie sieht die einfache Bestandsaufnahme mit ihren Kraftlinien in der Arbeitswelt nun aus?

Der »neuronale Faktor« verstärkt sich durchweg. Der Anspruch an Nervenstärke und psychische Kondition wird höher.

Die wichtigsten Merkmale zeitgenössischer Berufsarbeit sind:

- mehr Statik als Motorik bei stehenden und sitzenden Haltungen,
- ganz geringe Anforderung jener 70 Prozent Muskelkraft unterhalb der Körpermitte, also der Becken- und Beinmuskulatur,
- generelle Unterforderung der körperlichen Ressourcen,
- feinmotorische Anforderungen an kleine und kleinste Muskelgruppen,
- einseitige Belastung einzelner Muskeln und unnatürliche, starre Haltungen,

- hohe Anforderungen an die Sinnesorgane,
- höhere Aufgabendichte bei fallender Stundenzahl der Arbeitszeit,
- ständiger Wechsel der organisatorischen und strukturellen Bedingungen der Arbeit.

Aus all diesen Konditionen folgt zwangsläufig:

- hohe und dauernde Anspannung von Nerven und Psyche – das heißt aber: ein Streßprozeß. Stummer Alarm (zum Streßprozeß vgl.: *Gertrud Höhler,* Wettspiele der Macht, Düsseldorf 1994).
  Die Fehlbelastungen stoßen ganz langsam Langzeitprozesse an: Degenerative Erkrankungen, chronische Störungen schleichen sich heran.

Zwischen Krankheit und Gesundheit in einer Grauzone, ständig in Beweisnot, verlieren Menschen so ihre Arbeitsfreude, ihr Selbstvertrauen und ihre Lebenslust.

Fehlerketten – Fehlbelastung als Führungsfehler

Den schleichenden Streß, den die Mischung von Fehlbelastung und Anspannung, von Unterforderung und Überforderung produziert, haben Arbeitsmediziner als »Jahrhundert-Epidemie« bezeichnet. Der Rhythmus von Anspannung und Entspannung ist gestört, die neuronale Belastung übertrifft die rein körperliche bei weitem, und ein diffuses Muster von Beschwerden entsteht, das auf der Schwelle zwischen Gesundheit und Krankheit den Betroffenen in Zwiespalt stürzt: Was ist los mit mir? Wer glaubt mir? Ist mein Wille zu schwach? Wird man mich als Simulanten aussondern? Warum kann ich nicht mithalten? Und warum macht alles mir sowenig Spaß?

Dem Set von Fehlbelastungen entspricht bald ein solches von Symptomen, das den zunächst diskreten Aufruhr von Körper und Psyche genau dort darstellt, wo die Fehlanforderungen stecken:

- Muskeln, die nicht gebraucht werden, verkrampfen sich ungefordert.
- Muskeln, die feinmotorisch Nervenbefehle ausführen sollen, flattern plötzlich.
- Im Schlaf werden die Zähne zusammengebissen, als wären Schmerzen zu unterdrücken.
- Kopfschmerzen stören die Arbeit.
- Verdauungsbeschwerden, tabuisiert, melden sich.
- Frieren und Schwitzen wechseln sich ab.
- Der Atem fliegt oder fehlt ganz unvermittelt.
- Der Schlaf ist keine verläßliche Zuflucht mehr.
- Ruhelosigkeit wird zum ständigen Begleiter – Tag und Nacht.

Solche schwebenden Krankheitsbilder gehören in die hochzivilisierte Gesellschaft. Da ist keine äußere Verletzung von der Bärenjagd zu verbinden, die dann heilt; kein Muskelriß vom Bäumefällen oder eine Stauchung vom Sprung über eine Stromschnelle ist zu behandeln. Der Fluchtweg in den Tiefschlaf, der alle Anspannung löst, ist versperrt – durch eben die Beschwerden, von denen er erlösen soll.

Der fatale Zirkel des Streßprozesses spiegelt das Zivilisationsleiden generell wider: Die alten Fluchtwege sind verbaut durch die Errungenschaften, die den elementaren Bedrohungen durch Wetter, fehlendes Jagdglück und Mißernten ein Ende machten. Die »Klimaschocks« der Wohlstandskultur sind viel komplexer und chronischer Natur; ausbleibendes »Jagdglück« kann lange kompensiert werden – was die Katastrophe am Ende verschärft; »Mißernten« im globalen Wettbewerb haben eine lange Vorgeschichte und wirken in die Folgejahre hinein.

Das Geflecht von Störungen, mit denen Menschen auf die vernetzte Arbeitswelt reagieren, gibt uns relativ exakte Hinweise auf die Fehler, die uns beim Knüpfen der Netzwerke von Aufgaben, Zeitkonzepten und »Anforderungsprofilen« unterlaufen: Solange der Mensch sich in die Konturen einer »Arbeitsplatzbeschreibung« hineinzwängen muß, ist die Wahrscheinlichkeit, daß er Schaden davonträgt, viel größer, als wenn der *Mensch* das Maß für die zumutbare Aufgabe, das Zeitkonzept und die Arbeitsbedingungen wäre. Eine Selbstverständlichkeit, so meint man.

Das Dilemma wird komplett, wenn man die Kette der Kausalitäten vollständig überblickt:

- Komplexere Aufgaben, die dem Zusammenspiel von körperlicher und seelischer Fitness nicht günstig sind, führen zu komplexen Störungen, die schwer objektivierbar und schwer therapierbar sind. Und:
- Die Quellen für den diffusen, nervlich belastenden Zuschnitt der Aufgaben haben dieselbe Ursache wie diese Verschleißprozesse:
- komplexe, dynamische Gesamtsituation,
- Umbrüche und Unübersichtlichkeit im Wettbewerb,
- brüchiges Zukunftsvertrauen.

In diesem unruhigen wirtschaftlichen Klima entstehen also lauter einander entsprechende Fehlentwicklungen, die aufeinander aufbauen – in einer bestürzenden Logik, die auch zeigt, wie beschädigt unsere Wahrnehmung ist, die dieses Zusammenspiel von Defiziten zugelassen hat.

Die Fehlbelastungen am Arbeitsplatz haben im wesentlichen vier Quellen. Das Fatale: Die Verantwortung für diese Verschleißfaktoren liegt auf den ersten Blick nur zum Teil bei der Führung, zum andern bei der Politik, schließlich in den Zwängen, die der rasche Wandel allen zumutet. So wird es der Führung zunächst leicht gemacht, sich schulterzuckend von dem Dilemma ihrer Mitarbeiter abzuwenden. Aber dieses Dilemma holt sie selber ein: Hohe Fehlzeiten, geringe Motivation, Innovationsunlust und Risikoscheu sind die Folgen. Kundenbeziehungen werden nicht gepflegt, sondern in Kauf genommen und reduziert; die Kultur des Unternehmens ist die Solidarität der Lustlosen.

Schaut man genauer hin und hört man die Generalabsolution, die sich die Führung erteilt, nicht mehr ganz so beeindruckt an, dann wird plötzlich klar: Alle Bedingungen des Arbeitens müssen vom Führungsmanagement verantwortet werden, vor allem die zeittypischen Streßfaktoren muß das Management in der eigenen Organisation reduzieren. – Wozu brauchen Mitarbeiter sonst Führung?

Das Unternehmen ist ein Kosmos, der nicht nur *Output,* sondern als dessen Voraussetzung ein stimulierendes Leistungsklima managen soll. Wenn alles dem Zufall und den widrigen Zeitströmungen überlassen werden soll, was sich hier abspielt, dann brauchen wir keine Organisationen. Die Öffnung der Strukturen nach außen, die Globalisierung und die lebhafte Kommunikation sind durchaus keine Rechtfertigung für Schutzlosigkeit und Fehlbelastung von Mitarbeitern. Daß der Führung ein kalter Wind ins Gesicht weht, entschuldigt sie nicht für Unterlassungen bei der Pflege von Leistungsfreude bei denen, die ihr anvertraut sind. Daß die Verweildauer mobiler Mitarbeiter im Unternehmen immer kürzer wird, befreit die Führung nicht von dem Auftrag, Loyalität zu schaffen. Fazit: Fast alles, was die Führung aus ihrer Verantwortung ausgliedern möchte, kommt zu ihr zurück.

Die vier mächtigsten Streßfelder zeigen es; und ein Rundgang auf ihnen muß Führungskräfte sehr nachdenklich machen.

Es geht um die *Aufgaben,* die *Organisation,* die *Rahmenbedingungen* des Arbeitens und die *sozialen Faktoren* für Streß (*Rainer Otte* hat diese Einteilung vorgeschlagen, vgl.: »Gesundheit im Betrieb«, Frankfurt/Main 1995).

Fehlbelastung bei den **Aufgaben:**

- Die Aufgabe ist nicht klar, oft sogar widersprüchlich.
- Sie erscheint unübersichtlich und mehrdeutig.
- Was der Mitarbeiter gelernt hat, läßt sich nicht anwenden.
- Er fühlt sich einerseits überfordert und hat andererseits keinen Gestaltungsspielraum.
- Zeitdruck und Hast bestimmen den Arbeitsprozeß.
- Der Qualitätsanspruch paßt nicht zu seiner Qualifikation.
- Seine Verantwortung wächst, sein Gestaltungsspielraum bleibt eng.
- Er fühlt sich unter seinem Wert beschäftigt und langweilt sich.
- Die Monotonie führt zum Sinnverlust.

Noch deutlicher wird das Führungsdefizit, wenn man die **Organisationsmängel** betrachtet, mit denen viele Mitarbeiter sich abfinden sollen:

- Die Kooperation hat kein System.
- Die Abläufe im Unternehmen führen immer wieder zu Konflikten, weil ein klares Konzept fehlt.
- Das Zeitmanagement ist unrealistisch.
- Qualitätskontrollen sind nicht verbindlich.
- Transparenz fehlt.
- Führungskräfte erscheinen weder berechenbar noch vertrauenswürdig.
- Aufstiegsbedingungen sind unklar.
- Die Koordination der Arbeitsprozesse fehlt; man behindert einander.

Trivialitäten, so möchte man meinen. Es sind aber die häufigsten Hindernisse vor dem Arbeitserfolg und der Arbeitszufriedenheit, die hier genannt werden.

Zugleich ist der **Rahmen** des Arbeitens – der Raum der gemischten Verantwortung von Unternehmen und Politik – unzuverlässig und belastend:

- Die Angst vor Arbeitslosigkeit und Statusverlust ist täglicher Begleiter.
- Die technische Ausstattung ist an vielen Arbeitsplätzen mäßig.
- Physikalische Streßfaktoren: Hitze, Lärm, Staub und anderes.
- Mitspracherechte sind lückenhaft.
- Schichtarbeit belastet Nerven und soziales Nahfeld.
- Überstunden, höheres Arbeitstempo in Stoßzeiten sind gefordert.
- Entspannung fehlt; Räume zur Regeneration fehlen in vielen Betrieben.
- Sicherheit ist nicht selbstverständlich.
- Die Ergonomie ist mangelhaft.
- Das Firmenklima ist konfliktgeladen; das Sinndefizit steigt.

Ein düsteres Bild, gegen das man sich wehren möchte. Aber noch fehlt der **soziale Block** an Belastungen. Auch er steckt voller Führungsappelle, wenn man ihn vorurteilsfrei auf sich wirken läßt.

- Isolation der Schwachen, der »Schwierigen«, der Unzufriedenen – Prinzip: Wir brauchen Sündenböcke!
- Kommunikation ist unsystematisch und zufallsbedingt.
- Keine sozialen Hilfen werden durch die Firma gewährt (s. S. 97–103).
- Konflikte schwelen ungelöst.
- Neid entsteht.
- Die psychische und emotionale Flexibilität wird überstrapaziert.
- Teamwork erfolgt ohne System und ohne Erfolgserlebnis.
- Ungleichheit der Qualifikationen.
- Status-Rangeleien belasten.

- Es gibt Rivalitäten auf eigene Faust,
- Bereichsegoismen und
- Vertrauensleere.

Es ist längst bekannt, daß von diesen Defiziten die Fehlzeiten der Mitarbeiter mitbestimmt werden. Das Verblüffende aber ist, daß Mitarbeiter, befragt, nicht diese Listen hersagen, sondern eine ganz entschiedene Zusammenfassung ihrer Motivationsverluste und ihres depressiven Unbehagens nennen, das sie öfter krank werden läßt: Die Chefs sind schuld, sagen sie. Nicht die Aufgaben, nicht die Organisation oder der Rahmen ihrer Berufsarbeit, nicht ihr sozialer Status lassen sie resignieren – nein: Der **Vorgesetzte** steht im Fokus ihrer Kritik. Es ist ziemlich unwichtig, ob sie damit recht haben; entscheidend ist die Entschlossenheit der Mitarbeiter, ihrer Führung diese uneingeschränkte Macht zuzusprechen: die Macht über Sinn oder Sinnverlust der eigenen Arbeit (s. dazu S. 111–119).

Das Nervenzeitalter bringt also eine Lawine von Fehlbelastungen in das Leben der Menschen. Berufliche und private Ansprüche an den einzelnen durchdringen sich dabei. Und wieder ist es ziemlich unwichtig, ob robustere Naturen von allem, was ich hier beschrieben habe, nur die Hälfte melden würden. Wir haben es mit diesen Menschen zu tun, die verletzlich und alarmiert, mit einem gesicherten Fundus an Wohlstandsansprüchen unterwegs sind. Ist der Chef immun gegen alles, was seine Mitarbeiter Kraft kostet, so sind ihm Turbulenzen im Führungsklima sicher.

Die langen Defizitlisten sprechen zwar eine komplexe, aber auch eine deutliche Sprache. Neben allem, das uns gemeinsam, Führung und Mitarbeiter, Kraft kostet und unsere Loyalität füreinander verstärken müßte, statt sie zu zersetzen, gibt es auf diesen Listen eine hohe Zahl überflüssiger Mängel – genauer: unvertretbarer Fehlbelastungen. Sie sind nicht nur vor den Mitarbeitern, sondern auch im Kundenkontakt so kontraproduktiv, im Wettbewerb so schädlich, daß jedes Unternehmen, das sich diesen Spiegel vorhalten läßt, am gleichen Tage in die Revision seiner Fehler gehen müßte. Nach dem Motto:

- Was Mitarbeiter Kraft kostet, ermüdet auch den Kunden.
- Was Mitarbeitern angst macht, verunsichert auch den Kunden.
- Was Mitarbeitern die Perspektive verstellt, blockiert auch das Vertrauen des Kunden.
- Was Mitarbeitern sinnlos erscheint, frustriert auch den Kunden.
- Was Mitarbeitern zuviel Zeit kostet, stört auch das Zeitmanagement des Kunden.
- Was Mitarbeitern widersprüchlich erscheint, wird auch den Kunden irritieren.
- Was Mitarbeiter langweilt, das ödet auch den Kunden an.
- Was Mitarbeiter nicht begeistert, reißt auch den Kunden nicht vom Stuhl.
- Was bei Mitarbeitern schlecht koordiniert wird, bringt auch den Kunden aus dem Takt.
- Was Mitarbeiter an Kontrollverlust erleben, erlebt auch der Kunde.

Wer widersteht der Versuchung, diese Liste weiterzuschreiben? Ihre Quintessenz – der Kunde wird es mit tödlicher Sicherheit erfahren: Dieses Unternehmen ist schlecht geführt. Verschärfend wirkt, daß er die Produkte des Unternehmens nicht unbedingt braucht: Er kann sie in gleicher Qualität auch woanders kaufen – und dann in einem Vertrauens- und Qualitätsklima, das ihm zusagt.

Wer seine Mitarbeiter eher kühl betrachtet, der sollte mit Blick auf die Marktwirksamkeit der Führungsversäumnisse vielleicht doch umkehren – nicht nur »umdenken«, wie es so verräterisch heißt. Mitarbeitern optimale Bedingungen zu geben, lohnt sich nicht nur intern. Es wird belohnt auf den Märkten des Wettbewerbs – dort, wo die Herzen der Kunden für uns oder für andere schlagen.

Der Kunde leistet sich nämlich diesen Luxus längst, vor dem die Chefs als gut dressierte Emotionsasketen zurückzucken: Er kommt mit Kopf und Herz zu uns (s. S. 211–227) – und nicht er scheitert, sondern wir scheitern, wenn bei uns nur Köpfe ticken.

Family Care – Ein Sieg der emotionalen Intelligenz auf der Bühne des Business

Der schnelle Wandel verjüngt die Welt nicht nur – er macht sie auch rascher älter. Mit dem Tempo des Wandels werden immer mehr Menschen in die Strudel langer Lernprozesse gezogen, und wer in der Welt der flexiblen Qualifikationen mitspielen will, hat viel zu tun, um seinen Qualifikations-Mix dauernd umzuschichten. Seit Jahrzehnten beherrscht diese beunruhigende Mischung aus neuen Chancen und Verlustangst die Lebenskonzepte der Menschen in den reichen Demokratien. Sie nehmen sich deshalb weniger Zeit für die Übertragung der eigenen Lebenschance auf Nachkommen; ehrenwerte Gründe sichern ihnen dabei Anerkennung.

Diese neue Zurückhaltung hat in wenigen Jahrzehnten dort Wachstum erzeugt, wo die Kultur des raschen Wandels am wenigsten Kompetenz besitzt: bei den älteren Mitgliedern der reichen Gesellschaften. Während der Sozialstaat kränkelt, wird die Zahl der Hilfsbedürftigen immer größer. Von zwei Seiten werden die Leistungsträger in der Mitte nun gefordert: von ihren Vorgängern und von ihren Nachkommen.

Niemand wird sich wundern, daß diese neue Realität auch für die Leistungsfähigkeit von Mitarbeitern eine große Rolle spielt.

Wundern muß uns vielmehr, wie leichtfertig die meisten Unternehmen immer noch die andere Hälfte des Lebens ihrer Mitarbeiter ausblenden – so als sei die Welt hinter dem Vorhang, in der das emotionale und logistische Privatpotential des Mitarbeiters verbraucht wird, eine separate Nische ohne jeden Einfluß auf die Unternehmensrealität. In Wahrheit ist das Leistungsklima jedes Unternehmens in hohem Maße von den privaten Sorgen und Einsätzen der Mitarbeiter geprägt.

Die Führung neigt dazu, das Thema »private Verantwortung« aus weiter Ferne durch mehrfache Nebelschleier zu betrachten: Sie liest in den Fehlzeiten des Personals und hat damit die Spitze des Eisbergs im Blick. Die wahren Gründe für Fehlzeiten bleiben daher oft verborgen. Mitarbeiter fehlen häufiger als Spitzenkräfte, verbucht man da; Kontrolle soll das ändern. Krankenbesuche, ärztliche Atteste sollen helfen, das vereinfachte Bild aufrechtzuerhalten: Die Arbeitskraft des Mitarbeiters gehört der Firma. Bleibt sie aus, so kann und darf das nur mit seinem Gesundheitszustand zusammenhängen – nicht mit der Gebrechlichkeit seiner alten Angehörigen oder dem Fieber seines Kindes.

Verständlich, aber unrealistisch – vielleicht aber auch unverantwortlich ist diese simplifizierende Sicht der Dinge. Sie kostet das Unternehmen nämlich nicht nur Wissen, sondern auch – Geld. Eigentlich eine Selbstverständlichkeit: Je weniger die Führung die »abgedunkelte Seite« des Mitarbeiterlebens verstehen will, desto mehr Fehler entstehen in der Führungskultur.

Es geht keineswegs um Übergriffe in die geschützte private Welt der Firmenmitglieder; es kann gar nicht darum gehen, wenn immer mehr Menschen mehrfach im Leben den Arbeitsplatz wechseln. Es geht um neue Standards der Verantwortung, die sie bei allen Unternehmen antreffen sollten, um genug von ihrer Einsatzfreude in den Pool der Leistungen bringen zu können.

Wer sich einmal darauf einläßt, den Verantwortungs-Mix der Mitarbeiter auf der ganzen Skala, nicht nur im Ausschnitt Beruf zu betrachten, der wird sehr schnell den Irrtum erkennen, dem die meisten Topmanager erliegen: die Ausblendung der privaten Verpflichtungen von Mitarbeitern sei ökonomisch und rationell. Das Gegenteil ist richtig.

Mit der Erkenntnis, daß sie falsch gerechnet haben, werden die Manager eine weitere ungewohnte Wahrheit erfahren. Wer die gemischte Eigenverantwortung der Mitarbeiter auch dort ernst nimmt, wo der höchste Verbrauch emotionaler Energie geschieht – in der privaten Welt –, der gewinnt für das Unternehmen mehr emotionale Zuwendung vom Mitarbeiter. Ganz einfach: Wenn das Führungsmanagement beginnt, dem Mitarbeiter in seinem eigenen Ressourcen-Management beizustehen, das ihn um so mehr Kraft kostet, je weniger sein Arbeitgeber sich dafür interessiert, entsteht eine ausgewogene Verteilung der Kräfte, die in Beruf und Privatleben verbraucht werden. Streß, der tägliche Begleiter aller arbeitenden Menschen mit Mehrfachbelastung, entsteht ja nicht aus der Menge, sondern aus der Unvereinbarkeit der Aufgaben, aus Ohnmachtsgefühlen, aus Furcht vor Chancen- und Statusverlust. Der Streß verschärft sich, wenn Groll gegen seine unschuldigen Verursacher entsteht: gegen Kinder und Alte. Er baut sich weiter auf im verletzten Gewissen der Betreuer, und er verschärft sich ein weiteres Mal durch den Zwang, den Arbeitgeber nicht an dem privaten Dilemma zu beteiligen.

Was auf der Strecke bleibt, ist nicht nur Lebenskomfort, sondern auch Leistungsglück, Erfolgsfreude – und für den Betrieb eine Menge Arbeitstage, die im Aufgabendilemma vom Mitarbeiter geopfert werden. Was gegen den Willen des Mitarbeiters gleichzeitig schwindet, ist die eigene Verläßlichkeit – und bald das Vertrauen seiner Führungskraft. Das Arbeitsverhältnis zerbröselt, während es formal fortbesteht.

Wie teuer das Wegsehen die Unternehmen zu stehen kommt – materiell und immateriell –, haben in Großbritannien und den USA rechtzeitig aufgewachte Topmanager in wissenschaftlichen Studien nachweisen lassen. Sich an Lösungen für das Familienleben zu beteiligen erscheint nach diesen Ergebnissen unausweichlich für jedes Unternehmen, das eine tragfähige Führungskultur entwickeln und durchhalten will.

Fehlzeiten nicht wegen eigener Krankheit, sondern wegen familiärer Verpflichtungen kosten die englische Wirtschaft alljährlich mehr als 50 Millionen Pfund, so ermittelte das *Institute for Employment Studies* (IES) kürzlich. Fünf Prozent der Beschäftigten bleiben nach dieser Studie einen Tag im Monat nur deshalb ihrem Arbeitsplatz fern, weil sie Kinder oder ältere Angehörige versorgen müssen. Wer diese Zahlen beunruhigend findet, der hat die abnehmende Schirmherrschaft des Wohlfahrtsstaates nicht im Blick. Immer mehr von den steigenden Pflegeansprüchen der alternden Gesellschaft werden in private Hand gehen. Es ist nur folgerichtig, daß Arbeitgeber sich diesem neuen Gesicht der Wirklichkeit auch dann stellen, wenn es vor allem

Mitarbeiterwirklichkeit ist, die sich hier verändert. Was Topmanager noch abfedern können, trifft ihre unentbehrlichen Helfer, die Mitarbeiter, unmittelbar. Ein Löwenanteil der Führungsfehler ging schon in besseren Zeiten auf die Neigung des Topmanagements zurück, von den eigenen Arbeitsbedingungen Forderungen an die Mitarbeiter abzuleiten – Motto: Ich widme doch auch mein ganzes Leben dem Unternehmen. Diese falsche Rechnung wird nun immer gefährlicher. Sie kostet Realitätskontakt schon im Nahfeld – ein Defizit, das sich in Richtung Kunde und Markt verschärft.

In etwa dreißig Jahren wird die Zahl der über 65jährigen ein Drittel der Bevölkerung umfassen. Diese 33 Prozent Menschen werden nicht in einer Sozialstaatsmaschinerie versorgt werden, die sich vom Arbeitsalltag der Jüngeren abkoppeln ließe wie ein eigener Kontinent, auf dem die Zeit stillsteht, während die tätigen Mitglieder der Gesellschaft gutgelaunt in Zukunfts-Jobs experimentieren und das Leben genießen. Das Mischungsverhältnis der Altersgruppen verändert sich.

Sich mit dem Vorwand des verschärften Wettbewerbs und des Kollapses der staatlichen Sozialsysteme aus diesem Szenario herauszuhalten oder zu verabschieden, widerspricht nicht nur der wachsenden ethischen Empfindlichkeit der Öffentlichkeit, sondern auch der ökonomischen Vernunft. Wer die Leistungsträger durch rigide Arbeitsbedingungen ganz von den Hilfsbedürftigen abkoppelt, seien diese nun »von gestern« oder »für morgen« im Blickfeld der Tätigen, der belädt diese mittlere Generation mit einem Übersoll, statt sie zu entlasten.

Familienpflichten sind ja die Kehrseite der sozialen Einbettung, über deren Nutzen für die psychische Stabilität der Mitarbeiter gern, ausführlich und kenntnisreich diskutiert wird. Die Forschung hat eindrucksvoll belegt, daß Verheiratete länger leben, daß gute private Beziehungen für die Leistungsbereitschaft und die Konsequenz und Langzeitorientierung von Mitarbeitern eine Schlüsselrolle spielen. Der *lonely wolf* ist als Team-Mitglied ein Problemfall, seine Einsätze sind in Langfristkonzepte nur mit Fragezeichen einzubauen. Als Einzelfigur in Forschungslabors und Entwicklungsteams kann er wertvolle Impulse liefern; für den Alltagsvollzug erscheint er eher als Risikofigur.

Wer privat überlastet ist, so ermittelten die Engländer in ihrer Studie, kommt öfter zu spät zur Arbeit. Er – oder sie – weist weiterführende Aufgaben und Karrierechancen öfter zurück als weniger belastete Kollegen. Ungeklärte Krankheitsbilder belasten das Verhältnis zwischen Führung und Mitarbeiter zusätzlich – vor allem dann, wenn der Mitarbeiter oder die Mitarbeiterin nicht wagt, offen von dem Dilemma zu sprechen, in das ihn oder sie ihre Mehrfachbelastung stürzt.

In den USA belegte kürzlich eine Studie, daß der Aufwand für Organisation und Improvisation bei privaten Pflegeaufgaben, Kinderbetreuung, Vorschul- und Freizeitbetreuung von Schulkindern zu 80 Prozent während der Arbeitszeit geleistet wird – weil zu Hause nicht jede Recherche zu Ende gebracht werden kann und die aktuellen Aufgaben Zeit- und Kraftreserven aufzehren. Gäbe die Firma hier ganz offiziell Hilfestellung, würden gleich mehrere Probleme entschärft:

- Die Lösungen würden schneller und professioneller gefunden.
- Die Arbeitszeit der Mitarbeiter stünde für deren Aufgaben zur Verfügung.
- Der Streß, den der Erfolgsdruck und das belastete Gewissen beim versteckten »Privatmanagement« am Arbeitsplatz erzeugen, würde überflüssig.

Alle haben von solchen Lösungen Nutzen: das Unternehmen, die Mitarbeiter – und beide Sphären, in denen die Mitarbeiter leben. Der Energiekreislauf könnte ungestört fließen: Alle profitieren, alle sparen Kosten – quantitativ wie qualitativ. Es überrascht, daß die einfache Rechnung dennoch erst zögerlich praktiziert wird. Das traditionelle Spaltungsdenken ist die Ursache. Die Welt der Blöcke herrscht ja auch im Alltagsleben immer noch: Der Block Privatleben gilt als schutzwürdig und begünstigt so das Wegschauen aller, die im anderen Block, der »Beruf« heißt, Verantwortung tragen. So bleibt der Mitarbeiter allein mit der schwierigen Aufgabe, täglich die Brücken zu schlagen, die beides in einem Leben vereinbar machen. Zugleich streßt ihn der Zwang, die Brücke in die private Welt während der Arbeitsstunden abzubrechen, weil seine Firma ihn ganz will – ohne das heimliche Telefonat mit der Altenpflegerin, ohne die besorgte Rückfrage, ob das Fieber bei dem kleinen Sohn gesunken sei.

In den USA, wo die Idee der »Vertrauenskulturen« im Business die Manager beschäftigt, entwickeln sich die Programme zum Nachweis von Hilfs- und Pflegekräften und die Dienste für Betreuungsplanung zum Normalstandard, den Firmen ihren Mitarbeitern bieten. Die Effekte dieser *Services* in harten Dollars: Für jeden eingesetzten US-Dollar in diesem Dienstleistungsbereich für Mitarbeiter erhält das Unternehmen 6 Dollar zurück: Die Fehlzeiten fallen markant, und die Produktivität der so entlasteten Mitarbeiter steigt.

Das familienfreundliche Unternehmen ist also keineswegs ein Luxus. Gut ausgebildete junge Mitarbeiter, so beobachtet man in Großbritannien bereits, erheben diesen Anspruch auf Loyalität ihres Arbeitgebers bereits ohne Zögern: Sie wissen, daß sie mehr zu bieten haben als ein verantwortungsscheuer Single, der für die eigene Karriere dann auch Unternehmensziele mißachten könnte.

Die Zukunftsvision, daß zum verantwortungsvoll geführten Unternehmen ein *Care-Service* gehört, der Kinderbetreuung und Drogenberatung, Pflegedienste für Behinderte und alte Familienmitglieder über Telefon und *Intranet* anbietet, dürfte schneller Wirklichkeit werden, als die Langsamen im Markt der Personalprogramme sich das wünschen. *Hewlett-Packard*-Manager *Jenny Monon* sagt mit klaren Worten, warum HP sich für den *Familylife solutions service* entschieden hat:

> *»Dieses Angebot steigert die Produktivität und stärkt das Vertrauen der Mitarbeiter auf den unteren Ebenen. Die Mitarbeiter aller Bereiche sehen, daß ihr Arbeitgeber die Wirklichkeit mit ihren widersprüchlichen Anforderungen erkennt und etwas unternimmt, um ihnen zu helfen.«*

Was hier geschieht, ist die Heimkehr der emotionalen Intelligenz in die Systeme, aus denen sie zuvor durch Überschätzung der bloßen IQ-Leistung im Maschinenzeitalter vertrieben worden war. Das Netzwerk von Rat und Hilfe, wie es etwa die britische *LV-Group* aufgebaut hat, bekam tatsächlich seinen größten Schub zur Perfektion durch das persönliche Erlebnis einer Spitzenmanagerin, die ihre 85jährige Mutter leiden sah und von Gewissensnot gepeinigt wurde. Heute bietet die *LV-Group* vor allem auf akute Fragen unmittelbare Antwort von zweifacher Art: Nachweis von Hilfsangeboten und Rat durch geschulte Helfer, die den psychischen Druck abzubauen helfen.

Das Netzwerk spiegelt damit die Kooperation von Logistik und emotionaler Zuflucht, die dem Zusammenspiel von logischer und emotionaler Intelligenz entspricht. Die Heilung der zerrissenen Zusammenhänge des Lebens wirkt sich zum Nutzen aller Beteiligten aus – und zum Nutzen des Unternehmens.

Führung ist auch Emotionsmanagement

Jeder kennt die Macht der Gefühle – in abgezäunten Sonderzonen, wo Liebe, Leidenschaft und Zorn als eine Art Ausnahmezustände toleriert werden, die im normalen Geschäftsgang nichts zu suchen haben. »Passion«, die leidenschaftsgesättigte Leidensgeschichte von Topmanagern, wird zwar manchmal bemüht, wenn Gipfelleistungen in ihrer Unausweichlichkeit beschrieben werden. Der Durchschnitt staunt – und versucht sich nicht an solchen dramaturgischen Überhöhungen der eigenen Arbeitsvita, weil sie lächerlich wären. Gefühlssturm als Ausnahme – das ist das allgemeine Verständnis von extremen Gemütslagen. Der zivilisatorische Schleifprozeß macht die meisten immun gegen solche Ausfälle. Fast ist es, als »gehöre es sich nicht«, sei peinlich und verstoße gegen die guten Sitten, wenn Menschen heftige Gefühle zeigen.

Je höher positioniert diese Menschen sind, desto peinlicher die sichtbare Gemütsbewegung. Der Patriarch erstarrt; seine Gebärdensprache friert ein (s. S. 166, Graphik 167).

Was in den Unternehmen bei den Mitarbeitern an Gefühlsströmen unterwegs ist, gehört in die inoffizielle Kommunikation. Daß diese stärker, dichter und interessanter ist als die offizielle, weiß jeder in der Firma – und die Führung ahnt es. Mancher Topmanager schaut mit Gönnerblick auf die Kommunikations-Netzwerke der Mitarbeiterschaft, in denen viel – so glaubt er – unnötig dramatisierte Alltags-*News* fließen. Da die Führungsebene aber von diesem Informationsnetz ausgeschlossen ist, täuscht sie sich auch recht häufig über dessen Gehalt und Gewicht.

Merkwürdig ist es, daß die Beunruhigung der Führung über diesen immerhin mit freiwilliger Energie gespeisten starken Strom von Wissen, Wollen, Meinen und Mutmaßen, in dem auch kompetente Urteile

Die emotionale Seele

Wozu brauchen wir sie?

Sie liefert starke, schnelle Diagnosen, wenn keine Zeit für Analysen ist.

Sie bündelt unsere Aufmerksamkeit

Evolutionäres Grundraster:
"Frißt es mich, oder fresse ich es?"

Sie bündelt auch die Körperkraft:
bis zum Neunfachen!

Sie unterdrückt Schmerzempfinden.

der Mitarbeiter mitfließen, nicht größer ist. Denn solche informellen Netzwerke geben doch Auskunft über erstaunliche Energiereserven, die aus dem offiziellen Unternehmensprozeß abgezweigt werden.

Überraschend ist es auch, daß Führungsgruppen diese effektiven Netzwerke nicht schon deshalb hochinteressant finden, weil hier das Wunder der Motivation gelingt: vitale, befehlsfreie Systeme funktionieren auf der Basis von Freiwilligkeit – einfach weil eines stimmt: Einsatz und Ertrag. Diese Systeme liefern nicht nur Nachrichten, sondern sie liefern – Sinn.

Wo Freiwilligkeit herrscht, ist immer gemischte Energie im Spiel.

Sinngewißheit entsteht nur dort, wo älteste Energien genutzt werden dürfen: Reptilhirn-*Power* – denn Sinn ist auch in der Wohlstandswelt die Überlebensformel, weil er Anstrengungsbereitschaft stimuliert. Was in den offiziellen Zielvereinbarungen, im wohlgemeinten Rhythmus der Mitarbeitergespräche und *Incentives* nicht oder schlecht gelingt, das läuft störungsfrei im inoffiziellen Raum, wo Neugierde und Selbstentfaltung, wo Spieltrieb, Bewegungslust und Gestaltungsfreude zum Zuge kommen. Viel Aufwand, mag die asketisch gepolte Führung denken, aber auch viel Erfolg. Wer sich als Spitzenleistungsträger eine enge Weste zugelegt hat, die kaum noch spontane Bewegungen zuläßt, ist zu Recht kein Vorbild mehr für die weniger gepanzerten Mitarbeiter. Sie geben für die Firma nicht alles, weil die Firma ihnen nicht alles gibt. Es ist also legitim, daß sie gegenüber den Führungskräften einen mentalen – und viel wichtiger, weil schwerer kontrollierbar: einen emotionalen Vorbehalt machen.

Was in der inoffiziellen Kommunikation so hervorragend läuft, ist das Zusammenspiel von Reptilhirn und Emotionshirn (auch limbisches System genannt). Es ist viel jünger als das Reptilhirn (280 Millionen Jahre), »nur« 165 Millionen Jahre, also immer noch ein recht bewährtes Erbstück aus unserer Vorgeschichte. Die Kooperation der verschieden alten Schichten des Gehirns ist es ja, die uns so leistungsfähig gemacht hat. Daher scheint es besonders abwegig, nur die jüngste Schicht, das Vernunfthirn mit seinem intellektuellen Einspruch gegen jedes Elementarsignal aus den älteren Hirnregionen, zum Dompteur der Instinkte und Emotionen zu machen.

Die emotionale Seele

Sie ist schneller als die rationale.

Sie vereinfacht und ist ungenau.

Sie liefert starke Gewißheiten.

Sie stellt sofortige Handlungsbereitschaft her.
(Tausendstel Sekunden!)

Sie reagiert ganzheitlich und mobilisierend.

Jede jüngere Schicht geht also der älteren zur Hand. Das Emotionshirn, das im befehlsarmen Freiraum so lustvoll agiert, erhält aufregende und motivierende Botschaften vom Reptilhirn. Es verarbeitet auch das Veto des Intellekts, aber es läßt höchstens eine moderierende, also mäßigende Mitwirkung zu. Ohne Emotionen macht nichts mehr Spaß.

Wenn wir uns das Feuer der Kernemotionen (vgl. Graphik S. 78) im Echofeld des limbischen Systems vorstellen, so geschehen dort hochinteressante Weiterverarbeitungsprozesse: Das Lernen neuer Fakten zum Beispiel, die Lagerstätte »Gedächtnis« ist hier; aber auch die Fähigkeit zur Entspannung liefert das Emotionshirn, und es liefert die Bewertung am anderen Ende der Erlebnis-Skala: Bei Kampf- und Fluchtentscheidungen wird hier der Streß gemacht. Das bedeutet: Das Emotionshirn macht die Instinktprogramme zu individuellen Erfahrungen. Es sagt »Ich« in den elementaren Bedrohungen und bei der Glückssuche. Das limbische System macht also zum Eigentum des einzelnen, was im Urprogramm der Spezies an Impulsen aufzüngelt. So entstehen

- die Affekte – kurze und heftige Gefühlswellen,
- die Emotionen – Gefühlslagen von mittlerer Dauer, und
- die Stimmungen – langdauernde Gemütslagen.

Daß alle drei Leistungen des emotionalen Zentrums eine wichtige Rolle für überdurchschnittliche Erfolge spielen, kann nicht bezweifelt werden. Immer wenn spontane Unruhen auftreten, Menschenmassen sich zu Streiks und Demonstrationen versammeln, ist es offenbar gelungen, Reptil- und Emotionshirn durchpreschen zu lassen bis ganz nach vorn – wo bei den Topleuten der Arbeitgeberseite der hochgezüchtete Intellekt die angestaute Emotion zum Kettenhund macht, der nur leise aufjault. Gelänge es, die Macht der Emotionen einzufangen, so wäre auch die Durststrecke für die Wirtschaft leichter zu überwinden. Komplizierter als die Mobilisierung des massenhaften »Nein« wäre freilich die Vermittlung der zahllosen, vor allem Langfristsicherheit versprechenden »Ja« zur bedrohten Firma oder Branche und ihrem Wandlungsprozeß.

Kann man emotionale Einsätze auch da organisieren, wo sie mehr Überzeugungskraft verlangen als im relativ grobschlächtigen und dramatisch veralteten Gewerkschaftskonzept?

Ist es nicht gerade die Aufgabe der Führung, die Spontanreaktion mit emotionalen Impulsen zu überlagern, die das Eigeninteresse aller auf einem höheren Niveau einfangen?

Drei Grundsätze muß die Führungskommunikation dafür einhalten:

Die Signale, mit denen die Führung mit den Mitarbeitern kommuniziert, müssen

- sprachlich
- subsprachlich, »um die Sprache herum« und im
- nichtverbalen Verständigungsprozeß

verändert werden. Wie aber?

Sie müssen sich daran orientieren, daß durchschnittliche Menschen nicht die intellektuelle Verzichtsstraße laufen; sie bleiben emotional hochleistungsfähig und reagieren auf emotionale Botschaften. – Gewiß: Hauptproblem könnte werden, daß die Askesemeister der rationalen Führungskultur zu solchen Botschaften im *Power-Mix* (vgl. Graphiken S. 49, 51, 61) nicht in der Lage sind. Dann müssen sie diese Aufgabe delegieren.

Grundlage der Neuordnung des Kommunkationsstils sind die drei Hauptqualitäten der Leistung des Emotionshirns:

- Sie beziehen alles auf das eigene Ich und schieben die »Sache« in den Hintergrund.
- Sie sind starke Gewißheiten, die andere Befunde zunächst abweisen und relativieren.
- Sie sind unnachgiebig und schwer aufzubrechen.

Was dieser Cocktail für Demagogen wert sein muß, bedarf keiner Erklärung. Und es ist schwierig, diese starke Trias einfach in die Trivialsphäre abzuschieben, um die weißen Kragen im Topmanagement *clean* zu halten.

Die Abwertung dieser Kräfte ist mindestens so gefährlich wie ihr ungebändigtes Anfluten: Nicht nur frisch Verliebte, politische Fanatiker oder Sportfans werden von diesem Affektmuster gesteuert, sondern auch die höchst motivierten, frustrationstoleranten Leistungsträger, deren visionäre Energie Kräfte freisetzt, mit denen kein intellektuelles Programm konkurrieren kann.

Wenn das Emotionshirn glimmt, wenn es sich einlassen darf auf die mächtigen und eindeutigen Botschaften aus dem Reptilhirn, wenn 280 Millionen Jahre Überlebenserfolg mit 165 Millionen kooperieren, dann wird Emotion zu Motivation – und *Dis-Streß* zu *Eu-Streß*. Beide haben mit Bewegung zu tun: E-*motion* und *Moti*-vation. Der *Motor* der Industriekultur ist auch bei diesem Wort angedockt – die technologische Intelligenz fand aber recht bald die emotionale Rechthaberei der alten Gehirnteile zu anstrengend. Produktkultur ging auch so.

Heute, da es auf Produkte nur noch am Rande ankommt, gilt es wieder, Menschen zu gewinnen – nicht »Vorsprung durch Technik«, sondern Vorsprung durch emotionale *Power*.

Wer Menschen auf Ziele hinbewegen will, muß Zugang zu ihrem Emotionshirn finden – ob sie nun Kunden sind oder Mitarbeiter. Der Sturm der Begeisterung ist nicht rational gesteuert, sondern emotional. Daß gleichzeitig die Gleichungen stimmen müssen, die das Unternehmen rechnet, konsumiert der Kunde – und der Mitarbeiter – nebenbei. Der Power-Mix aus emotionaler und intelligenter Energie muß von der Führungs*crew* gemacht werden. EQ – das ist *Emotional Quality,* schwer zertifizierbar, aber unschlagbar im Wettbewerb.

Vertrauenskulturen managen

Nicht mehr das *Know-how* steht im Mittelpunkt und längst nicht mehr das Produkt, das wissen wir. Die immer noch recht materiell definierten »Prozesse«, die wir managen, vom Produkt aus gedacht und mit dem Kostenmanagement möglichst effizient vernetzt, sind es auch nicht mehr, was im Mittelpunkt der Aufmerksamkeit stehen muß an der Jahrtausendwende. Unsere Erfahrungen mit der reinen Produktorientierung waren nur so lange gut, wie Vorsprünge mit Produkten zu holen waren. Seit die Bedingungen für Wettbewerbsvorsprünge sich vom materiellen in den immateriellen Bereich verlagern, sind immaterielle Prozesse für das Management wichtiger geworden: Kommunikationsströme, Stimmungen und virtuelle Energieflüsse, die unsere Phantasie herausfordern und der Gestaltungskraft der Manager ganz neue Aufgaben stellen.

Intelligente Kulturen zu managen, das trauen sich die meisten Führungsleute noch zu. Da wählt man Leute mit einer guten »Papierform« aus, guten Zeugnissen, Zertifikaten, Referenzen und einem guten IQ. Allerdings hat das Forschungsergebnis aus den *Bell Labs,* von dem ich in diesem Buch berichte, den Optimismus etwas gedämpft, was die Rechenbarkeit von intelligenten Strukturen und Teams angeht. Die Summe der Top-IQs ist nämlich nicht der Top-Team-IQ, sondern dieser rutscht ab auf ein bescheideneres Niveau.

Daß die »Unternehmenspersönlichkeit« mehr ist als die Intelligenz ihrer Systeme oder zumindest etwas anderes, bestreitet wohl niemand. Sie wird im wesentlichen von einer Multifunktion geprägt, die wir »Unternehmenskultur« nennen. Sie ist die innere Topographie, manche Beschauer sagen gar »die Psyche« des Unternehmens, also jenes Zusammenspiel von Kräften, die das Haus für seine Bewohner

Unternehmenskultur

Sie ist die „innere Topographie" des Unternehmens.
In der Unternehmenskultur begegnen sich Ratio und Psyche der Firma.
Der soziale Organismus „Unternehmen" bezieht seine Energie aus der Kommunikation dieser beiden Pole.

Unternehmenskultur steuert das Verhalten der Firmenmitglieder auch im unbewußten Bereich. Sie ist nicht statisch, sondern zukunftsgerichtet.
Jeder weiß, was das Unternehmen von ihm erwartet und was er von dem Unternehmen erwarten kann.

Unternehmenskultur verbindet so Anreiz und Geborgenheit.
Unternehmenskultur ist Vertrauenskultur.

und die Öffentlichkeit unverwechselbar machen. Dazu gehören Normen und deren Echo, die Wertvorstellungen, aber auch Trivialeres, wie die Gewohnheiten und Erfahrungen, mit denen das Unternehmen lebt, sein spezifisches Zutrauen in die eigene Leistungsfähigkeit, eine klare Vorstellung von seinem Platz im Markt, also das, was man das *Standing* der Firma nennen könnte. Glaubwürdigkeit wird durch diese Kultur erworben – oder verspielt –, die Ansprüche der Mitarbeiter an das Haus und des Hauses an die Mitarbeiter sind hier erlebte Wirklichkeit. Kultur verleiht Identität – nach außen wie nach innen. Sie ist nicht statisch, sondern klar gerichtet. Ihre Richtung ist die Zukunft, und das heißt für die Mitglieder des Unternehmens: Sie wissen, was von ihnen erwartet wird, und sie fühlen sich in den Standards, an denen sie mitwirken, um sie weiterzuentwickeln, geborgen.

Knut Bleicher aus Sankt Gallen hat dafür den schönen Ausdruck geprägt: *»Die Kultur wirkt als Autopilot für die implizite Verhaltenssteuerung im Sozialen.«* Eine starke Unternehmenskultur liefert also soziale Energie.

Das Unternehmen als sozialer Organismus aus lauter lebenden Organismen mit ihrem differenzierten *Know*-how und *Know-why* läßt also Geben und Nehmen hin- und herfluten wie den pulsierenden Blutstrom im Einzelorganismus. Es ist auch ein Kommunikationssystem, und der Energiefluß versorgt im Idealfall alle mit frischem, sauerstoffreichem »Herzblut«, das dem gemeinsamen Engagement für die Unternehmensziele Kraft zuführt.

Unternehmenskultur ist unter Topmanagern in der langen Schönwetterphase der produktstarken Industriekultur kein ernstgenommenes Thema gewesen. Als sie sich mehr und mehr in die Management-Debatten einschlich, delegierte man sie an softe Nischen, wo ohnehin nichts Erfolgsentscheidendes geschah: Die Könner drehten weiter das große Rad und bedienten sich der Arbeitskraft der Mitarbeiter. Der Kunde war weit.

Auch dieser Irrglaube hat mit der Produktfixierung sein Ende gefunden. Aber der Weg zur Hoffähigkeit der bis dahin vernachlässigten Ressourcen im emotionalen Gemisch der menschlichen Psyche, aus dem man die Intelligenz isoliert und separat kultiviert hatte, ist weit. Wir sind immer noch auf der Strecke.

Vertrauen ist ein Rohstoff aus dem emotionalen Rohstofflager, das wir eben erst entdecken. Sie ist sogar einer der wichtigsten: Vertrauen heißt ja nicht nur der Technik, dem System vertrauen oder den Paragraphen, die den Konflikt ordnen, vor dem wir uns fürchten, sondern weit unter dieser Metaebene wächst die Voraussetzung für diese abgeleiteten Arten von Vertrauen: Die Geisteswissenschaftler und die naturwissenschaftlich orientierten Psychologen haben ein Wort für dieses Wurzelwerk des Vertrauens gewählt, das die zentrale Bedeutung dieser Ressource belegt: Das Wort heißt Urvertrauen. Urvertrauen entsteht im frühen Kindesalter und richtet sich auf das Leben selbst, das sich dem hilflosen Kind durch verläßliche Menschen zeigt, die Geborgenheit vermitteln. Urvertrauen ist ein Vorschuß an Lebens-Ja, den das Kind all denen gibt, von denen es Schutz erfährt. Alles geht gut aus, diese Gewißheit steckt im Urvertrauen.

Das Urvertrauen ist auch die Keimzelle für soziale Kompetenz – die Fähigkeit, mit anderen Menschen so zu kommunizieren, daß sie sich »angenommen« und verstanden fühlen. Die Empathie hat hier ihre ersten Wachstums-Chancen: Selbstvertrauen nährt sich aus Fremdvertrauen, und die Fähigkeit, sich auf den Platz des anderen Menschen zu setzen, ist auch abhängig von einer gut fundierten Vertrauensgeschichte eines Menschen. Jede Leistungskultur ist, wenn alle ihr Bestes geben, auch Vertrauenskultur. Wer Menschen führt, ist also auf deren Vertrauensbereitschaft, -fähigkeit und auf seine eigene Fähigkeit, den Geführten zu vertrauen, angewiesen.

Der verräterische Satz *»Vertrauen ist gut, Kontrolle ist besser«* zeigt die Unsicherheit des Managements im Umgang mit dieser Ressource. Solche Sätze gehören in Mißtrauenskulturen, und die meisten Firmen sind genau das.

Mit Lenkungs-, Planungs- und Koordinations-Ausschüssen wird das immer komplexere Firmengeschehen zusammengehalten. Vertrauen erscheint wie ein Vers aus dem Poesiealbum in der präzisen Welt der Kontrollmechanismen, denen jeder sich ehrfürchtig unterordnen soll. Vertrauen als bindende Energie scheint schon deshalb unmöglich, weil die Spezialkenntnisse und -zuständigkeiten immer weiter auseinanderdriften und die *Know-how*-Inseln immer unverbundener nebeneinander herschwimmen. Vertrauen: ein geradezu gefährlicher Appell. Da ist schon Kontrolle besser, meinen auch die Mitarbeiter.

Wer näher hinsieht, entdeckt aber schnell, daß die Ressource »Vertrauen« unter Erwachsenen von niemandem im Unternehmen auf Anhieb definiert werden kann – und, was im scheinbaren Widerspruch sehr überrascht: daß bei anonymen Antwortspielen mit der Frage »Was fehlt ihnen in diesem Unternehmen am meisten?« die überwältigende Mehrheit der Führungskräfte (!) niederschreibt: »Vertrauen«. Nachdem alle im Schutz der Anonymität geschrieben und ihr Papier abgeliefert haben, folgt die nächste Überraschung bei der Frage: »Was meinen Sie, welcher Begriff in Ihren Antworten am häufigsten vorkommt?« Keiner wagt eine Antwort. Jeder, der »Vertrauen« geschrieben hat, schämt sich ein wenig, denn ein souveräner Managertext ist das wirklich nicht, und wahrscheinlich, so mutmaßt nun jeder, stehe ich mit meiner Diagnose allein. Alle sind höchst erstaunt, daß sie mehrheitlich beklagen, vor allem fehle in ihrem Haus Vertrauen. Jeder glaubte sich auf einer Exoten-Extratour mit dieser Botschaft, und alle sehen sich in diesem Defizit-Gefühl verbunden.

Was es aber ist und wie man es »macht« oder gar, hätte man eine kleine Dosis davon, wachsen läßt und »managt«, dazu haben die meisten Manager nur eine vage Vorstellung. Der unkomplizierte Macher hat zwar kein Problem: »Klar vertrauen sich die Leute mir an! Ich drehe das Rad ja auch, und jeder traut es mir zu.« Der Optimismus der *Power*-Bosse ist oft freischwebend am eigenen Selbstgefühl gemessen, nicht am firmenweiten Mitarbeitergefühl. Die »Vertrauenskultur« gibt es nur im Kopf des Chefs – und sie ist kurzgeschlossen mit seinem Selbstvertrauen.

Das Unternehmen als eine Vertrauenskultur zu managen, das verlangt schon eine Verständigung darüber, was »Vertrauen« unter erwachsenen Menschen ist.

Vertrauen ist immer ein Vorschuß, wie das Urvertrauen des Kindes.

Und das bedeutet: Vertrauen ist Risiko. Es macht verwundbar. Wer Vertrauen gibt, ist auf einen gut proportionierten »gemeinsamen Aktionsraum« angewiesen: Er braucht nämlich, um seine Verwundbarkeit auszugleichen, ein klares Echo. Der gemeinsame Raum ist meist die gemeinsame Erfahrung, die besonnene Vorauswahl der Partner, die zusammen arbeiten, also eine tragfähige Firmenkultur.

Merkmale einer Vertrauenskultur sind

- Offenheit und Aufrichtigkeit,
- Toleranz und Kooperationsbereitschaft.

Vertrauensmanagement ist *Risk-Management*.

Die offene und wahrhaftige Verhaltensweise der Mitglieder einer Vertrauenskultur macht Toleranz zur Selbstverständlichkeit und beseitigt Kooperationsbarrieren wie Neid und Mißtrauen. Belohnt werden die Partner in diesem Vertrauens-*Match* durch das Erlebnis der Sicherheit und Geborgenheit. Jeder fühlt sich »am rechten Platz«, das fördert auch die Fähigkeit zur Selbstkritik, weil Selbstdistanz entsteht. Humor ist das wohltuende Gewürz, das allen die gemeinsame Verläßlichkeit zu einem Vergnügen macht.

Vertrauenskulturen als Kulturen der Verläßlichkeit zu bezeichnen ist bisher nicht üblich. Es läßt sich aber kaum anders beschreiben, welche wertvolle Energie dem Unternehmen aus gutem Vertrauensmanagement zufließt:

- Kontrollen können reduziert werden.
- Intrigen umgehen die Vertrauensinseln im Unternehmen.
- Die Gemeinschaft der freiwillig Verwundbaren wird unverwundbar.
- Wo Vertrauen herrscht, herrscht Motivation.
- Wo Vertrauen gilt, gibt es kein Sinnproblem.

Hier wird schon deutlich, daß von Vertrauensinseln in der Kultur eines Unternehmens starke korrigierende Effekte für die traditionellen Mißtrauens-Gewohnheiten der Mitglieder ausgehen. Das fängt ganz

Vertrauenskulturen managen

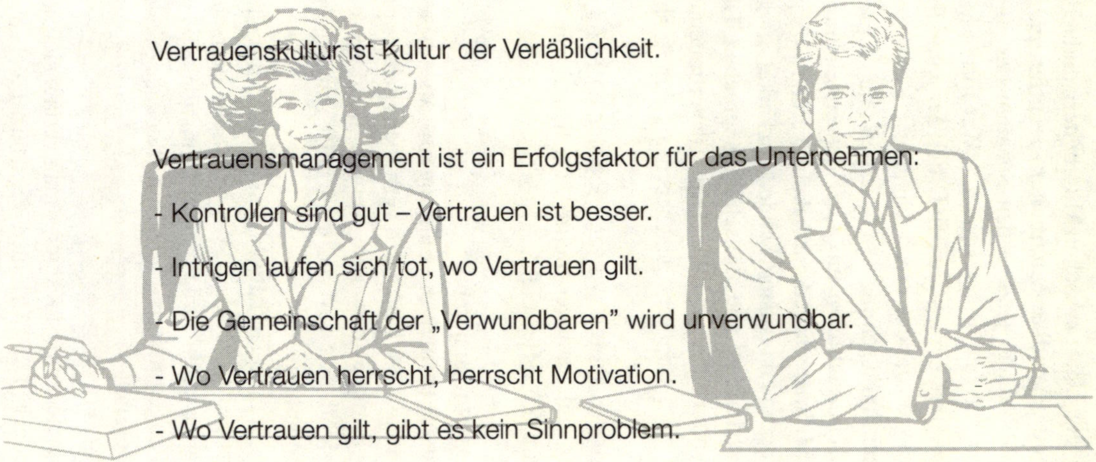

Vertrauenskultur ist Kultur der Verläßlichkeit.

Vertrauensmanagement ist ein Erfolgsfaktor für das Unternehmen:

- Kontrollen sind gut – Vertrauen ist besser.
- Intrigen laufen sich tot, wo Vertrauen gilt.
- Die Gemeinschaft der „Verwundbaren" wird unverwundbar.
- Wo Vertrauen herrscht, herrscht Motivation.
- Wo Vertrauen gilt, gibt es kein Sinnproblem.

simpel an. War Mißtrauen vorher die konkurrenzlose Orientierungsgröße, die jede Unart zwischen Mitarbeitern und jede Bequemlichkeit der Führung gegenüber Mitarbeitern rechtfertigte, so gerät das allmächtige Mißtrauen jetzt in den Schatten der so erfolgreichen, so glanzvollen Alternative »Vertrauen«. Wer fortan Mißtrauen als Leitgröße propagiert, gerät unter den Druck der guten Ergebnisse, die mit dem Risiko »Vertrauen« erzielt werden.

Streß und Enttäuschung, Unsicherheit und Argwohn, die bisher als Dauer-Entschuldigungen für Verschlossenheit und – eben: Fortsetzung des Mißtrauens gedient haben, werden plötzlich argumentationspflichtig, und da entsteht schnell ein Zirkel, in dem alle allen dasselbe vorwerfen und alle alle schuldig sprechen. Damit sind wir bei dem anonymen Satz: »Was hier fehlt, ist Vertrauen.«

Es muß nichts anderes geschehen als der Ausbruch aus diesem Zirkel.

Die Vertrauenskultur wird mit Problemen fertig, von denen viele Mitarbeiter und Manager meinen, sie hätten mit Vertrauen absolut nichts zu tun. Zum Beispiel:

- Komplexität reduzieren,
  – eine leere Formel, die Führungsaufgaben beschreibt, die kaum jemand erfüllt. Im Klima des Vertrauens geht es plötzlich: Weniger interne Kämpfe bedeuten weniger Kraftverzehr und weniger Unübersichtlichkeit. Vertrauen schafft Transparenz.
- Kommunikation
  ist nicht nur ein quantitatives, sondern im Erfolgsfalle ein qualitativ hochwertiges Geschehen. Wo Vertrauen herrscht, regiert Offenheit. Ängste treten zurück, die Informationen werden sorgsamer – nämlich zugewandt und nicht mit Blockade-Absicht – ausgesucht und aufbereitet.
- Teams
  werden gleichzeitig lockerer – man verläßt sich aufeinander – und solidarischer. Die Vertrauensvorschüsse geben Verhaltensspielraum, Individualität wird höher geachtet als in Mißtrauenskulturen.

- Kooperation
  wird selbstverständlich. Nicht Abgrenzung, sondern Zusammenwirken bringt den größeren Erfolg, das sieht jeder in der Vertrauenskultur. Die Ziele, die man gemeinsam erreicht, haben eine höhere und komplexere Qualität als diejenigen, die man gegen andere verteidigt und tarnt.
- Problemlösungskapazität
  nimmt zu im Team, das von Vertrauen zusammengehalten wird. Auch hier darf an die Umfrage bei den Top-Intelligenzen in den *Bell Labs* erinnert werden. Selbst die höchste Intelligenz macht keineswegs immun gegen die leistungssteigernden, stimulierenden Wirkungen von – Vertrauen.

Brainpower – Des IQ-EQ-Team im Kopf

Schon im menschlichen Gehirn läuft also ein Team-Modell, wie wir es idealerweise für die Company beschreiben: verschiedenes Know-how in erfolgshungriger Kooperation. Und auch im Umgang mit diesem gemischten Know-how machen wir dieselben Fehler wie bei der Komposition unserer Teams: Der Zwischenrufer wird wegzensiert (Reptilhirn! Emotionales Schnellfeuer aus Reptilhirn und emotionalem Gehirn!), und die dominante Position wird dem rationalen Machtkartell aus *Cortex* und *Neocortex* zugeschoben. Intelligente Systeme für (nur) intelligente Menschen. Das ist ein Defizitgeschäft, das die kostbarsten Ressourcen aussperrt: Inspiration, Passion und visionäres Engagement sind mit dem blanken Verstand nicht möglich.

»Inspirierte Teams« sind übrigens nicht die spektakulär verspielten und unordentlichen Projektgruppen, denen das Topmanagement mit Recht kritisch über die Schulter schaut. Der »durchgeistigte« oder, wie es im Amerikanischen so treffend und optimistisch heißt, »erleuchtete« Zustand dieser kreativen Erfolgspartner macht oft eher einen leisen, geheimnisvollen Eindruck. Die Bewegung spielt innen, und nach außen wird sowenig wie möglich von der schöpferischen Energie verspielt. Dieser eher uneitle Gesamteindruck, den ein wirklich erfolgreiches Team macht, täuscht die Beobachter oft. Und er schützt die kreativen *Winner* vor der Neugierde und den lästigen Zwischenfragen der Durchschnittsintelligenz. Das *Inkognito* der Besten entsteht so; es ist zugleich ein erstklassiges Zeitmanagement. Hier wird keine Minute durch »Außenwirkung« verspielt, hier ticken die Uhren etwas leiser und etwas schneller. Das hält zugleich falsche Mitspieler fern.

Kreativität ist der Innovationsmotor für die Kultur. Daß ausgerechnet mit dem Zugriff auf die ältesten Hirnregionen und eben nicht mit der sterilen Konzentration auf die jüngsten Intelligenzbezirke in unserem Gehirn Zukunftslösungen angestoßen werden, müßte uns Warnung genug sein: Wer die Instinktwelt und die Emotionen wegzensiert, bleibt bei bekannten Lösungen stehen. Die Neigung des *Homo sapiens,* seinen Vorsprung vor den übrigen Primaten in seinen jüngeren, intelligenten Hirnleistungen zu sehen, ist also nicht mehr als ein »intelligenter« Irrtum. Ein großer Teil der kreativen Turbulenzen, die in schöpferischen Köpfen ablaufen, stammt aus dem Instinkthirn: Es sind urtümliche Bedürfnisse und Impulse, die von kreativen Menschen aus der magischen Kinderwelt mitgenommen werden:

- der Trieb nach Selbsterhaltung, nach Bewegung,
- das Explorationsverlangen,
- der Spieltrieb,
- die Gestaltungsantriebe,
- schöpferische Energie,
- der Drang zur Selbstverwirklichung und zur Sinnschöpfung.

Diese Mischung könnte überraschen. Sie verbindet elementare, ja primitive Impulse mit den jüngsten Kapiteln der Menschheitsentwicklung: Der Bogen von der Selbsterhaltung bis zur Sinnerfüllung ist weit gespannt. Das Geheimnis der schöpferischen Energie ist also tatsächlich ihre Spannweite; keine rein intelligente Tätigkeit nutzt so viele Hirnregionen gleichzeitig. Kreativität ist, das wußten wir schon aus anderen Wissenschaften, ein komplexer Prozeß, der unkonventionell aus verschiedenen Energietöpfen mischt: Intelligenz mit Emotionen, Ideen mit traumatischen Erfahrungen, Neugierde mit verspielter Unbekümmertheit, eine gute emotionale und psychische Kondition mit zupackendem Optimismus und hoher Sensibilität.

Der Kreative ist tatsächlich die Beweisfigur, daß die Mischung von intelligentem, »jungem« Material und den uralten Impulsen, die weit hinter die Geschichte des Menschen zurückreichen, die Erfolgsformel darstellt.

Kann aber Führungspersonal, das selbst an diese Ressource nicht mehr herankommt, ein Klima herstellen, in dem die Stimulation dieser Reserven gelingt? Es gibt viele Möglichkeiten, das Ziel zu verfehlen; die Geschichte dieser Fehlschläge ist in vielen ehrgeizigen Management-Fibeln zu lesen. Kreativität läßt sich nicht einfach »organisieren«. Sie ist auch nicht herbeizuzwingen mit dem vielzitierten Chaos oder der infantilen Firmenkultur, wo jeder versucht, originell zu sein. Dann ist eine phantasielose Kultur von guter Intelligenz immer noch vorzuziehen, sonst wird es geschäftlich gefährlich.

Der Zugang zu der kontrastreichen Mischung ist aber dann doch einfacher als erwartet: Die aufgezählten Antriebe sind verbunden mit einer natürlichen Funktionslust, einer Aktionsfreude also, die als Motivator zurückwirkt. Starke Impulse »durchzulassen« bringt Genuß, und das Echo des Genusses ist die erneute Anstrengung, den Impuls zu befriedigen. Subjektives Wohlbefinden schlägt um in objektiv gute Leistung – das klingt so verlockend, daß man natürlich ganze Teams an diesen Energiekreislauf anschließen möchte.

Die durchschnittliche Lustlosigkeit, die viele Firmen als den Normalfall tolerieren, ist im Gegenteil ein *worst case,* die beunruhigende Abweichung vom Normalfall, und ebenso schadens- wie kostenträchtig. Werksärzte können davon berichten, ohne daß sie den Mut fänden, diese Abweichung vom normalen Motivationsklima als sträfliches Führungsversäumnis darzustellen.

Werden die elementaren Impulse für Selbsterhaltung und Bewegung, Spieltrieb und Gestaltungslust, wird die schöpferische Energie und das Bedürfnis nach Selbstverwirklichung kontinuierlich unterdrückt, dann ist das nichts Geringeres als die Verweigerung von Lebenssinn für die Mitarbeiter. Sie antworten mit

- Neurosen,
- psychosomatischen Erkrankungen,
- Suchtverhalten,
- Psychosen,
- Aggression und Zerstörungswut.

Je nach Naturell treten diese Appelle sehr diskret und zeitverzögert auf; wer sie nicht lesen will, wird sie nicht verstehen. Und der Leidende selbst wird meist nur wenig zur Ursachengeschichte beitragen können; er versteht seine Leiden selbst nicht, weil er die Zensur, die ihn lähmt, verinnerlicht hat.

Das wichtigste Fazit aber: Es steht eigentlich gar nicht im Belieben der Führungskräfte, den Mitarbeitern kreative Entfaltungsräume zu öffnen oder nicht. Die schöpferische Atmosphäre ist vielmehr ein selbstverständliches Anrecht aller Mitarbeiter, weil sie nur hier ihre angeborenen Handlungsantriebe entfalten können. Das faszinierende Ergebnis: Subjektive Erfolgserfahrungen fallen dann zusammen mit objektivem Firmenerfolg.

Eine glatte Gleichung, so scheint es. Wenn die *Company* dies weiß, kann sie ab morgen danach handeln, so sollte man meinen. – Weit gefehlt: Die meisten Firmen wissen von diesen Zusammenhängen nichts, und sie haben eingebaute Blockaden, die den entschlossenen Griff zu diesen wunderbaren Motivationsquellen verhindern. Und da stoßen wir auf Überraschungen: Das Haupthindernis für Kreativität sind gar nicht die Lustlosigkeit der Führung, die Einfallslosigkeit der Chefs oder die Lethargie der Mitarbeiter – und schließlich die Antriebsschwäche aller miteinander. Nein, so einfach liegen die Dinge nicht. Der Fehler, der die meisten Teams ineffizient macht, wiegt schwerer – und er ist schwerer abzuschaffen.

In den meisten Unternehmen wird sehr wohl auf das Instinkthirn zugegriffen – auch wenn die Beteiligten nicht wissen, was sie da tun. Aber bei diesem Griff in die kreative Urenergie treffen die *Leader* eine Auswahl, die verhängnisvolle Wirkungen hat.

Die Firmenchefs stimulieren bei ihren Mitarbeitern genau jene Energiearten, mit denen sie selbst sich »unter Strom« setzen, und diese Impulse sind überwiegend negativ gepolt, weil viele den Markt mit einem Schlachtfeld verwechseln.

Nicht der faire Wettbewerb ist ihr Modell für das Spiel in dieser Arena, sondern der Vernichtungswettbewerb, der nicht Ränge klärt, sondern über Tod oder Leben von Firmen entscheidet.

Auch wer behauptet, diese Verschärfung der Sitten sei durch den Hyperwettbewerb erzwungen, wird in dieser Strategie widerlegt. Wir werden es gleich zeigen.

Manager, die das Modell des Vernichtungskampfes im Kopf haben, leben in der untergegangenen Welt des Entweder-Oder, nicht in der zukünftigen des Sowohl-Als-auch. Sie aktivieren im eigenen Instinkthirn Kampfimpulse nach dem Muster »Du oder ich«, geben aggressive Marktstrategien aus und setzen ihre Leute wie sich selbst unter einen Druck, der feindselige Gefühle und zerstörerische Antriebe zum Wettbewerbsprinzip macht. Da wird der Wettbewerber zum Gegner oder Feind, in der irrigen Annahme, so könne man das Marketing explosiver, den Vertrieb offensiver machen und die Verkäufer mit Raubtierqualitäten ausstatten.

Zu dieser aggressiven Grundstimmung, die nur Verdrängung, nicht das lustvolle Kräftemessen kennt, gehört der Fluchtimpuls, der zu heftigen Auseinandersetzungen um die Reaktion auf Gefahren und Attacken führt: Wer seine Welt kampfbetont erlebt, nimmt auch bei anderen nur diese Handlungsmuster an. *Fight or flight* – wir erinnern uns an dieses Urmodell aus unserem Reptilhirn und wissen, daß es im Zusammenspiel mit ganz anderen Impulsen seinen Sinn gewinnt: mit Furcht, Trauer und Glück. Natürlich entwickelt sich in einem Unternehmen, das die *Fight-or-flight*-Impulse übermäßig stimuliert und isoliert, auch Furcht. Sie sorgt für zusätzliche Verspannungen. Zu angespannt ist dieses Verstrickungsmuster, um Trauer zuzulassen, zu streßbetont, um Glück durchzulassen.

So entwickelt sich bei aggressiven Unternehmen ein Streßmuster, dem alle Mitarbeiter unter Führung der Topmanager ausgeliefert sind. Da pulsiert das Reptilhirn, aber seine Leistung wird verstümmelt, die Menschen geraten aus dem inneren Gleichgewicht. So schlägt ein vermeintliches Hochleistungsklima in eine neurotische Treibhausatmosphäre um. Die Explorationslust stirbt, die Kommunikationsfreude erstickt, und der Spieltrieb versiegt. Gestaltungs- und Kreativitätsimpulse kommen gar nicht erst auf. An Selbstentfaltung oder gar »Sinn« des Treibens wagt bald kein Mitarbeiter mehr zu denken. Die Führung täuscht sich derweil mit hochgespannten Freund-Feind-Konzepten über ihre wirklichen Erfolgsmöglichkeiten; die Kehrtwende wird unmöglich.

Wer die Fehler im Führungssystem unter diesem Blickwinkel be-

Die Motivationsvernichter

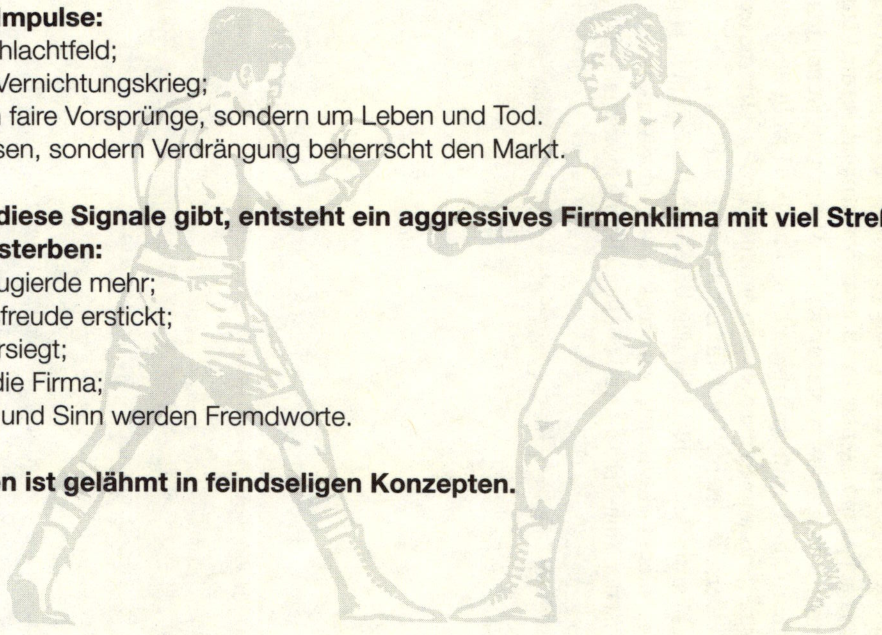

Negativ gepolte Impulse:
- Der Markt als Schlachtfeld;
- Wettbewerb als Vernichtungskrieg;
- Es geht nicht um faire Vorsprünge, sondern um Leben und Tod.
- Nicht Kräftemessen, sondern Verdrängung beherrscht den Markt.

Wo die Führung diese Signale gibt, entsteht ein aggressives Firmenklima mit viel Streß.
Die Motivatoren sterben:
- Es gibt keine Neugierde mehr;
- Kommunikationsfreude erstickt;
- Der Spieltrieb versiegt;
- Kreativität flieht die Firma;
- Selbstentfaltung und Sinn werden Fremdworte.

Das Unternehmen ist gelähmt in feindseligen Konzepten.

trachtet, wird nie mehr Schwierigkeiten haben, im Zentrum des Zusammenspiels von Führung und Mitarbeitern das gemeinsame Verlangen nach Sinn zu sehen. In seinem Schatten gedeiht die Erfolgsorientierung völlig selbstverständlich; die Motivation ist nur in sinngesättigten Arbeitskulturen lebensfähig, und der Erfolg des Unternehmens fällt zusammen mit dem persönlichen Erfolg. Oft sind es gerade die Fehler, die unseren Blick für Erfolgswerte schärfen.

Das kardinale Unglück, der wirkliche *worst case* für ein Unternehmen ist nicht Geldverlust, Ansehensverlust oder Marktverlust; *worst case* ist der Sinnverlust – weil er alle Leistungspotentiale lähmt.

Motivationsmanagement – Endlich klare Konzepte

Motiviert sein – das heißt Lust auf etwas haben, ist die landläufige Antwort. »Ich bin nicht motiviert« ist längst zur bequemen Rückzugsformel von Menschen geworden, die auch nicht genau wissen, warum ihnen die Sache keinen Spaß macht – aber daß sie keinen macht, wissen sie sicher. Genauer: Sie fühlen es. Die Motivation ist nicht von ungefähr mit der Bewegung unserer Sinne und Grundimpulse, der Emotion, sprachlich so nahe beisammen.

Motivation: Der Abnutzungsstreß hat dem Wort seinen Glanz genommen. Etwas vom Großvätermißtrauen bricht wieder durch, wenn Arbeitgeber Motivationswünsche als eine Luxusformel einstufen, die in die Krise nicht paßt. Dabei braucht kein Szenario so dringend motivierte Partisanen des Möglichen wie die Krise, in der wir Ende der neunziger Jahre leben. Die Leistungslustapostel, denen die Motivation als Menschenrecht erschien, sind auch recht still geworden. Resignation kostet Energie an beiden Enden der Skala. Die Lust auf visionäre Konzepte, die unter dem anderen verblichenen Stichwort »Kreativität« (s. S. 285, 289, 291) noch die achtziger Jahre belebte, ist ebenfalls abgeklungen. Rückkehr zum *Business as usual*?

Auch das nicht. Denn nichts ist mehr, wie es war. Und in der allgemeinen Depression nimmt niemand wahr, daß wir heute viel genauer wissen, was »Motivation« eigentlich ist und wie sie entsteht. Sie erscheint keineswegs mehr so schwer steuerbar wie noch in den siebziger und achtziger Jahren, in denen sich ja auch deshalb viele »Gewußt-wie«- und »Management-by«-Rezepte ablösten, weil wir noch im Nebel unterwegs waren. Die hilflosen Formeln »Vorbild«, *»Incentives«,* »Teilhabe« und so weiter lösten nur im Einzelfall das Transportproblem – und der Erfolg konnte Zufall sein.

Der wabernde Nebel aus Psychologie und Soziologie hebt sich.

Motivationsmanagement ist nicht eine neue Rattenfängerformel, sondern ein exaktes strategisches Geschehen wie das Management anderer Unternehmensziele auch. Und unter den allseits akzeptierten Zielen findet sie sich glücklicherweise ja schon, die Lust auf Leistung – mit der vagen Hoffnung, daß Leistung sich lohnt. Aber wir werden es noch genauer sagen können.

Motivation ist nicht das Privileg von Spitzenleuten mit Durchblick und hohem Salär, die im Licht stehen, sondern sie ist unverzichtbarer Klima- und Erfolgsfaktor für das ganze Unternehmen. Sie managen – das klingt nach Selbstüberschätzung der Führung. Schauen wir näher hin, so ergibt sich ein so unbequemer Anspruch an die Führung, wenn diese Managementaufgabe gelingen soll, daß der Verdacht, hier wolle die Spitzengruppe auch noch die letzten Grauzonen berechenbar machen, schnell vom Tisch ist.

Motivation – was ist das eigentlich? Es ist eben nicht die ziellose Lust auf Aktivität, sondern die gepolte.

- Motivation fühlt nur, wer das Ziel kennt.
- Das Ziel muß exakte Konturen haben, es darf nicht »schwimmen«.
- Das Ziel hat für alle, die ihm zustreben, einen unbestritten hohen Wert.
- Das Ziel ist konkret, nicht abstrakt.

Und schließlich:

- Alle haben die Gewißheit, daß die Organisation, der sie angehören, alles tun wird, um dieses Ziel zu erreichen.
- Alle fühlen die Sicherheit, daß das Ziel zu erreichen sich auch für sie selbst lohnt.

Diese gepolte Aktivität läuft mit gemischtem Antrieb. Die exakte Welt der Intelligenz liefert *Know-how,* und die emotionale Welt liefert Wertbezug, Leidenschaft und Vertrauen.

Der *Power-Mix* gipfelt im klaren Sinn-Zentrum, dem eigenen Ich. Die Frage »Was bedeutet das für mich?« bringt die Entscheidung über Einsatz oder Abwehr bei Mitarbeitern. Führungskräfte haben hier eine Verständnisbarriere, weil sie von sich selbst ausgehen: Für sie

Quellen der Motivation

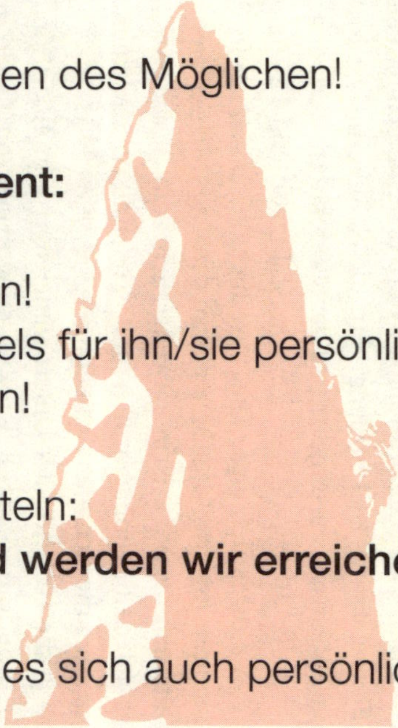

Motivationsagenten:
Die Kreativen – Partisanen des Möglichen!

Motivationsmanagement:
Das Ziel zeigen!
Seine Konturen zeichnen!
Jedem den Wert des Ziels für ihn/sie persönlich zeigen!
Das Ziel konkret machen!

Entschlossenheit vermitteln:
Dieses Ziel wollen und werden wir erreichen!

Für jeden von uns lohnt es sich auch persönlich, das Ziel zu erreichen.

fallen – im guten Falle, sagen wir vorsichtshalber – Unternehmensziel und persönliches Lebensziel viel näher zusammen als für ihre Mitarbeiter. Sie erkennen daher oft das größte Problem nicht, das ihre Leute von ihnen trennt. Und wankt einer der Pfeiler, die das gemischte Bauwerk der Motivation tragen, dann bricht der ganze Bau ein.

Wie nun wird dieser Mix von »junger« Ratio in den Köpfen und »alter« Emotion von Management und Mitarbeitern erreicht? Spontan fällt uns vor allem ein, wo es mißglückt, das »Motivationstraining« oder der motivierende Workshop, *outdoor* oder *indoor*. Die Erlebnisse produzieren Strohfeuer, die im Unternehmensalltag verblüffend rasch und zuverlässig verlöschen.

Was am häufigsten mißlingt, ist die empfindliche Verknüpfung von Unternehmensziel und persönlichen Wertvorstellungen für eigene Ziele. Führungskräfte zucken dann gern die Schultern: Die Mitarbeiter sind zu egoistisch, zu subjektiv, zu genußorientiert. Wertvorstellungen sind aber für die persönliche Leistungsfähigkeit und Leistungsbereitschaft so zentral, daß diese Diagnose nicht zu halten ist. In Wahrheit bringen unmotivierte Mitarbeiter es an den Tag: Mit der Wertsubstanz der Unternehmensziele ist es entweder nicht zum Besten bestellt – weil keiner sich dafür verantwortlich fühlt –, oder die Werte leiden an Auszehrung, um die sich niemand kümmert.

Schon die Isolation der Unternehmenswerte in einer Sonderzone, die »Leitbild« heißt, reißt den Zusammenhang von Zielen und Werten auseinander. Es kann durchaus sein, daß darunter nur Mitarbeiter leiden.

Die häufigsten Motivationsversäumnisse beruhen auf veralteten Managementlehren, in denen die emotionale Intelligenz neben dem IQ keinen legitimen Platz erobern konnte. Als *»soft factors«* werden die Gefühle von Mitarbeitern abgedrängt in Teeküchen und Hausintrigen, ins informelle Netzwerk eben; von der »Intelligenz der Gefühle« mochte niemand etwas halten.

So wird Motivation versucht mit ratiogebundenen Argumenten, die das Topgremium sehr wohl bezaubern: Zahlen, Erfolgs- oder Mißerfolgskurven, Budgetziele und Wettbewerbsvergleiche. Die ratiogesteuerte Spitzen*crew* verliert ihre Mannschaft immer wieder durch

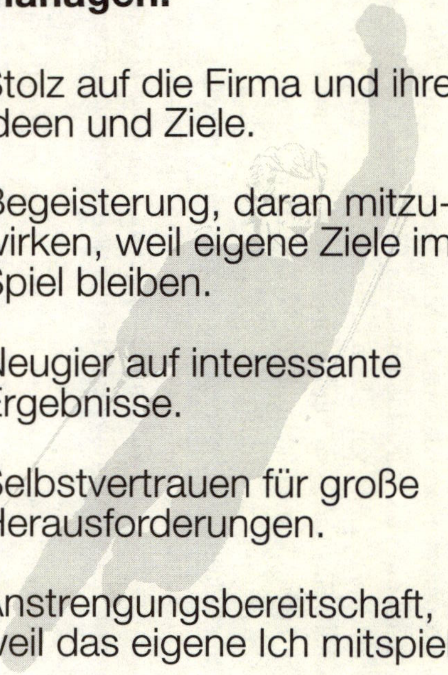

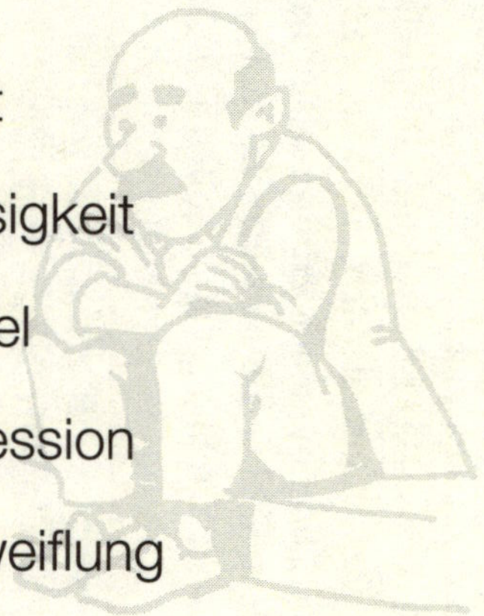

Motivation managen:	**Motivation zerstören:**
Stolz auf die Firma und ihre Ideen und Ziele.	Frustration
	Wut
Begeisterung, daran mitzuwirken, weil eigene Ziele im Spiel bleiben.	Angst
	Hilflosigkeit
Neugier auf interessante Ergebnisse.	Zweifel
Selbstvertrauen für große Herausforderungen.	Depression
	Verzweiflung
Anstrengungsbereitschaft, weil das eigene Ich mitspielt.	

den Fehler, die eigenen Zensurerfolge im emotionalen Hirn für flächendeckende Grundausstattung zu halten. Mitarbeiter ticken – glücklicherweise – vielseitiger. Das macht sie kundenverträglich, denn Kunden tun dies auch.

Die Regel also: Das Emotionshirn ansprechen, nicht nur das Vernunfthirn. Das Mitarbeiter-Ich, nicht nur den Mitarbeiter-Kopf ins Boot holen. Die Emotionen anzusprechen, das gelingt zwar vielen Führungsleuten, aber sie bedienen bewußt oder unbewußt nur die negative Skala. Drohbotschaften sollen aktivieren, statt dessen wekken sie

- Frustration
- Wut
- Angst
- Schrecken
- Hilflosigkeit
- Zweifel
- Depression – und schließlich
- Verzweiflung

Das ist in der Tat ein hochemotionaler Mix, der da angerührt wird. Mancher mag meinen, das mache Mitarbeiter gefügig. Was aber vor allem fehlt auf dieser frustdominierten Skala, sind die aktivierenden Emotionen. Die Liste zeigt einen Erstickungsprozeß, den wir auch im Gehirn als Blockade von Signaltransporten lesen können. Die Lunten glühen nicht mehr im neuronalen Netzwerk, es fließt keine Energie mehr im neuronalen *Braincomputer*. Die Lichter gehen aus.

Wenn Führungskräfte so genau wüßten, wie schädlich ihre Droh- und Feindgebärden sind – auch wenn sie sich konzentrieren auf den Wettbewerber! –, sie würden diesen Versuch, durch *bad news* Menschen auf Touren zu bringen, sicherlich sofort und für immer einstellen. Oder?

Das Gegenbild: Motivation heißt, emotionale mit intelligenten Reizen so zu mischen, daß eine *Power*-Skala vibriert, die etwa folgendes beinhaltet:

Visionäre Führung verbindet IQ und EQ, Vergangenheit und Zukunft …

… sie ist Management der Widersprüche.

Nähe	und Distanz
Vorbild sein	im Hintergrund bleiben
Vertrauen geben	wachsam sein
Toleranz üben	wissen, wie's gemacht wird
Ziele der Abteilung verfolgen	Unternehmensziele erfüllen
Zeitökonomie üben	flexibel bleiben
dynamisch denken	besonnen handeln
selbstsicher sein	bescheiden bleiben

- Stolz auf die Firma und ihre Ideen und Ziele,
- Begeisterung, mitzuwirken, weil der eigene Wertehorizont im Spiel bleibt,
- Hoffnung auf interessante Ergebnisse,
- Selbstvertrauen für große Herausforderungen,
- Anstrengungsbereitschaft, weil das eigene Ich mitgeht.

Nun strömt Energie. Die neuronalen Lunten eilen von Dock zu Dock in den Gehirnen, die assoziative Kraft, wichtige Ressource des Emotionshirns für kreative Sprünge, wird stimuliert und zugleich kontrolliert vom jüngeren Vernunfthirn. So gemischt wie der Aufwand ist der *Output* motivierter Teams. Sie multiplizieren nicht nur Brainpower, sie potenzieren sie.

Die strategische Mischung für Motivation muß also schon in den Köpfen gelingen.

Wie der Motivationsfluß im Gehirn läuft, wissen wir ziemlich genau. Wenn bewiesen werden müßte, wie umfassend motivierte Menschen »bei der Sache« sind, die damit »ihre« Sache wird, dann wäre dies der schlagende Beweis. Die »Motivationsachse« *(Gottfried Guntern)* verläuft vom uralten Instinkthirn (das wir mit den Echsen teilen! Sein Alter: 280 Millionen Jahre!) über das jüngere Emotionshirn (immerhin 165 Millionen Jahre alt) in Zonen des recht jungen Vernunfthirns, und zwar dorthin, wo die Zukunft gedacht, Folgenabschätzung betrieben und visionärer Stoff geprüft wird.

Eine ideale Mischung also aus:

- Impulsgewitter (Reptilhirn),
- Wertentscheidung fürs eigene Ich (limbisches System) – mit der wichtigen Folge:
- Identifikation (Emotionshirn) und
- logischer Kontrolle (Vernunfthirn).

Da das Vernunfthirn Arbeitsteilung in zwei Hälften praktiziert, hat gut gemanagte Motivation noch ein doppeltes Angebot für diese beiden:

Visionen:
brauchen die Balance
zwischen Emotion und Ratio,
IQ plus EQ

Unternehmensvisionen leben von
zweierlei Energie –
auch auf der Zeitachse:

Sie sind
< plans for the future and patterns from the past >.

Visionäre Führung bestimmt den
Kurs nach dem Licht der Sterne
und nicht nach den Lichtern
vorüberfahrender Schiffe.

- logisch tragfähige Argumente für die dominante Hälfte (bei den meisten Menschen die linke) und
- Bilder, Symbole, Metaphern und Graphiken für die nichtdominante (bei den meisten Menschen die rechte).

Nun brauchen wir uns keine ideologielastigen Debatten um die Motivation mehr zuzumuten. Und wer skeptisch war, ob diese Essenz nicht überhaupt in die Teestubenromantik der Verlierer gehöre, der darf staunen – und auf die andere Seite wechseln.

Das Wichtigste auch an dieser Botschaft, wie Motivation gemanagt werden kann, ist wieder der Power-Mix – und zwar von zwei Seiten betrachtet. Da holt sich nicht ein zweckgerichtetes Management die letzten Kraftreserven von seinen Mitarbeitern, um die Firma nach vorn zu peitschen, sondern der optimale Energie-Kick durch Motivationsmanagement bringt Mitarbeitern das begeisternde Erlebnis, endlich mit voller statt mit halber Kraft fahren zu dürfen, endlich die Zensurschere weglegen zu können und die Tabuzone Emotion lustvoll an der Arbeit zu beteiligen.

Komplexe Kraftquellen für komplexe Probleme, wie der heutige Markt sie bietet – eigentlich eine so stimmige Gleichung, daß selbst die Intelligenz-Verehrer sie verstehen müßten; sie ist nämlich logisch. Daß es geht, wagte vielleicht niemand von ihnen zu glauben. Die Komposition der Teams mit verschieden gepolten Köpfen erschien als Notlösung in der Debatte. Heute wissen wir: Ehe wir unseren Leuten zuwenig zutrauen, sollten wir prüfen, wie sie sich im Motivationsmanagement entfalten. Dann können wir immer noch die strahlenden Sieger und die blockierten Intelligenzler zur wechselseitigen Bereicherung in die Teams schicken. Zuerst aber werden wir staunen: Die schlummernde Motivation läßt sich bei viel mehr Menschen wecken, als die Führung sich träumen läßt.

III

Erste Schritte zur emotionalen Fitness: Gemischte Energien managen

Aggression sichert Kooperation

Management ist auch: Konfliktstrategie. Für Männer ist das so selbstverständlich, daß selten darüber gesprochen wird. Das ganze Leben ist Konfliktstrategie, würde mancher von ihnen lapidar antworten, wenn er gefragt würde. Die elementare Frage der Evolution klingt dabei immer noch durch, auch wenn der moderne Manager seinen Platz in diesem Netzwerk der eigenen Vorgeschichte nie begriffen oder zur Kenntnis genommen hat. Sie lautet: »Frißt es mich, oder fresse ich es?« – Das Grundgefühl, um diese Frage kreise das ganze Leben, begleitet Männer überall. Es gibt jeder Aufgabe etwas von seiner Spannung mit. So entstehen Herausforderungen, Chancen und Wagnisse, wo weniger kämpferische Beobachter nur den ruhigen Fluß von Arbeitsprozessen sehen, die gesichert und geplant ablaufen. Management ist die zielgerichtete Dramatisierung dieser Prozesse, also auch ihre Dynamisierung, ihre Aufladung mit virtueller Energie. Management sieht in unspektakulären Alltagsprozessen komplexe Konzeptionen für Siege der Zukunft, störanfällig und von allen Seiten bedroht, konkurrenzgeschüttelt, so riskant, wie moderne Abenteurer es brauchen, damit das Leben halbwegs so gefährlich bleibt, wie es das menschliche Gehirn braucht, um zu Höchstleistungen und – auf seine Kosten zu kommen.

Selten wird unternehmerisches Handeln unter diesem Gesichtswinkel erörtert: daß es um die stimulierende Mischung von Angriff und Kooperation geht, immer auch um das evolutionserprobte Höchstleistungsmodell *»Fight or flight«*, Kampf oder Flucht, zwei Grundmuster für Gefahrenmanagement.

Ihr ungestörtes Verhältnis zur archaischen Kontrastharmonie von Aggression und Kooperation wagen Manager heute nicht einmal mehr selbst wahrzunehmen. Sie geben sich, wie es die Kultur verlangt, in der sie Erfolg suchen: harmonieverliebt und friedenswillig. Die leistungsfördernde Spannung, der sie ihre hohe Motivation verdanken, ist daher auch offiziell kein Thema, wenn es um die Motivation der Mitarbeiter, also um Führungskultur geht. Schon die Frage »Woher bezieht die Führungskultur ihre Spannung?« fehlt in der Debatte; sie wird Opfer der Zensur. Und diese Zensur folgt dem Irrtum, das ideale Führungsklima sei von Spannungen unbedingt freizuhalten. Die Schere im Kopf schneidet an der falschen Stelle, weil wir das Potential für unseren Erfolg nicht mehr verstehen.

Dieser Kontaktverlust hat eine lange Vorgeschichte, deren Tempo sich mit den Fortschrittsbeschleunigern der jüngsten Sekundenbruchteile unserer Evolution vervielfacht hat. Es ist eine Vorgeschichte, die als Erfolgsstory des aufgerichtet in seine Geschichte stürmenden *Homo sapiens* über Jahrtausende so viele Zugewinne gebracht hat, daß die Verluste hinter den Erfolgen verblaßten – bis heute, da uns die Verlustbilanz von allen Seiten einholt.

Homo sapiens muß versuchen, sich zu erinnern, wo er herkommt und was die Gründe für seinen Erfolg waren – sonst wird seine Erfolgsserie ebenso plötzlich abreißen, wie sie begonnen hat.

Aggression als Voraussetzung für Kooperation heißt eines dieser Erfolgsmuster. Im globalen Wirtschaften und in der Weltpolitik spielt es eine ebenso dominierende Rolle wie im Zusammenleben der Menschen in den sozialen Zellen der Familien, der großen Städte, der Kulturregionen. Sympathie findet dieses Modell beim hochzivilisierten Menschen der zweiten Jahrtausendwende moderner Zeitrechnung vor allem deshalb nicht, weil er Absprachen getroffen hat: die Absprache zum Beispiel, seine Aggression zu unterdrücken – oder zu sublimieren –, und weil ihm dafür Belohnungen versprochen sind. Wäre es günstiger für uns, wenn wir das wegzensierte Material in unserem Kopf noch lesen, die Wellen der Aggression noch spüren könnten, die am Beton der Friedfertigkeit gebrochen werden?

»Konfliktfähigkeit«, von der seit einigen Jahrzehnten soviel geredet wird, ist ganz sicher deshalb zum Zankapfel verschiedenster Wissenschaftsschulen geworden, weil die Selbstzensur das einleitende Bekenntnis zur Aggression als gemeinschaftsstiftenden Impuls verbietet. Noch eine andere Debatte dieser Jahrzehnte verrät unseren Verlust an Selbstkenntnis: Es ist die hierarchiekritische Debatte. Der Traum, alle Kooperationspartner im Unternehmen auf dieselbe Stufe zu stellen – mit dem Ziel, allen ein Höchstmaß an Selbstvertrauen, Anerkennung und Motivation zu geben –, bleibt, überraschend für den *Goodwill* der Hierarchienzerstörer, unerfüllbar, solange die Kopfzensur die produktive Spannung zwischen Aggression und Kooperation nicht zulassen will. Kooperation verliert ihren Reiz ohne Hierarchien, weil das erregende Moment der latenten Aggression fehlt.

Das andressierte Mißtrauen der auf Wohlstandspolstern agierenden Hochkulturen gegen Aggression hat Kurzschlüsse produziert, die es uns schwermachen zu verstehen, was »gute Aggression« sei. Aggression ist böse, so heißt die vorgestanzte Folgerung in den meisten Köpfen. Dennoch bewundert jeder den spontan zuschlagenden Vater, der sein Kind aus den Fängen eines Raubtiers befreien oder einem Gewalttäter (gute bricht böse Gewalt!) entreißen will.

Die Extremsituation sprengt dann doch den Gedankenmüll der Wohlstandsträume weg und macht uns in ganz unvermuteter Weise urteilsfähig: Wir sagen ja, wo wir in kühlerem Kopfklima nein gesagt hätten; unser Verstehen weitet sich buchstäblich aus, und der Helfer dabei ist die Emotion, die das Denken übereilt und korrigiert. Nicht immer tut sie das, aber überall dort, wo Denk- und Wunschzensur Traumwelten in unseren Köpfen errichtet haben. Sie halten – glücklicherweise – massiven Ereignisschüben dann doch nicht stand.

Hierarchien im Management: Sind sie tatsächlich Kooperationsagenturen auf der Basis von Aggression? Und macht sie das, wenn es stimmt, erfolgreich – oder gefährlicher, als wir bisher dachten? Beruhen die zahlreichen Fehler des Topmanagements dieser Umbruchsjahrzehnte auf dem Dilemma, in das ein System gerät, wenn es seine eigentlichen Triebkräfte nicht mehr offenbaren darf? Oder ist, umgekehrt, ungebändigte Aggression, also die Balancestörung zwischen Kooperation und Aggression, in unseren Wirtschaftshierarchien die Quelle unserer Mißerfolge beim Umstieg in das globale Szenario? Machen gesellschaftliche Tabus wie die Aggressionsabwehr die westlichen Manager unsicher? Oder ist im Stichwort vom »verschärften

Wettbewerb« die berechtigte Furcht vor einem weltweiten Aggressionszuwachs in der Wirtschaft zu spüren?

Aggression, auch das ist in der vereinfachten Debatte dieser Jahrzehnte weniger beachtet worden, ist vor allem Überlebenswille unter widrigen Umständen, Abgrenzung gegen Feinde – und jedes Problem ist ein Feind. Der Mangel ist ein Erzfeind für alle Kulturen, auch wenn wir ihn fast vergessen haben. Der Wettbewerb mit anderen nahrungssuchenden Lebewesen um die Nahrungsreserven ist ein aggressives Geschehen, und jedes Abkommen unter benachbarten Stämmen oder Völkern, Rudeln oder Dorfgemeinschaften – heute: Städten oder Ländern oder global wirtschaftenden Kontinenten – beruht auf aggressiver Energie, die Probleme lösen will.

Wechselseitige Kenntnis dieser Antriebsenergie fürs Überleben ist der Regulator für Verträge und Abkommen, die den empfindlichen Frieden nur deshalb sichern können, weil jeder um die Aggressionsreserven des anderen weiß. Je weniger vordergründig die Probleme werden, mit denen eine Kulturgemeinschaft kämpft, desto abgeleiteter werden die Strategien, mit denen Aggression und Kooperation interagieren.

Die Ächtung spürbarer Aggression nimmt in gleichem Maße zu, wie der eigene kämpferische Aufwand bei der Alltagsbewältigung abnimmt. Da erscheinen Manager von Großkonzernen, die gewaltige Mengen Geld und Schicksal umwälzen, zuweilen als Gegenfiguren zur entdramatisierten Unübersichtlichkeit des Normalbürgers – der erschrocken sein Schicksal in ihrer Hand sieht und argwöhnt, da seien Triebkräfte am Werke, die zu seinem kleinen Einzelschicksal gar nicht mehr passen wollen. Durch massenhaften Auftritt inszeniert er eine Gegenmacht, die der Formel »Kooperation durch Aggression« dann wieder zum Sieg verhilft.

Sprungbereite Aggression regelt das kooperative Klima auch dort, wo sie nur noch ein kaum spürbarer Unterstrom ist, der die Temperatur des Oberflächenwassers, in dem alle schwimmen, nur bei Turbulenzen deutlich und plötzlich abkühlt. Aggression als Regulator für Kooperation: Sie wird demonstrativ zurückgenommen, wo neue Mitglieder der Gruppe akzeptiert werden, und sie schäumt blitzschnell

Aggression sichert Kooperation

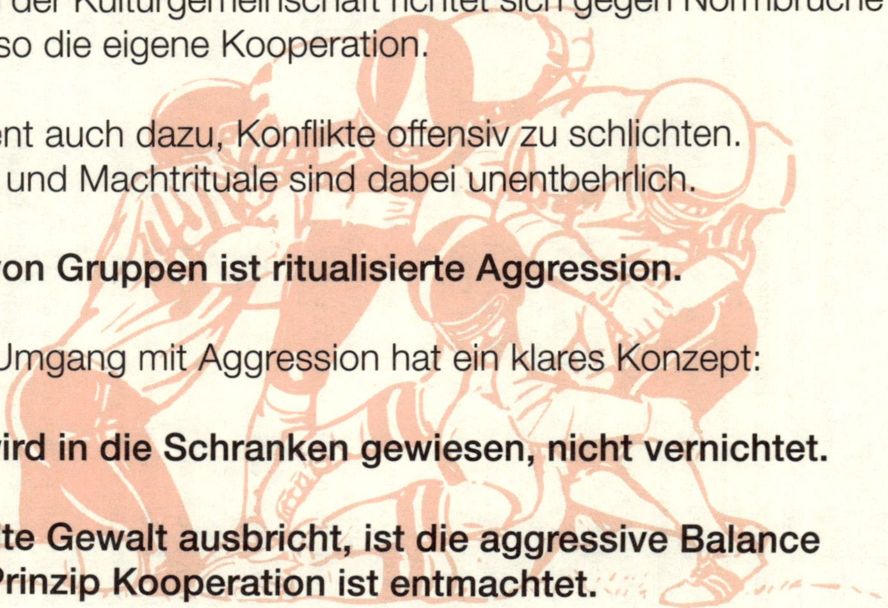

Die Aggression der Kulturgemeinschaft richtet sich gegen Normbrüche – und schützt so die eigene Kooperation.

Aggression dient auch dazu, Konflikte offensiv zu schlichten. Drohgebärden und Machtrituale sind dabei unentbehrlich.

Die Rivalität von Gruppen ist ritualisierte Aggression.

Strategischer Umgang mit Aggression hat ein klares Konzept:

Der Gegner wird in die Schranken gewiesen, nicht vernichtet.

Wo ungeregelte Gewalt ausbricht, ist die aggressive Balance gestört; das Prinzip Kooperation ist entmachtet.

auf, wo Verräter am Wertekodex der Gemeinschaft bestraft werden müssen.

Aggressionsbereitschaft schützt die Mitglieder eines Teams also im gleichen Maße, wie sie ihnen droht: *Wenn du dazugehören willst, mußt du deine Beute mit den anderen teilen.*

Sich an diese Überlebensgesetze zu erinnern hilft uns tatsächlich, unsere Lage am Ende des 20. Jahrhunderts besser zu verstehen. Wir stoßen bei der Suche nach Zukunftswerkzeug nämlich auf das alte Werkzeugset, das sich für unseren spektakulären Aufstieg in der Geschichte so sehr bewährt hat, daß es immer noch in unserem Gehirn verwahrt wird – *stand-by* uralter Lösungsstrategien, die wir aus den Augen, nicht aber aus dem Sinn verloren haben – wenn wir uns nur bereit finden, unsere Sinne wieder zu benutzen. Das bedeutet, die Knechtschaft der Emotion unter dem Diktat der Ratio muß aufgehoben werden.

Zwischen uns und anderen Kulturen haben wir Sklavenverhältnisse aufgehoben; in uns selbst gelten sie weiter: Die Sklaverei der emotionalen Energie unter der Dominanz des Verstandes hat zu einigen Kurzfristerfolgen geführt, die mit massiven Verlusten bezahlt werden. Was ansteht, ist der Ausgleich dieser Bilanz, ehe uns der emotionale Fundus unserer Erfolge ganz aus der Erinnerung entgleitet.

Auch Aggression ist Emotion. Sie strategisch einzusetzen wird stillschweigend von jedem Manager, von jedem Menschen, der Macht hat, erwartet. Aber das Sprachtabu herrscht weiter. Das Aggressionstabu macht es auch Managern schwer, von ihren Handlungsimpulsen zu sprechen. Zu komplex sind die Zusammenhänge, in denen das Überleben der Gesellschaft im Wettbewerb gesichert wird. Kein Politiker oder Manager könnte glaubwürdig behaupten, er sei, genau wie die Jäger der Vorzeit, bemüht, seinen Schutzbefohlenen die beste Beute am Markt zu sichern; dafür bedürfe es der geschickten Kooperation mit fremden Kulturen weit draußen, denen man mißtrauen möchte, und der unbedingten Kooperationsbereitschaft aller, die sich bereits kennen.

»Es geht nicht ohne die andern«, so lautet die Erkenntnis am Anfang der beispiellosen Erfolgsgeschichte des eben auf die Füße ge-

Aggression sichert Kooperation

Sie gehört zum Überlebensprogramm der Evolution: Abgrenzung gegen Fremde und Friedensbereitschaft gegenüber vertrauten Menschen.

Aggression liefert die Spannung für Wettbewerbsverhalten – auch zwischen vertrauten Menschen.

Aggression liefert Energie zur Problemlösung:

- Sie wehrt Störungen im Team ab.
- Sie bedroht den Verräter.
- Sie lehrt alle, ihre Erfolge mit den anderen zu teilen.

Grundmodell für die Zähmung der Aggression:

„Es geht nicht ohne die anderen".

Dieses Prinzip kultiviert das Zusammenleben und macht Erfolge zuverlässig.

kommenen *Homo sapiens*. Nur in der Gruppe kann er gegen Stärkere, wie seine Beutetiere, aber auch die Naturgewalten, bestehen. Das Agieren im »Team«, wie wir es heute nennen, ist von Anfang an das Erfolgsmodell des Menschen gewesen. Nicht als beliebige, sondern als die einzige Wahl, wenn er überleben wollte. Heute wiederholt sich diese Erkenntnis auf anderer Ebene, aber nicht weniger zwingend – wenn es uns auf dieser abstrakten Ebene gelingt, uns über die Bedingungen der Kooperation zu verständigen. Dafür ist die Ächtung der aggressiven Energie keine gute Voraussetzung.

Die Versuchung, Aggression kurzerhand zu ächten, ist in modernen Gesellschaften so groß, weil die kooperativen Beziehungen, die jeder und jede Gruppe unterhält, so vielfältig sind, daß Widersprüche unvermeidbar sind und der Kooperationsstreß selbst als Ursache von Aggressionen erlebt wird. Friedfertigkeit als Programm kann nicht streßfrei sein, weil sie schon das Bekenntnis zu aggressiven Gefühlen mit Sanktionen belegt. Als Strafandrohung genügt der Verlust an Gruppenkontakten, das »Nicht-mehr-Dazugehören«.

Nicht nur die Überlagerung verschiedener Kooperationen kostet uns Kraft, sondern auch deren Ungleichheit auf der Zeitachse. Jeder hat Kurz- und Langzeitziele, und die Verfolgung dieser Ziele verlangt gute Kooperationskontakte zu Personen, Institutionen und Organisationen. Je anonymer die Bündnispartner werden, die man sich für seine Ziele suchen muß, um so weniger Befriedigung wird im Bündnis mit diesen »Partnern« erreicht. Aggressionen laufen leer, weil die Übermacht der Organisationen offenkundig ist.

Die Bereitschaft, sich kooperativ zu verhalten, kann in demokratischen Gesellschaften nur sehr mittelbar belohnt werden: Die Meldung vom Wohlverhalten des einzelnen, von seiner geglückten strategischen Balance zwischen Aggression und Kooperation, findet keine Adressaten mehr. Allein die Erfahrung, daß es anderen ähnlich ergeht, stiftet wieder Teamerfahrung – freilich eine passive der »Betroffenen«. Die Konjunktur dieser und ähnlicher Vokabeln ist also kein Zufall.

Wo die Mehrzahl der Menschen sich als betroffen erlebt, keimt ein Ressentiment gegen die schwer greifbaren »Verantwortlichen« auf.

Es trifft relativ wahllos alle, die sichtbar an der Spitze von Machtapparaten stehen. »Kooperation« in hochkomplexen Systemen aus sozialen, beruflichen und politischen Bindungen zeigt ihren Nutzen nicht mehr von selbst. Auch deshalb steigt mit der Unübersichtlichkeit die Gefahr flottierender Aggression. Solange von allen Mitgliedern begriffen werden kann, daß die Kooperation sie alle vor Gewalt schützt – auch vor der eigenen –, stimmt das Bündnis beider. Es hält die Aggression in Schach. Solange jeder erkennen kann, was zu tun sich lohnt und was nicht, haben alle gemeinsame Feinde, die sie draußenhalten wollen, und jeder erkennt auch diese Feinde: Es sind die eigenen Fehler, die sie bedrohen.

Das aggressive Potential der Gemeinschaft muß wachgehalten werden, um diese Bedrohung beherrschbar zu halten.

Aggression als Kooperationsregulator: In der modernen Zivilisation wird die Versuchung übermächtig, diese Spannung nicht ernst zu nehmen. Wo man unzähligen Menschen nur ein einziges Mal im Leben begegnet, gehört kein Mut zu der Feststellung, daß die Strafe für kleinere Regelverletzungen leicht umgangen werden kann. Und der Geschädigte erlebt seine Lage keineswegs als so geschützt durch die empörungsbereite Gemeinschaft, wie er sich das wünschen möchte, um Vergeltung üben zu können. Je größer die Gemeinschaft, desto umständlicher der Vollzug dieser Vergeltung – und desto größer die Wahrscheinlichkeit, daß sie gar nicht stattfindet.

Die Bereitschaft, in der großen Gruppe alle Regeln der Kooperation einzuhalten, wird auf eine harte Probe gestellt, wenn es immer leichter gelingt, die Folgen eigener Regelverletzungen versickern zu lassen, ohne das eigene Gewissen belasten zu müssen. Es geht noch weiter: Wer sich Vorteile auf Kosten der Gruppe holt, verteilt zwar die Kosten auf alle, weil die Spielregel der Gruppe genau dies vorsieht. Seinen Vorteil behält er aber für sich und teilt ihn mit niemandem. Noch schlimmer: Wer sich der Vereinbarung anschließt, auch die Kosten immer gleichmäßig auf alle zu verteilen, damit niemand einen größeren Vorteil für sich holen kann, und nun bescheiden lebt, um seine eigenen Kosten niedrig zu halten, wird von anderen auf hohe Kosten getrieben, die mehr konsumieren – und hat im Vergleich zu diesen den schlechtesten Abschluß gemacht: Er zahlt mehr, als er verbraucht hat, und behält gleichzeitig weniger zurück als die anderen.

Gäbe es kein anderes Regulativ, das im Balancespiel von Kooperation und Aggression die Menschen bewegen könnte, dieses System zu schützen, so würde die Aggression aller gegen alle bald überhandnehmen und jeder dem andern um des eigenen Vorteils willen auflauern. Dies zu verhindern, gibt es offenbar nur ein Mittel: die Verschärfung der Aggressionsbereitschaft der Gruppe gegenüber Normbrüchen. Der unbestrittene Wert der Kooperation, des Bündnisses zum gemeinsamen Handeln für die gleichgelagerten Hauptinteressen aller, ist offenbar tiefer verankert, als »Vernunft« und »Einsicht« reichen; er ist evolutionäres Erbe. Anders ist es nicht erklärlich, daß es menschlichen Gemeinschaften immer wieder gelingt, die gemeinsame Ordnung gegen die Vorteilsjagd einzelner Mitglieder siegreich zu machen.

Das gelingt keineswegs durch ein ehrfurchtgebietendes Ethos oder imponierende Sinn-Angebote, sondern durch die simple Verlängerung der Schuld- und Sanktionenkette in Richtung all jener, die einen Regelverletzer decken. »Bestrafe denjenigen, der einen Schuldigen deckt« ist die Regel, die eine deutliche Senkung der Regelverletzungen bewirkt. Anders ausgedrückt: Wer die Regeln der Gruppe verletzt, verliert Freunde. Das heißt aber: Er verliert die Zusicherung, im Kooperationsgeflecht aufgehoben zu sein. Er kann sich auf niemanden mehr verlassen – weil sich die andern nicht mehr auf ihn verlassen können.

Diese Praxis ist es, die ein stabiles Normensystem erst möglich macht. Die Sanktion, aus dem Zusammenhalt der Gruppe herauszufallen, trifft die empfindlichste Stelle aller Mitglieder, denn ohne die andern können sie, auch im übertragenen Sinne, nicht »überleben«. So gelingt es, für die frühere Übersichtlichkeit der Zusammenhänge Ersatz zu schaffen. Da war klar, daß keiner ohne die andern jagen, keiner allein dem Wechsel der Jahreszeiten trotzen und sich vor feindlichen Stämmen schützen konnte. Die »Moral« war so konkret, daß sie keinen Sockel brauchte. Sie fiel mit dem Überleben selbst zusammen.

Seit dieser Zusammenhang sich aufgelöst hat, sind die Instrumente, mit denen Menschen sich wechselseitig ihre Kooperationsbereitschaft sichern, komplizierter geworden – und die Befriedigung, in dieser Gemeinschaft das eigene Aggressionspotential kooperationsfördernd einzusetzen, ist immer schwerer unmittelbar zu erleben.

Symbolische Jagden – Jagdrituale im Wettbewerb

Die Erfolgsjagd auf den Märkten spiegelt Bedürfnisse und Fähigkeiten wider, die den frühen *Homo sapiens* am Leben gehalten haben: Sein Jagdglück, seine Kooperationsbereitschaft, seine Kenntnis der Lebensgewohnheiten der Beute waren überlebenswichtig für ihn und die Schwächeren in seiner Gruppe. Jagen, das strategische Feld, war ein männliches Geschäft. Auch das Wissen um die Körperkraft der lebenden Beute, ihre Waffen – Zähne, Krallen, Muskeln, Gewicht – war erfolgsentscheidend. Mit dem stürmischen Gehirnwachstum des Zweibeiners ging der Schwund seiner eigenen Muskelkraft einher; an ihre Stelle mußten Intelligenz, Logistik und Kooperation treten. Die Waffen wanderten nach außen: Nicht mehr die nackte Hand, sondern der Speer oder Bogen, den diese Hand bediente, brachte den Jagderfolg. Die Beute konnte so auf Distanz gehalten werden, die Gefahr für das eigene Leben sank.

Rivalität und Kooperation waren zwei Seiten derselben Notwendigkeit: Schutz für die vertraute Gruppe bedeutet Abgrenzung gegen die Fremden aus anderen Gruppen – die ebenfalls ihren Zusammenhalt sichern. Eine der größten Zumutungen der Neuzeit besteht übrigens genau darin, daß wir unter dem Motto der Dienstleistungskultur Fremden begegnen sollen wie Vertrauten – und um das zu schaffen, primäre Impulse außer Kraft setzen müssen. Dies ist der Grund, warum Dienstleistungsmentalität nicht ohne intensives Training erreicht wird (s. S. 270–280).

Die Tugenden der Gruppe verbanden Aggression und Risikobereitschaft mit Altruismus – man muß teilen, um zu überleben –, Abgrenzung gegen Fremde mit Zuwendung und Einsatz für die eigenen Leute. Das revolutionäre Gehirnwachstum, das den *Homo sapiens* so schnell aus dem Kreis der übrigen Primaten in eine eigene Geschichte eilen ließ, war zwar von Erweiterungen geprägt, nicht aber vom Verlust seiner alten Überlebensantriebe. Es ist wahr: Das Stammhirn mit den elementaren Überlebensimpulsen wurde immer dichter eingepackt von jüngeren Schichten.

Abwägende, kontrollierende und dämpfende Vernunft-Potentiale legten sich recht dominant über die alten Erfahrungsreflexe.

Aber wer die Jagdqualitäten des eben aus dem Kreis der höheren Primaten ausbrechenden Frühmenschen im ersten Abschnitt dieses Kapitels nun mit dem Seitenblick auf den nächsten Sekundenbruchteil unserer Geschichte liest, in dem wir uns heute bewegen, als sei das aktuelle Geschehen weit von den Savannen unserer jagenden Vorfahren entfernt, der findet mehr Entsprechungen als Unterschiede. Und wichtiger: Was die symbolischen Jagden und Trophäenrituale an der Schwelle zum dritten Jahrtausend verbergen und enthüllen, was die Risikosuche des schöpferischen Zerstörers Mensch mit Treibstoff versorgt, wo seine Siegeschancen mit diesem uralten Reservoir an Bedürfnissen und Antrieben liegen, das kann niemand wirklich verstehen, der nicht einmal die Folie unserer Vorgeschichte über das abstrakte und getarnte Kräftespiel gelegt hat, in dem sich disziplinierte Nachfahren des Speerwerfers und Bogenschützen bewegen, als hätten sie mit ihren Stichwortgebern nichts mehr zu tun.

Wieviel Mißverstehen und Mißlingen auf das Konto unserer Weigerung geht, uns von unseren Anfängen her zu begreifen; wie groß die Chancen sind, unsere Handlungen zielgenauer zu machen und unsere Kommunikation effizienter mit diesem Vorwissen, das sollen die Leser dieses Buches wenigstens ahnen, wenn sie aus diesem Buch wieder auftauchen. Mehr Effizienz heißt ja auch, unsere Schwächen besser zu verstehen; über die archaischen Reflexe, die uns mit Impulsen versorgen, die wir oft selbst nicht verstehen, wieder lächeln zu können. Das Lächeln der Manager – ein Sieg über den Autismus des Despoten, ein Sieg, dem dieses Buch gewidmet ist.

Daß die Aggression wichtigste Grundlage der Kooperation ist, davon spreche ich in diesem Buch an anderer Stelle (s. S. 138–148). Die Aggression ist aber auch lebenswichtig dort, wo es um den alltäglichen Kampf gegen Hunger und Gefahren aller Art geht. In einer

Gesellschaft ohne vordergründige Gefahren ist es der Kampf gegen Gleichgültigkeit und *laissez faire,* der Einsatz für Qualität und Menschenwürde, der keineswegs nur mit der weißen Friedensfahne gewonnen wird, sondern mit strategischer Fitness. Die Jagd auf das alltägliche Glück ist der heimliche Kitt, der auch im Wettbewerb unsere alten Antriebskräfte bindet, und der morgendliche Aufbruch der kleinen und großen Geschäftsleute, die einen Abschluß machen wollen, der sie stolz nach Hause zurückkehren läßt, lebt von diesen alten Impulsen. Das »Jagdglück« eines Bürotages nimmt sich nun meist recht bescheiden aus. Und die Versuchung für einen durchschnittlichen Verkäufer, den Kunden als Beute über den Tisch zu ziehen, statt ihn, den Mann aus dem fremden Stamm, freundlich lächelnd in den eigenen Clan einzuladen (s. S. 232), wie es die Dienstleistungsära verlangt, diese Versuchung können wir nur aus dieser frühmenschlichen Perspektive mit dem angemessenen Verständnis betrachten. Das ist so wichtig, weil wir auf Dauer nur das beherrschen können, was wir verstanden haben.

Die moderne graue Großstadtgesellschaft ist voll von Menschen, die das Jagdglück verlassen hat. Ihre Risikolust läuft leer, ihr Gehirn ist unterbeschäftigt, ihre Muskeln ohnehin. In der Verlegenheit, irgendwo Wettbewerbsfelder mit genug Einsatz für ihre brachliegenden Kräfte zu finden, lösen sie Tickets fürs Fitness-Studio, oder sie kaufen ein Geländemotorrad für wilde Schlammstrecken, kämpfen sich verbal in Hitze am Biertisch – oder sie sind als Sammler unterwegs: Die Finderlust und Sucherlist ersetzt das Jagdglück. Schwierig muß es sein, es darf auch weh tun, wie Leistungssport, der dem Körper, Wettrisiko, das dem Geldbeutel weh tut.

Junge Menschen, denen das Geld für die harmlos »Hobbys« genannten Jagdabenteuer bei Sport und Reisen fehlt, greifen oft im fertigen Inventar der Großstädte zu, um ihr Risikobedürfnis und ihre Kraft zu erproben. Da wird gefährlich gelebt, wenn man im Dunkeln »Beute macht«, während der Gegner, die Macht des Gesetzes, überall lauert. Spannung, die überall fehlt, wird hier geliefert. Der Einsatz ist hoch, und man kann es spüren. Im Arbeitsleben spürt man es nicht so richtig; – man weiß es nur, und das reicht nicht.

Vieles, was alle verbindet und was niemand mehr ausdrücken kann, wird plötzlich durchsichtig, wenn man die Jagdgesellschaft der harmlos weit unter ihren Bedürfnissen beschäftigten Menschen morgens in ihren privaten Kampfanzügen, den Autos, in den Schlachtordnungen des Großstadtverkehrs unterwegs sieht. Daß sie immer noch den Massentransport abwehren, um hier als Einzelkämpfer an ihren täglichen Platz im leergejagten Revier zu fahren, zeigt, wie zäh *Homo sapiens* an der Erfüllung seiner ursprünglichen Bedürfnisse festhält: Er will sich bewähren. Und er nimmt dafür selbst die entlegensten Schauplätze in Kauf.

Die Topmanager als Leute mit besonderem Jagdglück zu sehen macht auch hier einiges klarer. Das sind Großwildjäger unter sich, die leider längst nicht mehr den Raubtierzahn am Gürtel tragen oder das Tigerfell um die Schultern. Aber viele von ihnen kann man sich gut mit beidem vorstellen. Ihre Rivalität hat längst diskretere Zeichen gefunden. Sie stellen ihr männliches Dilemma auf verblüffend einfache Weise dar: zunächst das Ritual der uniformen Kleidung. Niemand erfährt auf Anhieb, wer den größten Jagderfolg hatte. Flüsternd tauschen die Beschauer ein gewisses Vorwissen aus, das über die bekanntgewordenen Erfolge der Jäger Auskunft gibt. Wer sich als nächster exponieren wird, das verbirgt sich hinter stoischen Auftritten. Die Distanz garantiert Respekt. Zugleich signalisiert diese uniforme Gruppe, daß sie unter Wettkampfspannung gemeinsame und verschiedene Ziele zugleich verfolgt: Alle sind von einer Spezies, und je nach Sparte sind sie zugleich Rivalen – aber im Zusammenhalt der Spezies: Top-Chancenjäger, nicht irgendwelche.

Es ist eine überraschend klare Darstellung des hochentwickelten Wettbewerbs in der freien Marktwirtschaft, den die Manager-Rudel uns täglich liefern – ohne es zu planen. Das Jagdglück ist einerseits ein gemeinsames: das Funktionieren der Marktwirtschaft – und andererseits ein getrenntes, das in rivalisierender Aggression erkämpft wird. So kommen Topleute, deren Defizite so oft beleuchtet werden, unter diesem Blickwinkel ziemlich gründlich auf ihre Kosten – mit einer Eingangsbedingung: Sie müssen zur Umwandlung ihrer aggressiven Potentiale in abstraktes Jagdglück in der Lage sein. Und genau dies, die hohe Sublimations- und Abstraktionsfähigkeit, ist, wie wir sehen werden, eine Vorbedingung für Spitzenpositionen.

Wer in diesem Zirkel der Mächtigen besteht, hat es gelernt, mit seiner Aggression produktiv umzugehen. Sie ist nämlich eigentlich das Instrument, um Konflikte offensiv zu schlichten. Um sich dabei durchzusetzen, sind Drohgebärden und Machtrituale unerläßlich – ganz wie im Reich der Primaten unter den Tieren, wo es das ritualisierte Imponiergehabe und den geregelten, ungefährlichen Schlagabtausch gibt. Der Ausbruch ungeregelter Gewalt ist auch unter Tieren, ganz wie beim Menschen, ein Signal für das Versagen der aggressiven Balance. Und es ist leicht zu folgern, daß in Zeiten der Irritation und Angst solche Entgleisungen auch im Wirtschaftsleben häufiger vorkommen. Was moralisierende Beobachter dann eine Verluderung der Sitten nennen, ist nichts anderes als eine – freilich alarmierende, aber nicht durch Moralpredigten zu heilende – Störung im sensiblen Aggressionspotential der Menschen. Das dürfte in unseren Gesellschaften schwer zu vermitteln sein – noch. Mit dem Ansteigen der emotionalen Intelligenz wird uns der Zugang zu solchen Phänomenen leichter werden.

Wie weit sich unser Aggressionsbegriff von den normalen Funktionen der Aggression entfernt hat, versteht man sehr schnell, wenn noch einmal wiederholt wird: Aggression hält die Menschen zusammen, sie liefert Spannung und Wettbewerbsenergie, das heißt immerhin – sie fördert Innovation. Die symbolischen Jagderlebnisse der Marktwirtschaft zeigen uns die ritualisierte Rivalität von Gruppen, Unternehmen und Individuen jeden Tag. Die Entartung der natürlichen Aggression zur Gewalt spielt sich immer dann ab, wenn der Rivale nicht in die Schranken gewiesen, sondern vernichtet werden soll. In diesem Moment wird der Mitspieler im Kräftespiel zur Beute, der Mitakteur zum Opfer. Aus dem geregelten Wettstreit wird böser Ernst. Die »gute Aggression« wird vernichtet durch die mörderische. Dann ist der Wettstreit ganz schnell zu Ende, und aus Rivalen werden Täter und Opfer. Daß genau dies oft auch im entarteten Wettbewerb unter Firmen und ihren Mächtigen geschieht, braucht nicht eigens hinzugesetzt zu werden.

Weit entfernt von seiner Herkunft, aber mit einem ganzen Feuerwerk von uralten Impulsen in seinem Gehirn unterwegs, hat der moderne Mensch eine zwiespältige Existenz. Er managt sie gut, mit Hilfe seiner Fähigkeit, außer in sich selbst auch noch neben sich zu stehen – die wichtigste Eigenschaft, die ihn von seinen kreatürlichen Mitwesen unterscheidet. Die Versuchung, diese alten Antriebe und Jagdtechniken ganz wegzudrücken, mag groß sein. Viele Männer geben ihr nach und geraten in eine streßreiche Spaltung.

Wer sich die sehr Erfolgreichen ansieht, beobachtet bei ihnen das Gegenteil: Sie halten virtuos Kontakt zu ihren alten Antriebsquellen und nehmen aus diesen Energievorräten, was sie jeweils brauchen, um etwas vitaler als der intellektuell dressierte Rivale das Wettbewerbsziel zu verfolgen. Sie greifen strategisch auf ihre emotionalen Reserven zu und werden damit unschlagbar: Ihr Zorn ist elementarer, ihre Leidenschaft für das Jagdziel ist strahlender, ihr Mut ist mitreißend. Kontakt zu den Antrieben unserer Vorfahren, die das tägliche Überleben sicherten, heißt immerhin Zugriff auf Energieformen, die nicht entstehen, wenn unsere Sinne nicht unmittelbar versorgt werden, mit dem Blitzschlag im Baum, dessen Holz wir brauchen, mit dem heranschleichenden Raubtier, das dem gesamten Herz-Kopf-System die ultimative Frage als Kraftcocktail zuspielt: »Wer frißt wen?«

Bedächtige Naturen sehen es oft mit Verwirrung, wie dramatisch für erfolgreiche Menschen die Welt aussieht. Wo er, der wohltemperierte Beschauer, kein Lüftchen wehen spürt, sprechen sie von Sturm. Wo ihm alles gemächlich fortzuschreiten scheint, sehen sie aufregende Beschleunigung. Wo alles vor sich hin dümpelt, setzen sie Tempo. Das Drama der Innovation geht von solchen Naturen aus. Wo keiner vorauseilt, entsteht kein Tempo. Was die Schnellen bewegt, ist niemals nur ein wohlgeordneter IQ. Es ist die Mischung aus archaischem Wetterleuchten im Reptilhirn und einer gut instrumentierten Begleitmusik aus den Kontrollzentralen des jüngeren Gehirns. Das neuzeitliche »Jagdglück« begünstigt die Mitspieler, die den *Power-Mix* beherrschen.

Face to face –
Der steigende EQ der Topmanager

Daß Topmanager für ihren eigenen Erfolg auf Kommunikation setzen, ist seit langem bekannt. Um so erstaunlicher, daß sie ihren Firmen häufig nicht dasselbe strategische Konzept gönnen. Die Netzwerke der Direktkontakte umfassen meist Gleichgestellte; man kommuniziert im Zirkel der Spitzenmanager – und das weltweit. Im Schnitt sind es 26 *Face-to-face*-Gespräche, 15 telefonische Dialoge und 46 *E-Mail*-Botschaften, Faxe und Briefe, die der einzelne Topmanager täglich absolviert.

Die Flut der elektronischen Kontakte schwillt an, wenn wir ein, zwei Ebenen tiefer in das Unternehmen schauen: In den USA erhält der Angestellte einer großen Firma täglich ungefähr 150 elektronische *Messages*.

Die wachsende Industrie von *Hard-* und *Software* für diese lebendigen Informationsmärkte interessiert es natürlich sehr, ob Spitzenmanager mehr und mehr von der Möglichkeit Gebrauch machen, sich elektronisch global auszutauschen – in Bildschirmkonferenzen und über Bild-Telefone, per Fax und *E-Mail,* per *Internet.* Die virtuelle Welt bietet Konzepte für Zeitmanagement, die unzählige Reisen verschlucken und körperlich wie geistig *relaxte* Topverantwortliche im Park ihrer elektronischen Helfer an ihren Schreibtischen, in entspannter Haltung vor den wandgroßen Bildschirmen ihrer Konferenzräume zeigen, während ihr koreanischer oder philippinischer Partner die Konditionen eines neuen *Deals* erklärt, die Bilanzen des fernen Stützpunktes herüberreicht und freundlich lächelnd zum vertrauten Dialog über die Geschäftsentwicklung einlädt.

Die Anbieter dieser komfortablen neuen Kommunikationsstrategien haben inzwischen nachgefragt bei den Topmanagern, wie ihnen das neue Leben mit seinen virtuellen Flügen über den Pol per Knopfdruck, mit den irrealen Begegnungen im Internet und den virtuellen *Shakehands* über die Ozeane gefällt.

Die berechtigte Vermutung: Diese Steigerung der Abstraktion aller Kontakte, diese Beschleunigung der Abwicklung, die Ausschaltung all der Zufälle von Flugverspätungen und Taxifahrern, die faszinierende Ökonomie beim Zugriff auf körperliche Energie müßte dem Bedürfnis der obersten Führungskräfte entsprechen, ihren Zeitplan *clean* zu halten, sich nicht mit Nebensächlichkeiten aufzuhalten und nicht zuviel Nähe zuzulassen. Eigentlich das ideale Klima, diese an- und abschaltbare Präsenz, bei der man einander nur scheinbar im gleichen Raum begegnet. Erlischt der Bildschirm, liegt der Konferenzraum in steriler Ruhe da, keine Kuhlen im Sofa, keine kalte Asche in den Aschenbechern, keine halbgeleerten Kaffeetassen – und keine Störung durch die Sekretärin, die abräumt. Die Freuden der virtuellen Welt – ein asketisches Intelligenzklima, in dem keine Sekunde verloren wird.

Schon vor zwanzig Jahren, als *Henry Mintzberg* sein Buch über die Arbeit der Manager schrieb, mag sich mancher über den hohen Zeitaufwand für Kommunikation gewundert haben, den die befragten Manager zu Protokoll gaben. Zeitdruck und Fremdbestimmtheit, Arbeitsüberlastung: Das wunderte niemanden, aber gerade im Lichte dieser Klage war das Beharren auf einem zeitintensiven Kommunikationstransfer eher unerwartet. Mit dem klischierten Bild vom souverän agierenden Topmann paßte das nicht so recht zusammen.

Die elektronische Verdichtung aller Nachrichtentransfers mußte als die perfekte Lösung erscheinen. Zeitgewinne und Kraftökonomie sind unbestreitbar; die Berechenbarkeit der Kommunikationsprozesse müßte zunehmen, denn die Partner unterwerfen sich der disziplinierenden Macht der Medien, denen sie eindeutige Botschaften anvertrauen müssen, statt im Gespräch nach der richtigen Formulierung zu suchen, die alle Partner Zeit kostet – und Sicherheit. Spätere Protokolle aus der persönlichen Begegnung müssen abgestimmt werden; wieder wird Zeit eingesetzt.

Auf den ersten Blick sind die Vorzüge der elektronischen Kommunikation so eindeutig, daß man kein Wort mehr darüber verlieren möchte. Nicht so die Topmanager. Zuerst verblüffen sie die Forscher der neunziger Jahre (TU München, dokumentiert in gdi impuls 1/96, Rüschlikon) mit der Mitteilung, 90 Prozent ihres Arbeitstages seien Kommunikation. Nur 7 Prozent ihrer Arbeitszeit verbringen sie am Schreibtisch. Wer aber die 90 Prozent Kommunikationszeit nun auf Fax und *Internet,* auf Telefonschaltkonferenzen und Bildschirmbegegnungen verteilen möchte, erlebt die größte Überraschung. Die Manager der oberen Etage winken ab. Nein, nein, sie sitzen nicht vor den Tastaturen, sie starren nicht auf Bildschirme in verdunkelten Räumen, sie switchen nicht Gesprächspartner an und aus, sondern sie setzen 70 Prozent von den erwähnten 90 ein, um mit lebendigen Menschen zu sprechen. Von Angesicht zu Angesicht. Nicht *side by side* mit den Kollegen vor der Bildwand mit den fernöstlichen Statthaltern, sondern *face to face* mit den Partnern und Kunden, mit realem Händedruck, mit dem unmittelbaren Blick ins Auge, mit der ungefilterten Gestik und Anmutung, die zwischen Menschen das emotionale Netzwerk der Begegnung mit dem intelligenten *Network* verbinden.

Face to face ist in der psychologischen und soziologischen Forschung dieses Jahrhunderts ein »weibliches« Prinzip; *side by side* das männliche. Nicht zuviel Vertrautheit, weil die Kooperationspartner auch Wettbewerber sind – um die Rudelführung zum Beispiel. Vertrauliche Nähe zerstört diese doppelte Balance. Frauen haben im Business Probleme mit diesem Prinzip, weil sie Sicherheit durch Nähe suchen und den männlichen Wunsch nach Distanz zu brechen versuchen – meist unbewußt. Frauen suchen exklusive Bündnisse; Männer halten sich offen für verschiedene Partner, die je nach Anforderung wechseln.

Um so erstaunlicher, daß die Manager der neunziger Jahre das Prinzip »Auge in Auge« wichtiger nehmen als ihr bewährtes »Seite an Seite« – und dies in einer Ära, die ihnen die Perfektionierung der *Side-by-side*-Kooperation anbietet, via elektronische Medien. Die Herren winken ab. Die 70 Prozent *Face-to-face*-Kommunikation pro Tag verteilen sich in der Münchner Studie so, daß keiner der befragten Manager weniger als 50 Prozent, ein Teil sogar 90 Prozent der täglich verfügbaren Arbeitszeit mit persönlichen Gesprächskontakten füllte.

In der virtuellen Welt steigt der Stellenwert von Vertrauen.

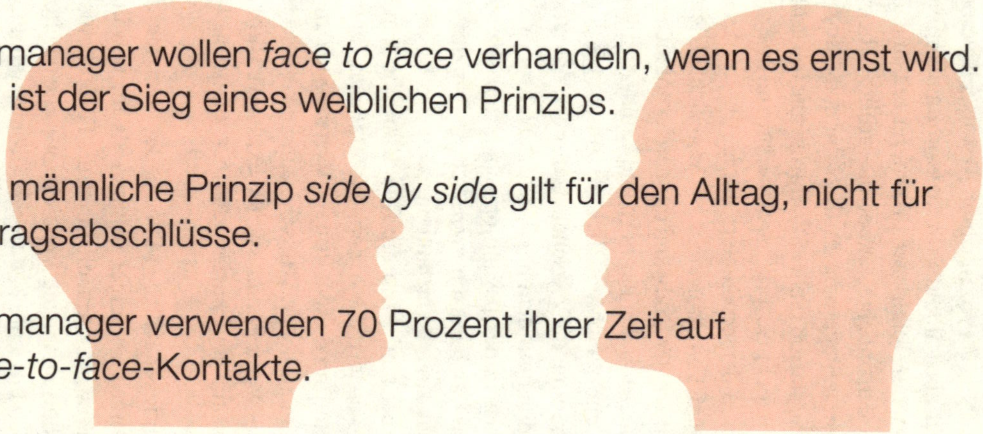

Topmanager wollen *face to face* verhandeln, wenn es ernst wird. Das ist der Sieg eines weiblichen Prinzips.

Das männliche Prinzip *side by side* gilt für den Alltag, nicht für Vertragsabschlüsse.

Topmanager verwenden 70 Prozent ihrer Zeit auf *Face-to-face*-Kontakte.

Und die Manager subsumieren dies nicht etwa unter »Fremdbestimmung«, sondern sie verteidigen ihre Begegnungsdichte als gewollte und unentbehrliche Strategie.

Was sich da entwickelt, ist nichts anderes als eine Innovation zugunsten der emotionalen Kompetenz. Keiner der Manager behauptet, der Gruppen-IQ werde von der persönlichen Nähe begünstigt – wir wissen, daß das Gegenteil der Fall ist. Keiner erklärt, er komme mit der neuen Technologie nicht zurecht – im Gegenteil: Die Firmen operieren virtuos mit E-Mail- und Online-Verbindungen, und viele Topmanager variieren je nach Anforderung mit leichter Hand die Art ihrer Fernbeziehungen. *Voice-Mail* gehört ebenso dazu wie das bewährte Telefon; die Kooperation mit Sekretariaten und Assistenten sichert den fugenlosen Informationstransfer.

Dennoch bleiben 70 Prozent der Zeit reserviert für persönliche Begegnungen. Niemand wird dahinter ein Programm der sozialen Bußfertigkeit erblicken wollen – so als wollten die kühl Entrückten ihr Image durch einen freiwilligen Intensivkurs in Menschenkunde aufbessern.

Wer an die Spitze vorrückt, der neigt zu solchen Fassadenspielen nicht. Der Löwenanteil Zeit, den Topmanager in persönliche Gespräche investieren, hebt sich auch in seiner Struktur deutlich ab vom hektischen Treiben in den übrigen 30 Prozent ihres täglichen Zeitbudgets. Da sind die Takte kurz, der Zeitdruck ist ein nicht abzuschüttelnder Begleiter. Die Zeit wird unter vielen ganz kurzen Aktivitäten aufgesplittet.

Die persönlichen Begegnungen zugunsten dieser gehetzten Aktionen abzukürzen kommt aber den Managern nicht in den Sinn. Im Gegenteil: Sie verteidigen ihre *Face-to-face*-Reservate ohne jede Einschränkung. Mehr als sechs Stunden täglich widmet der Manager der oberen Ebenen dem persönlichen Gespräch. Das ist verblüffend, wenn man voraussetzt, daß diese Gespräche zielgerichtet und vorbereitet sind – also sicher nicht Plaudereien, bei denen die Zeit unkontrolliert verstreicht. Das würde schon die Logistik einer Spitzenposition mit ihren frühzeitig abgeschlossenen Zeitplänen gar nicht erlauben. Trotz Zeitökonomie und guter Vorbereitung werden mehr als sechs Stunden für reale Kontakte mit anderen Menschen benötigt, und dies nicht auf einer Sozialstation, sondern in der Top-Etage von Großunternehmen. Die Surfer im *Internet* sind andere. Der Manager in der totalen Dekkung hinter einer Phalanx von Sekretärinnen und Zuarbeitern ist es aber auch nicht, der hier sichtbar wird.

Es ist der Manager, der seit mehr als zwanzig Jahren von diesem hohen Gesprächsbedarf nicht abrückt – und dies nicht aus Bequemlichkeit, denn der insgesamt höhere Zeiteinsatz ist keineswegs bequem, wie die Manager zusätzlich berichten, sondern weil sie die persönliche Anwesenheit ihrer Partner durch kein Medium auch nur annähernd ersetzt sehen.

Wenn die Themen wichtig sind, wenn es um Abschlüsse, Verträge, Kooperationen und gemeinsame Geschäfte geht, ist das zwischengeschaltete Medium eine Quelle der Unsicherheit.

Geht es um das, was Manager gern »die Chemie« nennen? Was ist es, das die Effizienzorientierung und die Technikbegeisterung schlägt, was ist es, das alle Prestige-Überlegungen beiseite schiebt, die generell den Umgang mit den neuesten medialen Wundern geradezu erzwingen? Es muß ein elementarer Bedarf sein, der die Topleute so umständlich und bescheiden macht, daß sie an der eher altmodischen Form des ungeschützten und unvermittelten Austausches festhalten.

Sie nehmen auch ein weiteres Handicap gelassen in Kauf, das sich aus dieser Gesprächsfixierung ergibt: Während sie mit dem einen Partner – oder einer kleinen Konferenzgruppe – sprechen, sind sie nirgendwo anders verfügbar. Auch nicht für ihr Sekretariat, nicht für Anrufe von außen, die dann in die fragmentierte Restzeit hineingestapelt werden. Die Ubiquität des allseits vernetzten Managers im Medienpark seines Vorstandsbüros findet nicht statt. Damit müssen sich die Anbieter dieser Existenz einstweilen abfinden.

Und das gilt, während die Spitzenleute heute nicht mehr, sondern weniger Zeit haben als vor 25 Jahren. Der tägliche Aktivitätspegel zeigt eine fast doppelt so hohe Belastung wie Mitte der siebziger Jahre. Die Manager reagieren auf diese verschärfte Anforderung ganz einfach: mit noch höheren Stundenzahlen am Arbeitsplatz. Die vermehrte Arbeitslast wird einerseits nicht aufgefangen durch die verfügbaren Medien – oder wäre sie ohne diese noch höher? – und andererseits natürlich durch diese mit erzeugt. Das sieht so aus: Wer Teilnehmer schneller Netzwerke ist, erhält schneller mehr Botschaften, auf die reagiert wird. Die Daten- und Faktenmenge multipliziert sich nicht nur, sie potenziert sich. Jeder mischt mit, und jeder wird mehr in Anspruch genommen. Zugleich steigen die Ansprüche: Was schnell geht, könnte eigentlich noch schneller gehen. Mit der alten Vorstellung, was schneller erledigt werde, mache den Tisch frei, schafft man ständig Platz für neue Daten-Dialoge. Alle beschleunigen die Netzleistung, und alle klagen über die Beschleunigung; der Zirkel läßt sie alle nicht los.

Spitzenmanager greifen zur Telekommunikation, um schnelle Reaktion in Einzelfragen abzurufen. Die *Just-in-time*-Qualität einer Rückmeldung, einer kurzen Nachfrage wissen sie zu schätzen. Aber das eingehende Gespräch, die zielgerichtete Verhandlung wird durch diese Blitzkontakte nicht ersetzt.

Welchen Platz haben sie denn wirklich für die Manager, diese 70 Prozent Gesprächskontakte, von denen sie keinen aufgeben möchten, um Zeit zu sparen?

Offenbar geschieht bei diesen *Face-to-face*-Begegnungen etwas ganz anderes als in der übrigen Zeit: Wer Manager beobachtet, erkennt in diesem *Puzzle* der schnellen, kurzen, häufig mediengestützten Aktivitäten Hunderte von kleinen, prüfenden Zugriffen auf laufende Projekte, die der Manager unter Kontrolle halten möchte. Er greift blitzschnell zu und läßt wieder los – ein exakter Satz am Telefon, eine handschriftliche Notiz ins Fax, ein Satz an die Sekretärin, ein Zuruf an den Assistenten. Alle kennen die Vorgänge, von denen er spricht; alle, die er mit seinem schnellen Zugriff erreicht, fühlen die Kontrolle. Dieses *Puzzle* macht ihn bei geringstem Zeitaufwand an vielen Stellen präsent. Der Chef ist anwesend, sollen die Mitarbeiter fühlen. Die Leistungsanforderung an den Chef ist hochkomplex, von Simultanprozessen bestimmt, die er in seinem Kopf Revue passieren läßt. Die Konzentration muß hoch sein, damit die Effizienz garantiert ist. Das Vergnügen an dieser Art von Anforderung ist eine wesentliche

Voraussetzung für hohe Managementpositionen. Wer das nicht kann oder nicht mag, vergeudet hier zuviel Kraft und verfehlt zu oft das vorübergleitende Zielobjekt.

Diesem dynamischen Gemisch stehen nun die Gespräche gegenüber: Auge in Auge, mit Originalstimme, nicht durchs Telefon gefiltert, läßt man sich auf das Wechselspiel von Kooperation und Rivalität ein, von dem ich an anderer Stelle ausführlich spreche (s. S. 138–148). Nun hat neben der Ratio die emotionale Intelligenz ihre Chance. Nun lassen die Partner es zu, daß Vertrauen oder Argwohn entsteht, für den die Telemedien noch keine Taste haben.

Warum setzen die Partner sich den hundert Unwägbarkeiten von lebendiger Präsenz aus, während sie doch sonst so effizienzorientiert und zeitbewußt agieren? Aus Höflichkeit wohl kaum. Es steckt eine Einsicht dahinter, daß in diesen Stunden des Tages Arbeit getan werden kann, die mit keinem anderen Werkzeug als mit der simplen, nicht abgefilterten leiblichen Gegenwart aller Partner am zuverlässigsten erledigt wird. Es geht dabei um Rohstoffe, ohne die kein geschäftlicher Abschluß besiegelt werden kann, es geht um den Rohstoff Vertrauen. Für Verträge und Absprachen, für jede Art der Kooperation ist das Vertrauen der Partner durch keine gesetzliche Garantie zu ersetzen.

Die persönliche Präsenz der Gesprächspartner führt der gemeinsamen Arbeit Energie zu, die in den Telemedien verpufft. Wer *face to face* konferiert, der tut es in aller Regel, um neben den vorbereiteten Statements der Partner auch ihre Mimik zu studieren, ihre Gebärdensprache aufzunehmen, ihre spontanen Argumente auf einen Einwand zu erleben und damit authentische Eindrücke zu sammeln, die ihm Gewißheit geben – und seinen Partnern Vertrauen in seine Verläßlichkeit ermöglichen.

Das Spiel der Kräfte, von dem sich Spitzenmanager offenbar so viel versprechen, daß sie den Löwenanteil ihrer Zeit dafür einsetzen, ist nichts anderes als das *Powerplay* zwischen Intelligenz und Emotion, das viel mehr Auskünfte über unsere Partner bereithält als das gut abgeschirmte Telespiel mit Fax und Telefon. Hier geht keiner in Dekkung, ohne daß es die anderen bemerken. Hier wird niemand vertrauenswürdig, dessen Gestik zerfällt, weil er Unwahrheiten plazieren will (vgl. dazu S. 170–173).

Die Manager unserer Tage haben also ein sicheres Gespür für den Mix von IQ und EQ als die Basisgleichung, auf der wichtige Entscheidungen aufzubauen sind. Wenn es ernst wird, lassen sie die Finger von den Tastaturen und schauen in die Gesichter.

Sie wittern die Chance, die ihnen der Originalkontakt mit Gegnern und Partnern im Wettbewerb bietet. Was sie aus dieser Chance machen könnten, wenn sie noch kundigere Fährtenleser und Gebärden-Entzifferer wären, soll nun gezeigt werden.

Wenn Ratio und Emotion kollidieren – Lerne Lügen lesen!

Zur hochentwickelten Zivilisation gehört die Dominanz der Sprache. Was wir tun, ist häufig für die andern schwer lesbar; was wir sagen, muß häufig genügen, um unsere Partner zu überzeugen. Um in unseren Handlungen nachzulesen, ob es stimmt, was wir sagen, brauchen sie nicht nur Zeit; je nach Ort und Aufgabe können sie unseren Taten gar nicht auf Schritt und Tritt folgen. Also gilt unser Wort.

Macht und Gewicht des Wortes haben eine große Tradition, seit Menschen von sich erzählen.

Die Sprache war das machtvolle Kooperationswerkzeug, mit dem die Horden des aufrecht gehenden *Homo sapiens* ihr Handeln ordneten. Sprache und Gebärden wirkten zusammen, wenn man sich zur Jagd verabredete und die Aufgaben verteilte; Losungsworte halfen, den Freund vom Feind zu unterscheiden, den Fremden vom Vertrauten. Worte als Anweisungen und Appelle, als Warnrufe und geflüsterte Zeichen der Zuneigung, Worte entwickelten sich zum universalen Verständigungsinstrumentarium, mit dem der Mensch seinen erfolgreichen globalen Siegeszug absicherte.

Daß Worte von Gesten begleitet werden, ist so selbstverständlich, daß die Zeitgenossen von heute gar nicht spontan sagen können, welche Geste zu welchem Wort oder Satz gehört. Das ritualisierte Zusammenspiel von Wort und Gebärde ist in unserem Kulturkreis so reduziert, daß eine regelrechte Gestaltungshemmung zum Normalfall geworden ist: Wer überzeugend reden will, besucht Rhetorikschulen, um das Zusammenspiel von Wort und Gestik zu lernen wie einen fremden exotischen Stoff. Spontan zu gestikulieren gilt als unbeherrscht und unzivilisiert.

Wie variantenreich selbst unter dieser Zivilisations-Zensur die Gebärdensprache geblieben ist und wie zuverlässig sie Auskunft gibt über das, was jemand uns sagt oder verbirgt, können wir nicht mehr spontan erkennen. Die Überbewertung der sprachlichen Botschaften hat uns verlernen lassen, die Vertrauenswürdigkeit des Sprechers ganz nebenbei dort zu überprüfen, wo er, nachlässig wie wir, gar nicht genug auf der Hut sein kann: bei der Sprache seiner Gebärden.

Die Verarmung der Gebärdensprache nimmt noch einmal Tempo auf in der Neuzeit: Wie die großen Rituale schwinden, im Kult und in der Geselligkeit, wie der gebildete Dialog zum *Small talk* verkommt, so regrediert die Gestik. Nur Temperatmentsbündel begleiten ihre Reden mit heftigen Bewegungen; man schiebt den Kopf nach rechts oder links und verdreht die Augen, wenn man mit dem Finger auf jemanden zeigen möchte: Das ist nämlich verboten. Man tanzt ja auch kein wohlgeordnetes Menuett mehr bei Abendeinladungen, sondern zuckt unkoordiniert unter den Stromstößen der High-Tech-Maschinen wie ein Fisch, der aufs Trockene geworfen wurde. Alles, was nach Zeremoniell aussieht, wurde von der bürgerlichen Kultur zurückgedrängt; anderes, was den Adel vom Bürger abhob, wurde erobert.

Die Macht der Ratio ist auch beim Rückzug der Gebärdensprache beteiligt: Deine Worte, so glaubt der »Macher« des Maschinenzeitalters, kannst du steuern. Mit ihnen kannst du Einfluß nehmen auf andere. Deine Gesten schon weniger. Auf die hast du selbst nur partiell Einfluß. Sie »unterlaufen dir«, sie verraten dich vielleicht, indem sie deinen Worten widersprechen. Gebärden als emotionaler Sprengstoff für die Strategie des intelligenten Sprechers. Er rationalisiert seine Gesten weg, um hinter seinen Worten in Deckung gehen zu können.

Die Ahnung des intelligenten Zeitgenossen ist richtig. Was er nicht ahnt: daß sein Erbe an Gebärden so tief in seinem Gehirn verankert ist, daß ihn selbst der spärliche Rest an Mienenspiel und Körpersprache, den er selbst nicht mehr wahrnimmt, verrät. Diese Sprache läuft von der Wörtersprache weg ihre eigene Bahn, wenn der Sprecher lügt. Das Bewegungsmuster von Worten und Gebärden »entgleist«, es verliert seine innere Harmonie, wenn ein Mensch versucht, etwas zu behaupten, das seinem inneren Wissen widerspricht. Die Gebärdensprache dementiert ihn – und jedes Gegenüber, das in diesem zerfallenen »Text« von Gestik und Sprache zu lesen versteht, hat einen unschätzbaren Vorsprung: Es erfährt die Wahrheit sozusagen inkognito – und kann sich danach verhalten.

Gebärden zu unterdrücken, das ist buchstäblich auch im Tierreich ein Signal für Herrschaftsanspruch. Hochrangige Tiere bewegen sich deutlich weniger als ihre Artgenossen. *Desmond Morris* (»Das Tier Mensch«, München 1996) berichtet dazu:

»Ein dominanter Affe oder Wolf bewegt sich weit weniger als seine Untertanen. Das ranghöchste Tier einer Gruppe zeigt eine fast würdevolle Ruhe in seinem Verhalten und ruft einen aufmüpfigen Untergebenen schon durch einen strengen Blick zur Ordnung zurück.«

Entscheidend aber: Nicht der Verzicht auf ausladende Gebärden selbst sichert den Patriarchen diesen Einfluß, sondern ihre Geltung in der Gruppe, ihr Erfolg sichert ihnen die Anerkennung und die Unterordnung der anderen.

»Die dominanten Männchen können sich diese Ruhe erlauben«, sagt Morris, *»denn sie haben ihre Stärke bereits bewiesen. Sie haben es nicht mehr nötig, Energie durch ihre Körpersprache zu verschwenden. Es reicht aus, wenn sie anwesend sind.«*

Nur unter Menschen höher entwickelter Zivilisationen kommt dann die Idee auf, man könnte diesen Weg verkürzen: die sparsame Gestik usurpieren und damit die Umwelt täuschen. Diese Täuschung bedient sich vieler Mittel; in der Kleidung wird das Manöver weitergeführt.

Unübersehbar haben menschliche Dominanz-Signale dieselbe Herkunft wie das Rudelverhalten der Leitwölfe und der Affen-Patriarchen. Körperkontrolle strahlt Selbstsicherheit aus; die disziplinierte Herrschaft über die eigene Gebärdensprache signalisiert Macht und Stärke. »Ich habe es nicht nötig«, sagen diese Signale, »um eure Gunst zu werben.«

In den reduzierten Gebärden eines Sprechers zu lesen heißt festzustellen, ob sein inneres Wissen mit dem übereinstimmt, was er sprachlich nach außen gibt. Tatsächlich ist die Gebärdensprache so etwas wie ein Lügendetektor. Da wir den uralten Reflexen unseres Reptil-

Patriarchen erkennt man an der sparsamen Gebärdensprache.

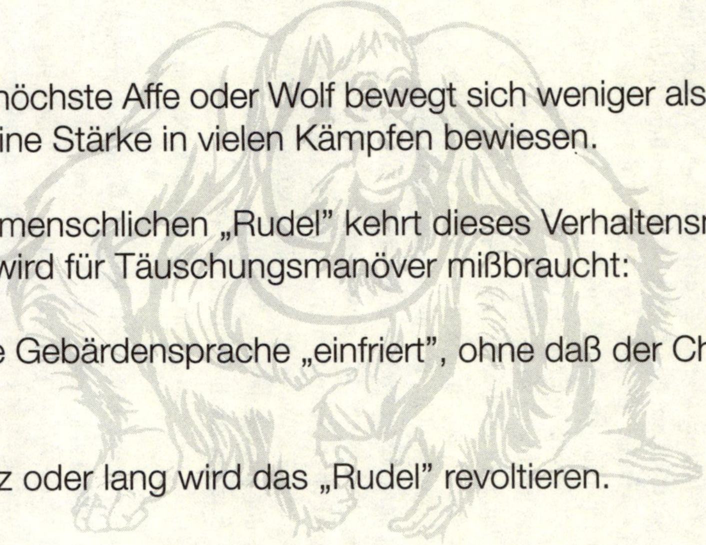

Der ranghöchste Affe oder Wolf bewegt sich weniger als seine Untertanen. Er hat seine Stärke in vielen Kämpfen bewiesen.

Auch im menschlichen „Rudel" kehrt dieses Verhaltensmuster wieder. Aber es wird für Täuschungsmanöver mißbraucht:

Wenn die Gebärdensprache „einfriert", ohne daß der Chef Erfolgsbeweise liefert.

Über kurz oder lang wird das „Rudel" revoltieren.

hirns nicht entrinnen, ist das für den kundigen Beobachter tatsächlich ein faszinierender Blick durch das Schlüsselloch der vorgelegten Sprach-Riegel in die wahre Botschaft dessen, der uns eben von etwas Falschem überzeugen will.

Man kann sich vorstellen, wie wichtig diese Möglichkeit der Gesprächskontrolle im Management ist: Bis ins letzte Detail zu kontrollieren, was jemand sagt, ist in komplexen Systemen kaum noch möglich. Die Manager geben es selbst zu, wie wichtig die Vertrauenskultur ihrer Gespräche für sie ist; sonst würden sie nicht mehrheitlich an der *Face-to-face*-Begegnung festhalten wie an einer magischen Wegmarke, wenn es um empfindliche Verhandlungsthemen geht (s. S. 155–163). Wieviel produktiver diese 70 Prozent Managerzeit genutzt werden könnten, wenn alle Topleute ein Training im Gebärdenlesen absolviert hätten, werden wir gleich sehen.

Körpersprache schafft Atmosphäre. Mehr als Worte es können, verbindet oder entzweit sie die Partner. Wer zwei Freunde beobachtet, die miteinander reden, sagen wir durch eine schallschluckende Glasscheibe, der nimmt plötzlich wahr, daß ihre Bewegungen wie ein Echosystem sind: Jeder von beiden reagiert auf die Gebärdenmuster des anderen, und es entsteht etwas wie in synchrones Wellenspiel der Haltungs-Echos. Kommen Spannungen auf, zerfällt dieses gemeinsame Muster, die Welle der »Gebärdenantworten« bricht sich am Unbehagen der beiden Partner; Mißtrauen läßt ihre freien Bewegungsornamente erstarren, sie reduzieren ihre Gestik, um die Eskalation der Fremdheit zu bremsen, und wirken plötzlich linkisch und hilflos.

Dieses Echosystem wirkt auch dort, wo Gruppen kommunizieren. Jeder nimmt unbewußt Signale zum Synchronspiel auf, die das Wohlbefinden aller in der Gruppe sichern. Jeder fühlt sich akzeptiert, und das Gesamtbild für einen entfernten Beschauer ist Harmonie, soziale Akzeptanz aller durch alle. Die Gruppe »verständigt sich« jenseits der Worte, die gewechselt werden. Das macht jeden unbefangen und sichert Vertrauen.

Wo die Herrschaft der Ratio gewünscht wird, muß der hohe Rang der mitlaufenden Botschaften bestritten werden. Man verläßt sich auf

Körpersprache schafft Atmosphäre.

Beachten Sie die Gebärdenechos, wenn Freunde sich unterhalten!

Sie brauchen kein Wort zu verstehen, die Harmonie der Haltungen reicht als Information.

Wenn Freunde sich streiten, zerfällt das gemeinsame Gebärdenmuster.

Auch in der Kommunikation von Gruppen schafft Körpersprache Harmonie oder Konflikt.

Die Harmonie der Haltungen meldet Akzeptanz und Vertrauen.

das Wort, und jeder verlernt es, in den begleitenden Bewegungen zu lesen. Jeder nimmt auch seine Gebärden, soweit es ihm möglich ist, zurück, um nicht »ausgeliefert« zu sein. Was man sagt, kann geplant, notfalls aufgeschrieben oder abgelesen werden. Die Gefahr des Gedankenlesens, von der sich mancher bedroht sehen könnte, ist sehr gering, solange es nur um Worte geht.

Sie wird viel größer, wenn es um die Gestik geht, die das Reden begleitet: Sie läßt sich nie ganz unterdrücken. Gelingt es dem Sprecher gerade noch, die Oberfläche seines Gesichtes und seiner Extremitäten gewissermaßen zu glätten, so treiben die Wellen seiner emotionalen Disziplinleistung dennoch darüber hin – wie auf einem ruhig scheinenden Wasser die Flossenschläge darunter schwimmender Fischschwärme.

Wie maskiert sich die Lüge in der Körpersprache des Lügners? Er muß fürchten, daß seine Hände oder Füße, daß seine Augen, seine Mundwinkel oder Kopfbewegungen, daß ein Stirnrunzeln, ein Blinzeln am falschen Platz ihn verrät. Ja er spürt, wie sein Herz heftiger schlägt, so daß er den Aufschlag seiner Jacke zittern sieht. Sieht der Gesprächspartner das auch? Er wird unsicherer bei diesem Gedanken. Gleichzeitig muß der Fluß seiner Rede überzeugend und ungestört weiterlaufen.

Da er falsche Bewegungen fürchtet – und ein gestisches »Begleitvokabular« für seine täuschenden Aussagen nicht findet, da es sich ja um unbewußte Gebärden handelt –, bewegt sich der Lügner insgesamt weniger als der unbefangene Sprecher. Er ist wie der heranschleichende Dieb, der fürchtet, einen Ast zu knicken oder plötzlich husten zu müssen; jeder Muskel ist angespannt und wird überwacht. Die Hände dürfen nichts nachzeichnen, weil der Sprecher ihnen nicht traut. Sie liegen schlaff und steif, die Füße sollen nicht nervös bewegt werden, also stehen sie seltsam fremd und unbeweglich. Kein entspannter Stellungswechsel, kein lockeres Tauschen von Stand- und Spielbein; der um Überzeugungskraft bemühte Redner steht oder sitzt verklemmt. Sein Gegenüber kann das eigentlich nicht übersehen. Ist er aber geschult, Gebärden selbst zurückzudrängen und das Wort vom Sprecher zu isolieren, so wird es zum Opfer. Ganz virtuose Lügner übrigens wissen natürlich, daß ihre Gestik »einfriert«, wenn sie jemanden täuschen. Sie legen sich deshalb ein besonders großrahmiges Bewegungs-Repertoire zu, das sie wie eine List einsetzen, um den Gesprächspartner in Sicherheit zu wiegen. Auch dieser übertriebene Gestenreichtum fällt nur demjenigen auf und erregt seinen Verdacht – der es gewohnt ist, mit Intellekt und emotionaler Intelligenz sein Gegenüber zu beobachten. Wie entscheidend auch für rationale Entscheidungen die emotionale Intelligenz sein kann, zeigt dieses Beispiel also wieder: Wer die doppelt zugreifende Aufmerksamkeit wegtrainiert hat, um sich besser konzentrieren zu können, nimmt nicht mehr wahr, wie ein rational gezieltes Täuschungsmanöver vom Betrüger selbst, nämlich von den emotionalen Botschaften seines Körpers, widerlegt wird. Es geschieht nichts anderes als bei jedem anderen Ereignis, das uns emotional fordert: Sei es Schrecken, Zorn oder Scham, Trauer oder Glück – wir reagieren mit heftigen Bewegungen innen wie außen, die niemandem, der uns sieht, verborgen bleiben. So geht es dem Lügner auch: Seine emotionalen Reflexe sprechen ihre eigene Sprache, die einen anderen »Text« liefert als seine Worte. Und wer diesen Gebärdentext lesen will, muß mit demselben Instrumentarium umzugehen wissen, das hier spricht: mit der Sprache der Emotionen. Wer diese Sprache bei sich selbst seit langem zum Schweigen gebracht hat, der wird dem Lügner auf den Leim gehen.

Schauen wir noch näher hin: Der Lügner muß ja mit dem Dilemma fertig werden, daß eine der ausdrucksstärksten Landschaften seiner Persönlichkeit, das Gesicht, offen und ungeschützt vor seinem Partner ausgebreitet liegt. Er fühlt sich ungeschützt. Deshalb greift er sich auffallend oft mit der Hand an sein Gesicht, er berührt seine Nase, seine Lippen, so als wolle er die Flut der falschen Worte verhüllen, wie er seinen Körper verbirgt. Er spürt zugleich, daß diese Bewegung für einen souveränen Sprecher unpassend ist, also läßt er die schützende Geste über den Mund zur Wange ausweichen, so als habe ihn dort eben ein Staubkorn gestört oder ein Lichtstrahl geblendet. Der Bewegungsreflex kehrt aber wieder; diesmal führt er die Hand zur Stirn und wischt sich eine Strähne weg oder täuscht einen Hautreiz vor.

Die Körpersprache des Lügners:

Er mißbraucht das „Patriarchenmodell". Seine Gestik „friert ein".

Kleine, unwillkürliche Bewegungen widerlegen dieses Muster: Die Körpersprache widerspricht den Worten.

Lügner brechen Bewegungsabläufe ab und leiten sie um:
Hand zum Gesicht = in Deckung gehen.

Abwandlungen:
- Hand zur Wange
- Hand zur Stirn
- Hand zum Auge

Schulterzucken

In der Sprechpause:
- Sitzhaltung ändern

Das zerfallende Gebärdenmuster verrät den Lügner.

Mit solchen Manövern kann er die Zuhörer gut ablenken, weil jeder solche kleinen Störungen kennt. Nur derjenige, der sich jetzt fragt, ob ein entspannter Sprecher sich so oft ins Gesicht greift, wenn er etwas Wesentliches glaubhaft darstellen will, wird Verdacht schöpfen. Er beobachtet die nächste Bewegung Hand–Gesicht genauer und erkennt nun ganz klar: Da wird nicht auf einen Juckreiz reagiert, sondern eine »Als-ob-Aktion« läuft ab, an der nichts stimmt. Da ist nicht eine Haarsträhne im Wege, sondern merkwürdig lau wird etwas weggestreichelt – warum? Aus innerer Unruhe, man könnte entdeckt werden mit diesem »nackten« Gesicht ohne Deckung.

Das nächste untrügliche Signal für eine unaufrichtige Sprachbotschaft kann ebenfalls nur der vorgewarnte Beobachter entschlüsseln: Der Lügner macht ungewöhnlich häufig eine Bewegung, die wie angedeutetes Schulterzucken aussieht. Er dreht die Handflächen unauffällig nach oben, die Finger sind leicht gekrümmt, und die Schultern werden leicht hochgezogen, die Mundwinkel tendieren nach unten, und die Augäpfel wandern ein wenig nach oben. Es ist ein schwach gezeichnetes Bewegungsmuster, dessen ausgeprägte Form wir alle kennen: das Schulterzucken, das sagen will: »Weiß ich nicht – geht mich nichts an – hab' nichts damit zu tun . . .« Ja, der Redner will mit seiner eigenen Rede nichts zu tun haben. Er geht auf Distanz zu seinem betrügerischen Auftritt – oder genauer: Etwas in ihm geht auf Distanz, während sein Kalkül mit Worten dagegen ankämpft.

Auch ein solches Gespräch hat Pausen. Sie stellen dem Partner eine Zwischenfrage, die diesem ungelegen kommt. Beobachten Sie seine Pausen-Gestik: Er wird Ihnen zeigen, daß er ausweichen möchte, und zwar so: Entweder greift er mit seiner Hand zur Nase, deckt also wieder sein Gesicht teilweise ab, oder er verlagert sein Gewicht auf dem Stuhl, »setzt sich um«. Das verkürzt die Zeit und lenkt den Frager ab; es ist nichts anderes als das leichte Wellenkräuseln von großer innerer Unruhe, die der Gefragte nicht ganz unter der Oberfläche halten kann. Die aufgeregt fliehenden Fischschwärme unter Wasser zeichnen ihre Spur.

Seien Sie deshalb auf der Hut, wenn Ihr Partner jetzt wieder den Mund öffnet, um die Macht der Worte gegen die verräterischen Gebärden ins Feld zu schicken. Sie wissen eigentlich jetzt schon: Da stimmt etwas nicht.

Niemandem gelingt es, diese mitlaufenden Botschaften seines Körpers ganz umzupolen. Abschwächen ja, abstellen nein. Der Versuch einer kompletten Selbstzensur versagt an der Komplexität, also der Multikausalität dieser Bewegungsmuster, die unser altes Säugerhirn nach draußen schickt; es läßt sich nicht betrügen, dazu ist es zu erfahren. Schließlich hat es dem selbstbewußten modernen Sprecher Hunderttausende von Überlebensjahren voraus. Die totale Domestizierung der alten Signalstationen für Furcht und Freude, Scham (!) und Wut durch die neueren Hirnteile gelingt nicht – und das ist ebensooft lebensrettend wie bedrohlich, je nachdem, in welcher Lage sich der Mensch gerade befindet.

Es gibt eine Fülle ehrenhafter Gründe, warum jemand die Sprache seines Gesichtes oder seiner Hände und Füße wegzensieren möchte: um andere nicht zu ängstigen, um eigenen Schmerz zu verbergen – ein großes Kapitel für die männliche Selbstzensur, wie wir noch sehen werden –, um ein schadenfrohes Lachen, dessen man sich schämt, zu unterdrücken. Es gelingt immer nur zum Teil. Und meist können wir uns auf ungenaue Beobachter verlassen, die den Rest an hervorblitzenden wahren Botschaften übersehen: die erweiterte Pupille, die unsere Angst meldet, das Zucken um die Mundwinkel, das unterdrücktes Lachen oder Schluchzen andeutet, die geballte Faust, die zu einem munteren Gruß so gar nicht passen will, der scharrende Fuß, die zuckende Schulter, der unruhige Wechsel von Stand- und Spielbein.

Viel mehr als uns bewußt ist, sind wir im Alltag mit der Unterdrükkung unserer Körpersprache beschäftigt. Der Kampf zwischen Wort und Bewegung läuft praktisch ohne Pause. Der Sieg der Zivilisation versorgt uns also alle mit einem Paket Dauerstreß. Er verfälscht unsere Botschaften in der Alltagskommunikation zwangsläufig. Man kann sich leicht vorstellen, wie weit deshalb der Weg zu einer entlastenden Kommunikationskultur ist – auch für unsere Psyche –, von der wir alle träumen.

IV

Strategische Kommunikation: Erfolgsprodukt und scharfe Waffe

Kommunikation – Strategischer Mix von Intelligenz und Emotion

Ob im Unternehmen oder im Markt – die Sieger sind die Kommunikatoren. Wer besser kommuniziert, gewinnt die besseren Partner. Und doch herrscht bei Managern immer noch Mißtrauen gegen diese strategische Aufgabe; sie schätzen berechenbare Ressourcen mehr. Der hohe Rang der Kommunikationsleistung für den Geschäftserfolg ist nicht nur eine Folge der Kommunikationskultur, die den Besitz und den Transport von Nachrichten zu einem neuen Machtfaktor gemacht hat.

Viele Manager glauben auch, die »Überschätzung« der Kommunikation als einer strategischen Top-Aufgabe sei durch die neuen Werkzeuge ausgelöst, die beschäftigt werden wollten: die Computer und ihre ausufernde *Software.*

Schließlich meinen viele Manager, diese »Ablenkung vom Produkt« sei nur eine Ausweichbewegung vor neuen Problemen im Konsumgeschehen, denen man nicht mit »windigen Auftritten« in stimmungsgeladenen »*events*« beikomme, sondern mit einer handfesten neuen Marketingstrategie. »Die Leute sollen verkaufen, nicht reden. Ein Supermarkt ist kein Freizeitpark. Der Kunde soll konsumieren, und dazu regen wir ihn an. Das ist alles. Wir müssen ihn nur bewegen, sich von seinem Geld zu trennen.«

Aber der Kunde bewegt sich mehr als den Anbietern lieb ist (s. S. 211–215). Er vagabundiert zwischen den Konsumstilen und verblüfft durch Konsumverzicht. Er definiert Luxus um und wird moralisch, wo seine Anbieter ihm *big fun* versprechen. Immer schlägt er aus der anderen Ecke zu, wo der Anbieter eben keinen Strategen plaziert hatte. Was ist das, was das geschieht? Es ist Kommunikation. Der eine ist frei, der andere nicht. Der Freie spielt die Bälle, wie es ihm paßt, der Gefangene einer alten Marketingwelt, der Anbieter, reagiert – und das zwangsläufig schlecht.

Weltkultur der Innovation → Weltkultur der Kommunikation

Produkt-Image schlägt Produkte.

Unternehmens-Image → Produkt-Image

Unternehmens-Image = Kommunikations-produkt

Die Kommunikationskultur des Unternehmens entscheidet über den Produkt-Erfolg.

Wäre es nur dieses Szenario, in dem die Hersteller, Anbieter und Händler heute ihre Welt neu verstehen müssen, es wäre zu meistern. Aber die Welt der Kommunikationsprozesse fordert jeden von uns an mehreren Fronten. Die Unternehmen haben viele – erwünschte und unerwünschte, wohlwollende und übelwollende – Zuschauer und Kommentatoren ihres Handelns. Die Medien, omnipräsent in der Kommunikationskultur, warten immer auf Nachrichten – sie bevorzugen schlechte, weil die emotional stärkere Ausschläge im Publikumskopf erzeugen. Ihr Ethos ist die Entlarvung und Entdeckung; sie sprechen in Bildern, wo die Worte fehlen, und werden dadurch noch mächtiger. Ihr Echo ist die Öffentlichkeit; die Medien können blitzschnell millionenfach multiplizieren – nicht nur Nachrichten, sondern auch Stimmungen, Meinungen, Urteile und Vorurteile. Und schließlich die Wettbewerber im Markt: Auch sie profitieren von Kommunikationsflops ihrer Mitbewerber, auch ihre Macht wächst, wenn die Macht des Kommunikationsverweigerers schwindet.

Und die Mitarbeiter im Hause? Die natürlichen Verbündeten der Führung? Auch sie sind kritisch gestimmte Kommunikationspartner, die entweder von der eigenen Führung oder von außen glaubwürdige Botschaften erhalten. Sind sie geborgen in einem verläßlichen Kommunikationsnetz, werden sie eher der eigenen Führung als den Zwischenrufern von draußen zuhören. Sind sie unterversorgt, schlagen sie sich schnell auf die eine oder andere Seite draußen.

Kommunikation sei eine neue Mode? Wer wird das, selbst von Chefplätzen aus, in diesen Jahren noch zu denken wagen? Es auszusprechen mag inzwischen mancher produktversessene Manager der alten Garde zögern, aber denken: Da haben viele immer noch nicht Abschied genommen. Daß man strategisch kommunizieren solle, heißt ja noch lange nicht, daß man es auch auf Anhieb kann! Der Macher ist kein Redner, auch das ist sein Problem. Er möchte Täter bleiben, und es beunruhigt ihn sehr, von jeder Tat einen Pflichtanteil Kommunikation abzweigen zu sollen: Das ist, als nähme man ihm ein Stück Verantwortung. Ja, so ist das! Und wer sich weigert, im Hause die Handlungsmacht auch kommunikativ zu gestalten, dem nehmen andere, von außen und ohne jede Verpflichtung auf den Unterneh-

Kommunikationsstörung zwischen Anbietern und Kunden:

Während der Kunde kein Produktsklave mehr ist, sind die Anbieter Produktfans geblieben
– verständlich, wenn sie nichts anderes haben als Produkte.

Der Kunde hat mehr Zeit und weniger Geld.

Deshalb hat er ein Kommunikationsproblem, und dafür sucht er Schuldige.

Er findet sie: die Anbieter.

menserfolg, diese Arbeit ab. Kommunikation wird dann zur scharfen Waffe in Feindeshand. Spätestens dann sollten auch die letzten Manager aufwachen – denkt man. Aber wir haben bereits Marktbeispiele, daß dies nicht geschieht.

Kommunikation ist, über den bloßen Nachrichtentransport hinaus, Verständigung über Werte und Ziele. Sie hat immer eine mehrfache Dimension, weil die menschliche Kooperation, deren Treibstoff sie ist, komplexe Voraussetzungen hat: Da spielen Empathie und Aggression ihre Rolle (s. S. 142, 144, 76), der Siegeswille der einzelnen hält sich an die Gruppe, weil das Erfolg verspricht; das Wärmebedürfnis und die Suche nach Schutz spielen mit; die Neugierde kommt auf ihre Kosten wie die Rivalität und die Freude am Spiel.

Auf Kommunikation wird, wo sie untersagt ist, so viel Energie verwendet, zu ihrem Gelingen so viel List und Phantasie mobilisiert, daß gerade dort, wo sie verhindert werden soll, ihre Vitalität am deutlichsten wird. Kommunikation ist ein Grundbedürfnis, weil sie ursprünglich in unserer Vorgeschichte eine Überlebensgarantie war. Wer Menschen erfolgreich machen will, der muß deshalb vor allem für vitale Kommunikationsströme sorgen; wer Menschen vernichten und entwürdigen will, der entzieht ihnen vor allem dies: die Chance zur Kommunikation.

Die dürftigen Kommunikationskonzepte vieler Unternehmen zeugen vom Unwissen der Führung über diese ernsten Hintergründe des Kommunikationsmanagements. Etwas, das ohnehin läuft, wenn auch nicht immer nach Plan, das möchte keiner managen. Die Informationsversorgung der Mitarbeiter wird *via* Einbahnstraße, am liebsten im fossilen Print, erledigt. 80 Prozent dieser Führungsbotschaften lassen die Mitarbeiter seelenruhig in ihre Papierkörbe fallen: Das ist es nicht, was sie unter Kommunikation verstehen.

Was sie beim Mitarbeiter falsch machen, können die Unternehmen beim Kunden nicht besser machen: Im Ernstfall wird der mißgestimmte Mitarbeiter sie daran hindern, und er hat einen Vorteil: Er verkehrt mit dem Kunden, die Unternehmensspitze nur partiell und sporadisch.

Kommunikation ist immer ein Marktfaktor; sie als internes Geschehen einzugrenzen und im öffentlichen Feld gesondert zu managen, extern mit Aufwand, intern lustlos zu kommunizieren, bedeutet programmiertes Mißlingen auf beiden Feldern. Was dem »Kunden Mitarbeiter« nicht gefällt, erfährt die Öffentlichkeit früher oder später. Was den »Kunden draußen« beeindrucken sollte, verfehlt damit sein Ziel. Wer ein schlechter Arbeitgeber ist, der disqualifiziert sich auch als Anbieter. Die Solidarität der Marktteilnehmer, ob sie nun »drinnen« oder »draußen« leben, wächst mit der Krise. Die emotionale Nähe des Mitarbeiters zum Kunden ist viel zuverlässiger als seine Nähe zum Arbeitgeber – wenn es um Schwächen des Managements geht, die beide treffen: den Mitarbeiter und den Kunden. Manager sind sich in aller Regel der Loyalität ihrer Mitarbeiter zu sicher. Sie informieren sich deshalb nie genau genug über deren Preis. Das wäre eine Debatte, die Kommunikationskultur prägen könnte: die einladende Frage der Führung, welchen Preis die Loyalität der Mitarbeiter hat. Es wäre auch ein Disput, der Gewerkschaftsargumente mitten im Unternehmen einer kritischen Prüfung durch Mitarbeiter und Topmanagement unterwerfen könnte.

Kommunikation ist nur zum geringen Teil ein materieller Prozeß. Der »Materialfluß« von Information, auf den viele Manager die Kommunikation hartnäckig reduzieren, macht ihren harmlosesten Teil aus. Dieser »materielle« Anteil der Kommunikation läßt sich natürlich am leichtesten managen. Genau dies ist der Grund, warum Manager sich von dieser Seite am ehesten des Kommunikationsmanagements annehmen – um Zeit zu gewinnen, bis die schwierigere Aufgabe sie doch wieder einholt: strategisches Management eines hochexplosiven Gemischs aus berechenbaren und unkalkulierbaren Faktoren.

Das Mißtrauen der meisten Manager gegen den neuen Auftrag, strategische Kommunikation ihrem klassischen Aufgabenset zuzuordnen, setzt hier an: Informationstransport, kein Problem, der Löwenanteil wird delegiert an die künstliche Intelligenz. Aber »Verständigung« managen? Das hat mit »Verstand« und »Verstehen« zu tun; ersteres traut man sich ohne weiteres zu, das zweite bringt unheimliche Ermessensspielräume – und es wird noch bedrohlicher. Kommunikation zählt auch »Verständnis« zu ihren Grundlagen. Damit möchten viele Machtprofis nun wirklich nicht unbedingt zu tun haben.

Die Kommunikation ist das klassische Versuchsfeld, auf dem wir die Defizite an emotionaler Stärke im Topmanagement buchstabieren können. Freilich sind die Überzeugungsarbeiter aus der Wissenschaft, die seit Jahren versuchen, die Gefahrenquelle brisant genug darzustellen, die das Kommunikationsmißmanagement für Unternehmen bedeutet, nur ganz selten so überzeugend, wie sie sein müßten, um sturmerprobte Manager in Unruhe zu versetzen. Das Thema ist also objektiv schwierig. Die besten Argumente, so scheint es, sind noch nicht gefunden – obwohl der Markt bestürzende Beispiele genug liefert, mit welchen Folgen, und zwar keineswegs nur immaterieller Natur, Unternehmen rechnen müssen, die nicht strategisch kommunizieren. Versuchen wir zunächst, noch genauer zu verstehen, was die Mischfunktion »Kommunikation« ausmacht.
Kommunikation heißt also:

Information: Wissen teilen, um es zu mehren, zu prüfen und um Urteilsfähigkeit herzustellen.

Verständigung im faktischen Sinne: Worum geht es? Welchen Stellenwert haben die Informationen? Was bedeuten sie für unsere Arbeit?
Verständigung erzielt aber auch:

Einverständnis und Verstehen – zwei Formen emotionaler Übereinstimmung auf intelligenter Grundlage. Der Verstand hat die Fakten aufgenommen, die Einigung auf ihrer Basis ist der Entschluß verschiedener Intelligenzen, in dieselbe Richtung zu gehen – ein Akt der Synergie, in dem sich Intelligenz mit Emotionen mischt. Erst dann werden die Herzen an der kühlen Kopfarbeit beteiligt. Dies ist der Zeitpunkt, zu dem »alle im Boot« sind.

Die Einigung betrifft immer den immateriellen Teil der Unternehmensziele mit. Sie ist Entscheidung für die Werte und Ziele, die der unternehmerischen Gemeinsamkeit ihren Glanz geben. Der »Geist« des Hauses lebt ja nicht in seinen Zahlen, sondern in der gemeinsamen

Kommunikationsmacht

Auch der Kommunikationsmarkt wird immer komplexer.

Im Wettbewerb der Kommunikationsanbieter gehört der erste Platz denen, die die Kundenerwartung im Markt der Kommunikationsangebote mit den passenden Produkten erfüllen.

Überzeugung, daß es neben allem Zweck und Nutzen bei der vereinten Anstrengung um Sinn geht – um nicht weniger.

Manager mögen oft das Gefühl haben, ihre Rivalitäten, ihre Aggressionen und ihr Kooperationstalent, das sie mit diesen offensiven Überschüssen speisen, sei als Antriebspotential genug. Sie wissen nicht, daß ihre Mitarbeiter nicht in dieser lustvollen Rotation kreisen, sondern abhängig und zerstreut, mit häufig zerrissenem Denken und Fühlen, halb hier, halb draußen, halb im Business, halb daheim, halb im Jetzt, angstvoll zugleich in der ungewissen Zukunft, keine Chance zu dieser Selbsttäuschung haben. Mitarbeiter spüren schneller, ob das Treiben im Unternehmen auch etwas von der kostbarsten und knappsten Ressource, Sinn, vermittelt. Wer als Spitzenkraft hier abwinkt, hat für sich selbst bereits die Orientierung verloren. Er hat in aller Regel seinen Sinn-Horizont mit Ersatzfiguren verstellt, die Macht, Größe und Erfolg heißen – vielleicht ist das Geld auch unter ihnen. Zur Ausstrahlung des Unternehmens im Kommunikationswettbewerb taugen diese Staffagen wenig – auch wenn viele andere dieselben Fehler machen. Der Mitarbeiter kommt abhanden – sein Engagement wandert aus, irrt umher. Er bringt nicht mehr sein Bestes in die Firma, weil er deutlich sieht: Sie ist es nicht wert. Er kann deshalb dem Kunden auch nicht mehr sein Bestes geben, denn als *split person* möchte er nicht leben. Das heißt immerhin: Wo Führung falsche Signale kommuniziert, da gibt der Mitarbeiter falsche Signale weiter. Aber es ist noch ernster: Der Mitarbeiter verliert sein Engagement, weil der Sinn-Transport versagt.

Der doppelte Charakter der Kommunikationskultur – intelligentes und emotionales Potential strategisch gemischt – kommt immer dann am deutlichsten ins allgemeine Bewußtsein, wenn für ein Unternehmen etwas dramatisch entgleist. In aller Regel ist es nicht das firmeneigene *Know-how,* das versagt, sondern – die Kommunikation. Das Florett, das vom leitenden Management als inadäquates Spielgerät empfunden und verschmäht wurde, wird zum scharfen Schwert in der Hand des Gegners. Die Katastrophe baut sich blitzschnell auf wie ein Wirbelsturm, sie verwüstet auch die bescheidenen Erfolgsinseln, die das Unternehmen besetzt hatte, und wirft die gesamte *Corporate iden-*

tity zurück um Jahre oder Jahrzehnte. Kein Zwischenruf der Firmenleitung findet Gehör, der Kommunikationsstrom donnert dem Haus entgegen wie eine Naturgewalt. Jeder nachdenkliche Beschauer hält das Debakel für die zuverlässige Läuterung –, aber kaum sind die dicksten Wolken abgezogen, tagt die Geschäftsführung wie eh und je, schließt die Türen etwas fester, knausert nach ein, zwei kompromißlerischen Presse-Statements wieder mit Nachrichten und zahlt verbissen die Zeche – jahrelang. Verzögert tritt ein Chef ab, vielleicht, aber beileibe nicht wegen des Wirbelsturms von vorgestern.

Das »lernende Unternehmen«, magische Größe der neunziger Jahre, erweist sich als so lernresistent, daß man zu zweifeln beginnt, ob der kommunikative Super-GAU überhaupt verstanden wurde. Könnten wir nun dem rasanten Wachstum einer Abteilung für strategische Kommunikation zusehen, so wäre die Ernte aus der Katastrophe allen Jubel wert. Aber der Stolz der großen Häuser ist offenbar auch der, daß es an ihrem Bau nichts zu korrigieren gibt. Mag sein, daß dergleichen früher einmal Eindruck machte. Es sind autoritäre Auftritte, die dieses Merkmal haben. Es ist etwas von der *Big-Brother*-Mentalität in dieser Immobilität, nur fehlt der willige Beschauer, der Immobilität mit Unfehlbarkeit verwechselt.

Auch wenn viele Firmen es immer noch nicht wissen: Es lohnt sich – materiell und virtuell –, erstklassig zu kommunizieren. Weil es sich lohnt, glaubwürdig zu sein – und das geht nicht mehr ohne strategische Kommunikation. Sie ist, bei wolkenlosem Himmel wie unterm Wetterleuchten, der zuverlässigste aller Erfolgsfaktoren.

Kommunikation – Ein Mannschaftsspiel in der kreativen Arena

Kommunikation – ist sie das Spiel »Wolf unter Wölfen«, im modischen Schafspelz, den eine verwöhnte Öffentlichkeit vorschreibt? Kommunikation ist jedenfalls nicht die *Fun*-Arena, in der das Spontane der Vernunft den Rang abläuft. Kommunikation ist ein Kraftgemisch, das Intelligenz und Emotion zu ihrem Recht bringt – ein Balancespiel also. Sie ist ein Mannschaftsspiel, in dem für Leistungsunterschiede viel Raum bleibt – weil alle die Regeln kennen.

Die Regeln schreibt nicht allein der Markt, wie Manager dann gern, auf der Flucht vor den Ermessensspielräumen zwischen Menschen, hinzufügen – einen drohenden Unterton in der Stimme. Die Regeln für die Qualität der Kommunikation schreibt auch das Unternehmen selbst –

- mit optimalen Informations-Transfers,
- mit Vertrauenskulturen im Führungssystem (s. S. 117),
- mit Transparenz der Leistungsprozesse bei Menschen und Produkten,
- mit einer Teamkultur, die Intelligenz nie ohne den Begleitschutz der Emotionen handeln läßt,
- mit ethischen Standards, die den einzelnen für das Unternehmen und das Unternehmen für den einzelnen und die Öffentlichkeit verläßlich machen.

Und natürlich folgt das lernende Unternehmen dabei Marktveränderungen: Auch der Kommunikationsmarkt wird immer komplexer. Der Kunde revidiert seinen Auftritt, er verabschiedet sich aus der klassischen Konsumentenrolle und betritt die Bühne der Anbieterkontakte in wechselnden Kostümen und mit wechselnden Ansprüchen: Der lernende Kunde ist eine schillernde Figur für seine Partner. Freilich bleibt er der Zahlmeister für die Unternehmen, und die Einigung mit ihm über Qualität und Geldwert, über Sicherheit einer neuen Multidimension ist unausweichlich.

»Der Kunde wird besser – wir auch« wäre ein schöner Slogan für die Verfolgungsjagd, die Anbieter in diesen Jahren zu absolvieren haben. Während die Anbieter auf die Produkte starren, fixiert der Kunde den Auftritt. Er schnüffelt Atmosphären, testet ökologische Qualitäten, gleichviel, ob er selbst an ihnen arbeitet – der Kunde ist als Scharfrichter unterwegs. Gute Produkte bekommt er überall. Sein Unbehagen: Er ist mit mehr Zeit und weniger Geld unterwegs. Schon deshalb ist er reizbarer als vor fünf oder zehn Jahren. Deshalb gilt:

Im Wettbewerb der Kommunikationsanbieter gehört der erste Platz denen, die die Kundenerwartung im Markt der Kommunikationsangebote mit den passenden Produkten erfüllen.

Der Kunde gibt und entzieht seine Gunst immer deutlicher auf der Basis der Kommunikationsleistung von Unternehmen. Ihn kümmert dabei wenig, ob die Kommunikationsflops einer Firma faktisch auf die Produktqualität durchschlagen. Er hat ja kein Produktproblem: Gute Produkte werden ihm haufenweise angeboten. Er hat ein Kommunikationsproblem, und dafür sucht er Schuldige. Die Verlagerung des Qualitätsanspruchs vom Produkt – das ihn erfüllt – weg auf die Kommunikationsleistung von Herstellern und Händlern ist eine logische Begleiterscheinung der globalen Kommunikationskultur. Sie ist so folgerichtig, daß die Wahrnehmungsverweigerung der Unternehmen verblüfft. Während der Kunde kein Produktsklave mehr ist, sind die Anbieter Produktfans geblieben – obwohl der Verkauf ihrer Waren ohne eine gute kommunikative Aura auf jeden Fall Minuspunkte gegenüber einem kommunikationsstarken Wettbewerber einstecken muß.

Das Netzwerk der Kommunikation verbindet nicht nur das ganze Unternehmen mit seinen Kunden und der kritischen Öffentlichkeit; es macht intern die Firma erst zu einem lebendigen Ganzen, wie wir gesehen haben. Es gibt keine Schallmauer an der Außengrenze des Unternehmens, die alles schluckt, was Mitarbeiter und Führung für

Kommunikationsmacht

In nichtlinearen, multifunktionalen Systemen (Unternehmen, Staaten, der Welt):

- Auch die „Wahrheit" ist ein hochkomplexes Kunstprodukt.
- Jede „glaubwürdige Botschaft" ist ein Artefakt.
- Wer überzeugen will, muß die Schlüsselworte der Epoche kennen.
  (Sie stehen in den Texten Ihrer Gegner!)

das Unternehmen tun. Der Kunde ist vielmehr Mitglied dieses Projektes, das seinem Erfolg gilt. Für viele Manager ist diese Verknüpfung durchaus nicht selbstverständlich. Der Kunde ist Mittel zum Erfolg, das erscheint ihnen schlüssig. Daß auch der Kunde Erfolg sucht und daß er sich mit den Anbietern verbindet, die ihr Ziel in seinem Erfolg sehen, das erscheint Managern alter Schule als Zumutung. Daß Kommunikationsprozesse die Mauern des Unternehmens ohnehin durchfluten, auch dort, wo offiziell nichts für eine Kommunikationskultur getan wird, lernen diese Führungskräfte im Glücksfall anhand von Mißerfolgen.

Kommunikation durch offene Unternehmensgrenzen macht alle zu Partnern, die es zum allseitigen Erfolg längst sein müßten: Führung, Mitarbeiter, Kunden und Öffentlichkeit. Erst wenn das klar ist, kann eine Firma Kommunikationsmacht organisieren, um sie nicht in fremder Hand gegen sich gerichtet wehrlos hinnehmen zu müssen. Kommunikationsmacht bedeutet mehr als nur ein zeitgemäßes Marketing, eine innovative Werbeagentur als Flankenschutz und eine Handvoll betörender *Events* im Jahresverlauf für Mitarbeiter. Sehen wir uns die Protestneigung der konsumkritischen Kunden an, so wird die Entsprechung deutlich. Ich schlage vor: »Gehen Sie mit Ihrem Kunden in konsumkritische Allianzen« – (s. S. 224) denn natürlich ist ein Unternehmen verloren, das die Konsumkritik des Kunden überhaupt nicht versteht oder rücksichtslos über sie hinweggeht. Seine Konsumskepsis gilt immerhin der Lebensgrundlage des Anbieters – Grund genug, die Beweggründe des Kunden gründlich zu erforschen.

Hat die Führungsmannschaft begriffen, daß »etwas unternehmen« ein überzeugtes Ja zu innovativen Risiken bedeutet, dann wird sie von der allgemeinen Protestbereitschaft nicht wie von einem Störfeuer überrascht, vor dem man die Brandschutztüren des Unternehmens schließen muß. Im Gegenteil: Innovative Unternehmen sind selbstkritische Teilnehmer am Zeitgeschehen. Nur ein sträflicher Mangel an Intelligenz und ein lebensbedrohendes Defizit an Emotionalität kann Unternehmen heute noch an der Maxime festhalten lassen, die allgemeine Kritikbereitschaft und der Protestappetit seien Spezialneigungen von Randgruppen, gegen die das Haus abzugrenzen sei.

Kommunikationsmacht

...ist ein hochsensibles Gut!

Wo sie vernachlässigt wird, wechselt sie den Besitzer:
Die **Verständigungskrise** wird zum **Super-GAU.**

Die **Kommunikationsmacht** wandert in die Hand von
- Mitarbeitern,
- Pressure groups,
- Medien.

Sie zurückzuholen, kostet Zeit und Geld.

Der Rat für kommunikationsmächtige Firmen geht in die entgegengesetzte Richtung: Das Unternehmen ist die kreative Arena! Es kommt gar nicht in die Zwangslage, sich Proteste von außen aufdrängen zu lassen; es produziert sie selbst. Nur dann wird es in der Lage sein, den Protest von außen kommunikativ zu beherrschen.

Jedes Unternehmen weiß heute: Die komplexe Welt kennt keine linearen Prozesse mehr. Jedes System ist multifunktional – auch wenn Unternehmer das beim Anblick ihrer Erfolgszahlen immer wieder vergessen. Holt der Mißerfolg sie ein, sind sie dankbar für dieses Argument. Kommunikationsmacht in so verflochtenen Entwicklungen bedeutet auch die Kunst, »Wahrheiten« als Ergebnisse kluger Reduktion von Komplexität zu begreifen: Störungsfrei ist keine Wahrheit in dieser Welt zu haben. Genauso verhält es sich mit den »glaubwürdigen Botschaften«, aus denen die Gegner der Großkonzerne ihre Effekte holen. Auch die glaubwürdige Botschaft ist ein Artefakt, ein Kunstprodukt, das vor allem einer Regel gehorcht:

Wer erfolgreich kommunizieren will, muß die Schlüsselworte der Epoche kennen. Also gilt der Rat an die Unternehmen, die Kommunikationsmacht in den eigenen Reihen managen wollen, statt sie dem Widerpart zu überlassen: Die Schlüsselworte der Epoche besetzen! Sonst werden sie zu Erfolgsgaranten Ihrer Gegner.

Wenn die Firma das Protestpotential entmachten will, das sich gegen sie richten könnte, sollte sie für die Jahrzehnte, in denen wir leben, vor allem drei Schlüsselworte beherrschen und besetzen. Sie sollte die drohende Kampagne mit einer eigenen abfangen, in der diese »Schlüssel« zur Glaubwürdigkeit die Hauptrolle spielen.

① Betroffenheit und Emotionen wecken (an Themen, die beides erzeugen, ist kein Mangel – global wie europäisch).
② Mehrheitsfähige Ziele proklamieren. Sie müssen pauschal genug sein, um Identifikation zu ermöglichen, und plakativ aufbereitet werden.
③ Kein wirkliches Opfer fordern. Es muß sich um einen Aufbruch ohne Reue handeln. Zeigen Sie Belohnungen und Fluchtorte für die Genußmoral!

Kommunikationsmacht

Die Schlüsselworte der Epoche:
Die Erfolgsgaranten Ihrer Gegner

Kampagnen brauchen:

- **Betroffenheit und Emotionen** (dafür gibt es zuverlässige Themen als „carrier"),
- **Mehrheitsfähige Ziele** – pauschal und plakativ aufbereitet,
- **Kein wirkliches Opfer zu fordern.**
  Zeigen Sie Belohnungen und Fluchtorte für die Genußmoral.

Das Instrumentarium, viele Menschen schnell zu motivieren, wurde von *Greenpeace* immer wieder erfolgreich benutzt. Spektakuläre Szenen für die Sinne gehören dazu, Großzügigkeit im Detail, damit die Begeisterung nicht im Faktenwissen verdampft. Das massenhafte und kostenlose Geschenk eines guten Gewissens verbindet die Zuschauer. Ihre Dankbarkeit für diesen Rausch der Rechtschaffenheit liefern sie in Form emotionaler Zustimmung ab. Es ist ein Wellenschlag rund um den Globus, der von diesen kühl inszenierten und heiß gekochten *Risk*-Szenarien ausgeht. Endlich authentische Auftritte – sagen sich die Zeugen, die den *frozen style* der Topmanager gründlich leid sind.

Nicht nur aus diesen Lehrstücken sollten wir inzwischen gelernt haben: Ein Unternehmen ist so stark wie seine Kommunikationsprodukte. Entgleitet ihm die Kommunikationsmacht, so bildet die Qualität der Produkte kein Argument mehr, um den Schaden auszugleichen. »Gute Produkte? *So what!*« sagt der Kunde, höhnt die Öffentlichkeit. Die kommunikative Übermacht hat zugeschlagen. Aber Vorsicht: Es geht nicht um die gewaltbereite Machtpose, sondern um ein hochsensibles Gut. Wo Kommunikationsmacht vernachlässigt wird, wechselt sie einfach den Besitzer:

Sie wandert in die Hand von

- *Pressure Groups,*
- sprungbereiten Mitarbeitern,
- Medien.

Der Super-GAU ist da, noch ehe das Unternehmen erwacht. Die entglittene Kommunikationsmacht zurückzuholen kostet Zeit, Geld und Glaubwürdigkeit.

Kommunikationsmacht

Das Unternehmen als kreative Arena:

Lassen Sie sich Protest nicht von außen aufdrängen –
Produzieren Sie ihn selbst!

Nur dann können Sie ihn kommunikativ beherrschen.

Rohstoff im Schatten – Die Sprache der Führung

Führung managt Kooperation – sie ist schon deshalb ein spannungsreiches Geschäft. Wer Kooperation organisieren will, muß immer auch Aggression managen, wie wir gesehen haben (s. S. 138–148). Emotionale Qualität von Führung wird allein durch die Mischung der Energien erzwungen, die zwischen den beteiligten Menschen hin- und herfließen:

- Ziele und Erwartungen,
- Karriere-Interessen und Rivalität,
- Sympathie, Empathie und Antipathie,
- Bewunderung und Mißtrauen,
- Hoffnung und Neid,
- Mißgunst und Selbstüberschätzung,
- Furcht und Entschiedenheit,
- Vorsicht und Umsicht,
- Feigheit und Nachsicht,
- Leistungsfreude und Kleinmut,
- Intelligenz und Kreativität.

Diese Liste ist beliebig zu verlängern – sie kann der Selbsterkundung einer Führungskultur gute Dienste leisten: Was schreibt die Führung nieder, was notieren die Mitarbeiter? Wieviel versteckter Zorn, verdeckte Furcht wagen sich hervor?

Von der Vielfalt der widerstreitenden Kräfte, die das Führungsgeschehen durchfluten, wird so gut wie nie gesprochen. Der Grund ist einfach: Männer, die immer noch in der Mehrzahl sind, wenn es um Führungstheorie und Führungsplanung geht, sprechen aus strategischen Gründen eher von den Zielen als von der hochkomplexen Ausgangslage. Das Soll ist ihr Thema, nicht das Ist.

»Führen durch Vorbild« ist einer ihrer Grundsätze – programmatisch vereinfachend und so beeindruckend, daß die Rückfragen ausbleiben: Vorbild für was denn? Für zielbewußtes Management der eigenen Karriere oder Verpflichtung auf die Firmenziele? Für Achtung und Vertrauen? Für Erfolgsneid und Intrigantentum? – Führen durch Vorbild. Das kann alles heißen: Gutes und Schlechtes. Symptomatisch, wie unbehelligt seit vielen Jahren Führungsdiskussion die Führungskräfte hinter diesem noblen Spruch in Deckung gehen, ohne daß sie jemand stellt. Wir werden hier gründlicher nachzufragen haben.

Welche Merkmale die Vorbildrolle der Führenden hat, welche Eigenschaften, Fähigkeiten oder Fertigkeiten – welche Tugenden sie vorleben sollen, dazu erfahren wir selten Näheres. Und merkwürdig: Keiner fragt nach. Dabei scheint sicher: Durch jeden halbwegs unbefangenen Mitarbeiterkopf huscht bei dieser Formel »Führen durch Vorbild« entweder ein großes Fragezeichen oder ein ironisches Wetterleuchten gemischter Gefühle: »Möchte ich so werden wie meine Führungskraft?« Die Regelantwort ist jedenfalls nicht das strahlende Ja. Das führende Vorbild bleibt also seltsam unbestimmt.

Daß der edle Lehrsatz weiter so unangefochten mitläuft, muß mit der anerkannten Macht des Werkzeugs zu tun haben, dessen man sich hier bedient: Es ist die Macht der Sprache. Das Prinzip: Wenig Aufwand, viel Erfolg. So ein Satz kostet nichts. Nicht einmal Glaubwürdigkeit. Denn er läßt ja offen, worum es gehen soll bei den Vorbildrollen: Er ist ein echtes Passepartout. Er zehrt von der positiven Ladung eines einzigen Wortes: »Vorbild«. Obwohl jeder weiß, daß es Vorbilder für regelwidriges, für unlauteres, für kriminelles Verhalten gibt, bleibt die mächtige Tradition des Wortes siegreich: Auch in Zeiten der Autoritätskritik tut es seinen Dienst, weil es den Erfahrenen auf den Unerfahrenen verpflichtet, den Starken auf den Schwachen. Das Wertgepäck des Wortes ist stabil, wir können uns auf seine Ausstrahlung verlassen.

Sprache ist also eine Kommunikatorin, die sogar über unsere Köpfe hinweg ihre Wirkung tut. Um so befremdlicher, daß wir bei unseren Führungsdebatten – alle mit diesem Werkzeug beschäftigt – nie von ihr reden. Wir mißbrauchen sie dagegen eifrig, wie der Satz »Führen durch Vorbild« zeigt. Wir benutzen sie als Waffe, die uns Feinde vom Leibe hält: »Der Mensch steht im Mittelpunkt« – frag nicht weiter, will das sagen. Die allbekannten Witzvarianten dieses Satzes zeigen, was Mitarbeiter bei solchen Sätzen fühlen, nämlich die Blockade für eine Vertrauenskultur – die mit dem Gegenteil beginnt, wie wir gesehen haben, mit der offenen Flanke der Führung (s. S. 115).

Das Kommunikationssystem Führung überrascht uns also in den meisten Firmen durch einen riesigen weißen Fleck auf seiner strategischen Landkarte: die Führungssprache. Als Werkzeug allgegenwärtig, wird sie achtloser benutzt als jedes andere Führungsinstrument. Wäre sie nicht zugleich das meistgenutzte, so könnten wir es bei einem Kopfschütteln belassen. Das sprachliche Profil des Unternehmens, seine Sprachkultur gar, die Führungssprache einer *Company* – kein Thema. Aber die sprachliche Waffe unserer Gegner, das Formelwerk, mit dem sie das Firmenbehavior an den Pranger stellen, die Vokabeln, die sie ein für allemal gegen uns besetzen und als Keule schwingen, die Begriffe, die Wettbewerber uns stehlen, weil wir nicht zugreifen, Identitätsträger von hoher Qualität, Erkennungs- und Losungsworte, die dem Haus Glanz verleihen könnten, Schuldsprüche, die es demütigen und beschädigen: Alle diese siegreichen oder vernichtenden Auftritte von Sprache, die für oder gegen uns arbeitet, machen uns schlaglichtartig bewußt, wie stark ein Haus sein könnte mit einer konsequenten Sprachkultur; wie mächtig seine Gegner sein können, wenn sie eine Sprachmauer gegen das Unternehmen errichten. Stimmt die magische Ladung der Begriffe, dann springt so schnell keiner über diese Mauer; die Firma ist im Sprachghetto ihrer Gegner gefangen.

Machtwechsel via Sprache haben wir alle erst jüngst in der europäischen Geschichte erlebt: »Wir sind das Volk« wurde zur magischen Formel der Machtablösung. Es war der Satz, der ein Lügensystem entlarvte, das Falschmünzerei auch mit Sprache trieb: die »Volksrepublik« wurde nun wirklich »umgedreht« nach dem Sprachmuster der vormals Mächtigen, eine Bewußtseinswelt erschaffen durch Sprache.

Nicht weniger ernst ist das Machtpotential zu nehmen, das in einer vernachlässigten oder sorgsam gepflegten Firmensprache schlummert. Menschen in organisierten Kooperationsprozessen »verhalten sich« ja nicht einfach nur; sie klären ihre Kooperation durch Sprache. Das Spitzenmanagement besteht aus »Tätern«, die das Wort als eine häufig lästige Vorstufe des »eigentlichen Handelns« betrachten. »Nicht Reden, sondern Handeln ist das Prinzip dieses Hauses«, hört man dann oft. Die zitierte Unart, sich aus dem Handlungszwang »herauszureden«, wird dabei als der Normalfall angesehen – so als sei jeder sprachbewußte Manager ein Flüchtling aus dem harten Geschäft des »Machens«.

Der da aufgebaute Gegensatz ist künstlich, er entspricht der Spaltung zwischen Intelligenz und Emotion, mit der dieselben Manager lange versucht haben, das gemeinsame Handeln berechenbarer zu machen und objektiv zu ordnen. Daß gleichzeitig dieselben Manager wissen, wie wichtig der sprachliche Austausch für ihre Handlungskompetenz ist, sehen wir am hohen Zeiteinsatz für *Face-to-face*-Begegnungen, den sie verteidigen (s. S. 159). Bei diesen Meetings wird ja nicht geschwiegen; es wird abgetastet, abgestimmt, geklärt und gekämpft – via Sprache. Was mitfließt, ist Gebärdensprache, ebenfalls mächtiger, als die meisten ahnen (s. S. 164 f.), Vertrauen oder Täuschung, lauernder Verdacht oder wohlwollende Empathie. Der Stoff, aus dem diese Begegnungen sind, ist hochkomplex – aber die Sprache ist das dominante Werkzeug, mit dem die Partner arbeiten. Und das geht wirklich von selbst, nur weil wir alle seit unseren Kindertagen sprechen können?

Und wenn es bei gleichrangigen Partnern keiner Sorgfalt bedürfte, bringt es denn bei verschieden Plazierten, im Führungsprozeß, ohne ein geklärtes Sprachbewußtsein Bestleistungen? Wenn Höchstleistung nirgendwo ohne Wissen und Training gelingt, wieso denn beim Umgang mit Sprache? Und wenn Manager denken: Bei uns ist das nicht so wichtig, wir machen ja Schrauben oder Gefrierkost oder Matratzen – haben sie dann ausgeblendet, wie machtvoll die Sprache der andern in ihren eigenen Erfolg eingreifen kann?

Gibt es bei euch eine »Führungssprache«? Die Frage löst in aller Regel Erstaunen oder Ratlosigkeit aus. Oder sogar Gegenwehr:

»Manipulation durch Sprache? Nicht mit uns!« hört man da. Aber wie ihnen der Schnabel gewachsen ist, sprechen die Mitarbeiter keineswegs in der Firma; sie haben gelernt, sich im formellen Informationsprozeß sprachlich anders zu bewegen als im informellen Kanal, wo man schwimmt wie der Fisch im Wasser: Hier wird mancher beredt und sprühend, der im Büro nur matte Stereotype liefert – Firmensprache als restringierter Kode, wie das die Sprachwissenschaftler bei benachteiligten Gruppen nennen, die sich durch Gestik und Sprachbrocken blitzschnell »informell« verständigen, während der hochdressierte Städter irritiert hin- und herschaut und nichts begreift. Die Führungskraft als Außenseiter – auch das ergibt sich als Folge einer Sprachkultur, die mehr Sprechverbote als Einladungen zum freien Wort enthält. Entsprechend schwillt das informelle Gespräch an, es dröhnt förmlich, wenn einer Ohren hat zu hören. Bei verkümmertem Führungsdialog blüht die »Untergrundsprache« der Mitarbeiter.

Wer meint, so ernst sei das doch nicht mit dem Kapitel »Sprache in den Unternehmen«, der hat nicht bedacht, daß es die Sprache ist, die den Menschen in soziale Strukturen geführt hat; daß sie es ist, die ihm abgestimmtes Handeln und wechselseitige Verläßlichkeit ermöglicht: Wer das Losungswort einer Gruppe nicht beherrscht, wird auch durch eine täuschende Verkleidung nicht Aufnahme finden.

Die Sprachqualität spiegelt den Geist einer Gemeinschaft wider. Wo man sich ihrer achtlos »bedient«, werden ihre Dienste bescheiden sein. Sie sträubt sich nicht gegen Mißbrauch, sofern er ein mittleres Niveau hält. Nur wer sprachlich »aus dem Rahmen fällt«, fällt auf. Sprache muß unauffällig sein, so meinen viele Manager; sie »läuft so mit«. Eine sprachliche *Corporate identity* halten sie für übertrieben oder abwegig. Dennoch entkommen sie der Sprache nicht: Die *Company* spricht, wo immer sie sichtbar wird. Der Strategiefaktor Sprache macht sich entweder selbständig, oder er entgleist.

Der kostbarste Rohstoff des Kommunikationsprozesses »Führung« ist eben nicht die EDV, sondern die Sprache. Dieser Rohstoff ist den meisten Managern weder in seiner Struktur noch in seiner Leistung genauer bekannt. Er wird täglich und stündlich gedankenlos verschwendet, fehlgenutzt und ausgenutzt, abgedrängt und nivelliert, weil seine Nutzer die schlummernde Explosivkraft des Rohstoffes »Sprache« nicht kennen. Alle möglichen Anschlußfragen, was »subsprachlich«, »metasprachlich« und »vorsprachlich« abläuft, werden wichtiger genommen als die Frage Nummer eins: Wie wir miteinander sprechen, um unsere Kooperation erfolgreich zu machen.

Die euphorische Qualitätsdiskussion dieser Jahre hat mit sicherem Griff die Sprache ausgespart – eine ISO-Norm mußte es ja nicht sein, mit der man sie in neue Fesseln legt, aber was »Qualität« im Hinblick auf Sprache eigentlich sei, die Frage bot sich endlich an. Ist sie zu trivial, oder warum verfiel niemand auf sie? – Nein, sie führt wirklich auf ungewohntes Gelände. Aus welchem Werkstoff ist die Sprache? Wie verläuft ihr Fertigungsprozeß? Wo greift man zu, um ihn zu optimieren? Wie kommt das Sprachprodukt beim Abnehmer an, und wie verhindern wir mißglückte Landungen?

Im *Assessment Center* oder Führungs*workshop* taucht es nur ganz selten auf, das Thema: »Wie sprechen wir miteinander – wie spricht Führung mit Mitarbeitern?« Wer führt, der führt auch das Wort – das ganz große oder ein etwas bescheideneres, auf jeden Fall ist »am Wort«, wer führt. Die Frage »Glauben Sie, daß Sie Ihrer Aufgabe auch sprachlich gewachsen sind?« gilt heute noch als exotisch. Ob wir uns diese Managementlücke in der kommunizierenden Welt noch lange erlauben können, darf bezweifelt werden.

Schauen wir einmal näher hin: Sprache ist in Wahrheit ein Energiefeld, in dem sich die uns schon bekannten Potentiale mischen: Intelligenz und Emotion. Auf die strategische Mischung kommt es an – auch wenn Führungskräfte mit Mitarbeitern sprechen.

Macht durch Sprache – CI für die Sprache der Macht

Daß Menschen sprechen, weist auf ihr starkes soziales Bedürfnis nach Nähe und Kooperation hin. Kooperation wird noch wirksamer geordnet, Komplexität noch gründlicher reduziert, Vertrauen noch dauerhafter gestützt durch Sprache. Wer die Macht der Sprache kennt, hat das geschliffenste Führungsinstrument erkannt; wer überdies mit Sprache so umgeht, daß sie zu seinem Handeln paßt, ist – Vorbild.

Sprache spiegelt unsere komplizierten Beziehungen; sie tut es genauer, als die meisten Menschen wissen. Wer nachlässig mit der eigenen Sprachkompetenz umgeht, mißachtet auch die Sprachfähigkeit der anderen – und wirft damit gewissermaßen den Kompaß über Bord. Was tun wir denn mit Sprache?

- Wir treffen Vereinbarungen,
- erklären unsere Absichten und Ziele – oder verschleiern sie (s. S. 170),
- ermuntern und überzeugen, begeistern oder säen Zweifel.
- Wir geben Versprechen und stoßen Drohungen aus.
- Wir legen Bedingungen fest für die Leistung, die wir geben und die wir erwarten.
- Wir erklären einander den Krieg und schließen Frieden – durch Sprache.
- Wir verhandeln, suchen Einigung –
- und haben via Sprache sogar die Macht, Raum und Zeit zu verlassen: in Richtung Zukunft durch Verträge und Zusagen, durch Visionen –
- und in Richtung Vergangenheit durch die Sicherung unserer Herkünfte, Leistungen und gemeinsamen Voraussetzungen für das Morgen.

Sprache ist das mächtige Antriebsrad, mit dem wir unseren Arbeitsrhythmus aneinander anpassen; sie ist der Transmissionsriemen, der unsere Geschwindigkeiten beim Planen und Ordnen aufeinander abstimmt. Sprache ordnet unser Handeln und Denken, – und ein Team, das diese Überzeugung teilt, wird effektiv mit Sprache umgehen und mehr Erfolg haben als eine Gruppe »bewußtloser« Sprecher.

Die Sprachkultur einer Arbeitsgruppe ist eine ernste Führungsanforderung – zumal niemand systematisch auf sie vorbereitet wird. Zielvereinbarungen, von denen im Führungsdisput so häufig gesprochen wird, sind Vereinbarungen in Sprache, auf die man sich wechselseitig verlassen muß. Sprache ist der wichtigste Rohstoff der Kommunikationskultur; und die alte Kaufmannstugend der Verläßlichkeit war eine Sprachtugend: Man gab – ja buchstäblich nur sein Wort, also etwas Unsichtbares und Immaterielles, das in hohem Maße der »Tugend«, der Geschäftsmoral beider Partner anvertraut war: Der Geber konnte es brechen, der Empfänger konnte es verdrehen, Beweise hätte keiner von beiden für die bindende Kraft dieses Wortes. Wort und Handschlag, zwei höchst vergängliche Güter, besiegelten Kontrakte und Absprachen – und tun es häufig noch heute.

Man stelle sich vor, die Würde des Wortes wäre in einer Abteilung des Unternehmens – oder gar im ganzen Hause – so hoch angesetzt. Die disziplinierende Macht dieses Grundsatzes wäre ebenso groß wie seine schützende Kraft. Mitarbeiter könnten sich geborgen fühlen in einer Kultur, die das Wort so hoch bewertet. Vertrauenskulturen sind ohne ein anspruchsvolles Sprachniveau also nicht denkbar.

Führungskräfte, die Männer und Frauen für gemeinsame Ziele begeistern wollen, müßten auch lernen, daß der männliche und weibliche Gebrauch von Sprache so verschieden ist wie die Rolle, die das Sprechen für beide spielt.

- Frauen haben im jugendlichen Alter eine höhere sprachliche Kompetenz.
- Später kann sich dieser Vorsprung etwas verringern; der Unterschied der Ziele beim Umgang mit Sprache aber bleibt.

- Männer benutzen Sprache, um ihren Status und ihr Ansehen in der hierarchisch gestuften Gesellschaft oder Gruppe zu sichern.
- Frauen verwenden Sprache als soziale Energie; sie vergewissern sich ihrer sozialen Bindungen via Sprache und tauschen sich über die soziale Qualität der Bindungen aus, die andere pflegen – das *»on dit«*, Gerüchte und Meinungen spielen dabei eine große Rolle.
- Männer sichern über Sprache ihr Terrain; sie rivalisieren mit anderen Männern um Dominanz, die auch verbal angemeldet wird.
- Frauen knüpfen Sprachkontakte vor allem aus Sympathie. Der strategische Aspekt spielt höchstens dann eine Rolle, wenn es um persönliche Betroffenheit geht, zum Beispiel bei Eifersucht.
- Männer setzen Sprache sachbezogen strategisch ein.

Wie wichtig das gesprochene Wort allgemein genommen wird, zeigt sich an dem geflügelten Wort, das den »Ruf« eines Menschen ernster nimmt als seine sichtbaren Taten: Er kann tun, was er will, sein Ruf ist mächtiger als seine Taten. Das, was die andern von ihm meinen und sagen, nimmt ihm die Chance, durch Tun zu überzeugen.

Sprache, auch das müssen Führende wissen, gibt uns die unschätzbare Möglichkeit, Erfahrung zu simulieren und zu antizipieren, sie samt katastrophaler Fehlerfolgen vorwegzunehmen, um ihr in der Realität zu entkommen. Sprache reduziert also auch Gefahren, denen unabgestimmte Teams ausgeliefert wären.

Sie bewahrt sogar das Wissen von Menschen und Gruppen auf, die nicht mehr als lebendige Ratgeber zur Verfügung stehen; und das Leitwort der Firmengründer kann eine Autorität entfalten, die es den Nachfolgern schwermacht, rechtzeitig von deren Erfahrung Abschied zu nehmen – eine der wichtigsten Forderungen an eine vitale Firmenkultur in Zeiten raschen Wandels. Gibt es da sakrosankte Sprachvorräte in den Ahnentafeln der *Company,* an die niemand rühren darf, Grundsätze von vorgestern, die so edel klingen, daß keiner wagt, nach ihrem schwindenden Wahrheitsgehalt zu fragen, dann kann die verehrte Sprachkonserve das Grablied der Firma sein.

Wer Menschen führt, der verwaltet also auch kollektive Erfahrung, die ein sprachliches Gesicht hat. Er kämpft mit den Windmühlen, die er nicht sieht: den Gerüchten, den Anekdoten, dem »Ruf« der Führung und den Zitaten, die aus dem Kreis der Firmenleitung kommen sollen und die Mitarbeiter irritieren. Vielleicht sind sie längst entstellt, diese Flüstertexte, aber ins »Gehörfeld« der Führungskraft kommen sie nur bei einer außerordentlichen Vertrauenslage, die das wichtigste Ziel der Führung sein muß – aus mehr als einem Grunde, wie wir gesehen haben (s. S. 111–119).

Wer Menschen führt, sollte auch genauer wissen, wie weit die Sprache uns aus der komplexen Fülle unserer Gedanken heraustragt. Er sollte mit seinen Mitarbeitern darüber reden, daß Sprache stark vereinfacht, was wir denken, fühlen und in »inneren Bildern« erleben: Jedes Problem, dem wir uns sprachlich nähern, um uns darüber zu verständigen, wird durch dic Sprache aus einem vielschichtigen Bau gerissen; durch die Aufreihung von Wörtern und Sätzen wird ein lineares Hintereinander vorgetäuscht, wo sich in unserem Kopf ein plastischer Problemkörper mit Tausenden von Verbindungen in intelligente und emotionale Territorien entwickelt, von Rückfragen und Visionen durchzogen, von Einwänden und Wünschen gefärbt. Die Sprache hilft uns, diese Komplexität von Plänen und Ideen zu reduzieren. Während wir uns häufig darüber unterhalten, daß dies eine wichtige Führungsaufgabe sei, ahnen wir nicht, daß diese Feuertaufe der Führung eigentlich schon dort beginnt, wo die Farbenvielfalt des gemeinsamen Themas in eine sprachliche Form gegossen wird, damit alle das Problem besichtigen können.

Wer Verantwortung für Problemlösungen trägt, der sollte also wissen: Die Sprache, die wir im Team verwenden, ist ein Schlüssel – der kodiert und dekodiert, was wir denken, wollen, beschließen. Die Sprache transportiert auch gegen unseren Willen in Tonfall und Mimik, Gestik und Tempo weitere Informationen für unsere Partner, die uns entweder verraten – wenn wir unaufrichtig oder ungenau sind –, oder die uns vertrauenswürdiger machen, als es die Worte allein könnten.

»Sprache«, sagt der Amerikaner *William Allman, »ist ... ein ›Raumschiff‹ für Gedanken: Sie faßt eine Idee, die im Innern der Gehirnwindungen herumspukte, in Worte, eine Aneinanderreihung*

von Symbolen, und entläßt sie in den ›Weltraum‹ . . . die Außenwelt . . . bis es auf eine andere ›Raumstation‹ (das heißt: ein anderes Gehirn) trifft und dort ›andockt‹.« (William Allman, »Mammutjäger in der Metro«, Heidelberg 1996, S. 228).

Die Vertrauenskultur eines Unternehmens ist eng mit der Sprachkultur verknüpft, die der Führungskreis aufbaut. Herrscht im Unternehmen »bewußtloses« Sprechen vor, wird es zahllose Entgleisungen geben, die achtlos begangen werden und für die Adressaten schwerwiegend sind, während die gedankenlosen Führungskräfte sie überhaupt nicht bemerken. Achtlosigkeiten mit Worten sind eben deshalb so gefährlich für den Zusammenhalt der Menschen, die gemeinsame Ziele haben sollten, weil es Fehler sind, die nur von Dritten erkannt und immer zu deren Schaden begangen werden – ohne daß diese den Mut fänden, sich zu wehren.

»Wenn einer, der wissen sollte, wo's langgeht, nicht einmal weiß, was er sagt – wie willst du dich wehren?« sagt ein junger Mitarbeiter in einem durchschnittlich geführten Betrieb. »Soll ich sagen: ›Herr Direktor, Sie haben da gestern etwas gesagt, was Sie sicherlich schon gar nicht mehr wissen, aber es war schädlich und verletzend‹? Oder soll ich sagen: ›Herr Direktor, Sie haben vorige Woche geschwiegen, als alle auf ein Wort von Ihnen gewartet haben – wissen Sie noch? Ach nein, ich verstehe, Sie haben gar nicht bemerkt, daß alle auf ein Wort von Ihnen gewartet haben . . . Sie können sich auch an die Situation gar nicht mehr erinnern, ach so – Entschuldigung, Herr Direktor‹ . . .?«

Führungssprache ist ohne Empathie (s. S. 71–81) vor solchen Fehlern nicht zu schützen. Sprache ist ja ein vermittelndes Werkzeug, mit dem wir Einsicht, Wissen und Entscheidungskompetenz auf andere übertragen wollen, um dies alles mit ihnen zu teilen. Sprache liefert die Vergewisserung, daß wir dasselbe meinen und in dieselbe Richtung wollen. Dabei hat der Besitzer von Vorsprüngen den Abstand zu überbrücken, der die andern – noch – von ihm trennt. Die Qualität der sprachlichen Kommunikation läßt sich an einigen Meßgrößen ablesen, die zugleich das Klima der Vertrauenskultur meßbar machen:

- Führung und Mitarbeiter können einander glauben.
- Sie sind sicher, daß Offenheit nicht mit Sanktionen belegt wird.
- Keiner muß mit der Absicht irgendeines anderen rechnen, ihn selbst sozial oder psychisch zu schädigen.
- Alle haben das Ziel, verstanden zu werden und zu verstehen.
- Sympathie wird nie instrumentalisiert.

Die Führungskräfte im Unternehmen sollten über die sprachliche Kultur mit ihren Teampartnern sprechen. Welche Rolle die Sprache für den gemeinsamen Erfolg spielt, kann das Arbeitsteam aus Führung und Mitarbeitern sich an einigen Leitsätzen klarmachen, die zur *Corporate identity* gehören sollten:

- Worte können verletzen und vernichten.
- Jeder von uns ist abhängig von dem, was andere über ihn oder sie sagen und denken.
- Jeder im Team wägt deshalb seine Gedanken und Worte ab.
- Jeder, ob Kunde, Führungskraft oder Mitarbeiter, erlebt seinen persönlichen Wert über die Sprache, mit der andere ihn oder sie »behandeln« oder würdigen.

Nun wird deutlich, daß der Umgang mit Sprache nicht von dem Wertekanon zu trennen ist, der im Unternehmen gilt. Das mächtige Werkzeug, mit dem wir Kooperation sichern und Zukunft entwerfen, die Sprache, ist nicht im wertfreien Raum anzusiedeln. Vielleicht ist diese sensible ethische Qualität der Sprachkultur die Ursache, warum Manager dem Thema mit schlafwandlerischer Sicherheit ausweichen. Unternehmenskultur auch als Sprachkultur zu beschreiben, das würde mit ebensolcher Sicherheit an Schwachpunkte führen, die das Management ungern aufgeben würde, und Unsitten bloßlegen, die es ungern beim Namen genannt sähe. Schreibt man den Katalog der einfachen Selbstverpflichtungen nieder, der zu einem sorgsamen Umgang mit Sprache im Unternehmen anleitet, dann huschen die Schwachpunkte und Unsitten der Sprachkultur der Manager ohnehin durch unseren Kopf; wir müssen sie nicht eigens aufzählen, denn sie sind Punkt für Punkt die Gegenwelt der hier aufgezählten Ziele.

Die sprachliche *Corporate identity* des Unternehmens.

- Hier übertreibt niemand – weder im Guten noch im Schlechten.
- Hier erhält jede Leistung ihr verdientes Lob – nicht größer, nicht kleiner.
- Hier steht jeder zu seinem Wort – auch dann, wenn die Entwicklungen ihn ins Unrecht setzen.
- Hier verdient sich jeder das Vertrauen der anderen.
- Hier schneidet niemand jemandem das Wort ab – auch nicht die Männer den Frauen, auch nicht die schnellen Sprecher den langsamen.
- Hier beherrscht und verwendet jeder Fragezeichen, Optative und Konjunktive – die Welt besteht nicht aus Imperativen und Behauptungen.
- Hier beschuldigt niemand andere in deren Abwesenheit.
- Hier gibt jeder jedem anderen die Achtung, die er selbst von den anderen erwartet.
- Hier spricht jeder, um auch den andern sprechen zu lassen, nicht um ihn stumm zu machen.
- Wir sprechen, um verstanden zu werden, nicht um zu imponieren.
- Wir sprechen miteinander, um unser Handeln abzustimmen und unsere Ziele zu erklären. Jeder achtet darauf, daß Reden Handeln nicht ersetzen kann.
- Bei uns gilt das Prinzip des Miteinander-Sprechens:
  nicht über die Mitarbeiter, sondern mit ihnen,
  – nicht über die Führungskraft, sondern mit ihr,
  – nicht über den Kunden, sondern mit ihm sprechen.
- Niemand von uns benutzt Sprache, um Zusammenhänge zu verdecken.
- Sprache soll ein Schlüssel sein, mit dem wir Gedanken aufschließen und komplexe Zusammenhänge entwirren.
- Die Sprache des Unternehmens ist der Sorgfalt aller Mitglieder anvertraut. Jeder ist für sie mitverantwortlich.

- Was wir genau sagen wollen, müssen wir genau denken. Alle im Unternehmen wissen, daß die Sprache ein kostbarer Rohstoff ist, den man produktiv oder verschwenderisch verwenden kann – und der kostenlos zu haben ist.

Firmen, die ihre sprachlichen Standards auf diese oder ähnliche Weise ordnen, werden es immer seltener erleben, daß Spitzenmanager von ihren Worten verfolgt werden – gerade jenen Worten, die sie am liebsten sofort wieder verschlungen hätten. Aber die Öffentlichkeit nimmt Sprache wichtig – sie gibt die Beute nicht mehr frei. Sprache verrät, wie wir wirklich denken. Darum ist es besser, das Denken mit einer guten Sprachkultur vorzuordnen.

V

Die Wüste lebt! Klimawechsel in der Dienstleistungskultur

Das klassische Bündnis der Industriekultur zerbricht:

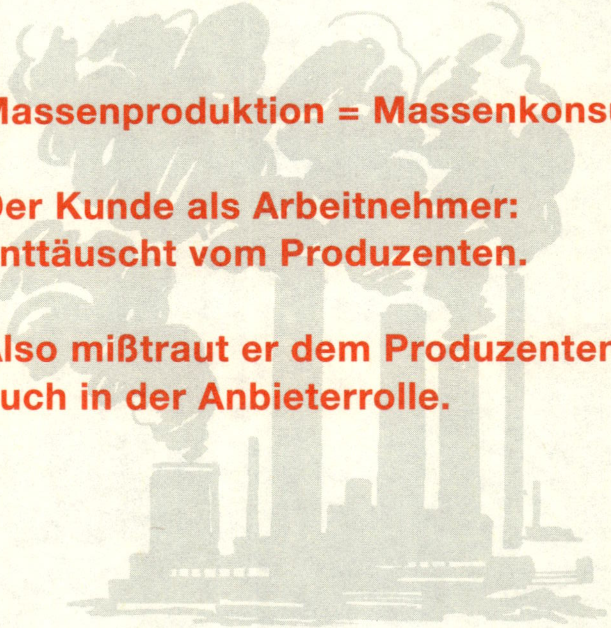

Kunden nach dem Bruch der Konsumentenrolle – Partisanen auf der Suche nach Vertrauen

Die bequemen Zeiten des Konsumenten und Verbrauchers sind vorbei. Bequem waren sie für Produzenten und Händler, weil das Rollenspiel eindeutig war: Verbraucher verbrauchen, und dazu animiert man sie. Daß diese Konsumenten nebenbei auch Bürger waren, auch Väter und Mütter, Lehrer oder Architekten, Buchhalter oder Ingenieure, Hausfrauen oder Sekretärinnen – wen interessierte das außer Fachhändlern, die jeden bei der spezifischen Verbrauchereigenart packten, die den Lehrer oder Architekten, den Buchhalter oder Ingenieur als Konsumenten interessant machen?!

Der Konsument war Opfer, und es störte ihn beim Sammeln seiner Besitzstände wenig. Es kränkte ihn auch zunächst nicht; das begann aber im gleichen Augenblick, als seine Besitzstände ziemlich vollständig wurden, erster Überdruß sich meldete und das Wohlstandsplateau den Blick auch auf tieferliegende Landschaften freigab. Wer weiß: Vielleicht müßte man eines Tages auch dort unten wieder zurechtkommen. Der Groll auf die Verführer zum Konsumdenken erwachte.

Die Produzenten und Anbieter haben inzwischen längst begriffen, daß der Konsument von vorgestern nicht mehr unter uns lebt. Seine Persönlichkeit hat Zersplitterungs- und Spaltungsprozesse durchlaufen; er wechselt die Rollen wie die Kleider und verstört seine Marktpartner durch gemischte Ansprüche wie: Einfachheit plus Multifunktion; keinen Innovationsdruck bitte, aber das Zukünftige, das niemand hat – jedoch bitte ganz klein, ganz leicht, diskret und sensationell zugleich. Den Experten im Erfinderlager rauchen die Köpfe. Wehmütig denken sie an den pflegeleichten, neugierigen Heimwerker von vorgestern mit den leuchtenden Kenneraugen, der noch an Fortschritt glaubte und sich in Gewußt-wie-Debatten ziehen ließ, um später zufrieden abzuziehen.

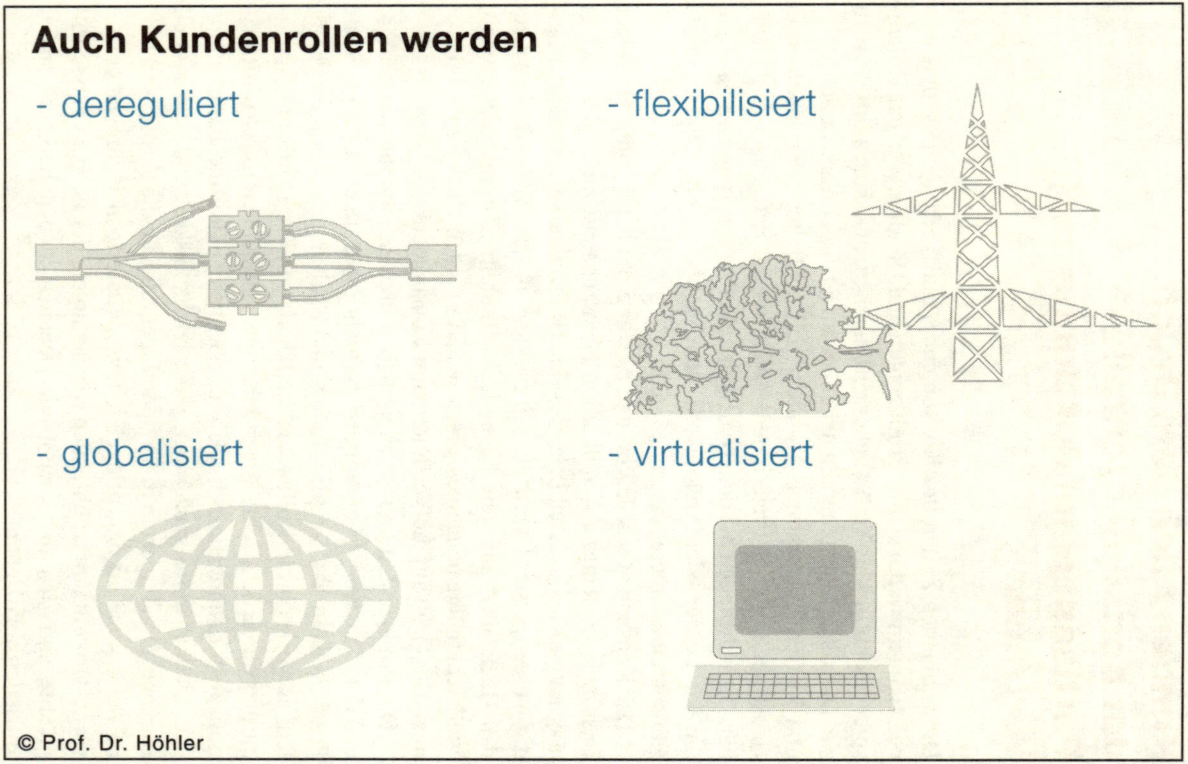
Auch Kundenrollen werden
- dereguliert
- flexibilisiert
- globalisiert
- virtualisiert
© Prof. Dr. Höhler

Der Abschied von der Konsumentenrolle des Kunden macht seinen Partnern zwar zu schaffen; viele von den Produzenten und Händlern glauben aber immer noch, mit ein paar Tricks sei er immer wieder in den Konsumrausch der früheren Jahre zurückzulocken – da Konsumieren nun einmal lustvoll sei.

Genau hier irren sie. Konsumieren ist lustvoll, solange die Richtung nach dem Grundgefühl der Marktteilnehmer aufwärts geht. Dann heißt Konsumieren Dabeisein, Mitmachen, Vorwärtskommen. Zeigt das Grundgefühl aber abwärts, beginnt beim Konsum das Gewissen zu schlagen. Das ist unbehaglich für beide, für den Kunden wie für seine Anbieter. Aber der Kunde findet schnell einen Schuldigen: den werbetreibenden Händler und Hersteller, der ihn zu unvernünftigen Entscheidungen drängen will. Also flieht der Kunde in verschiedene unerwartete Verkleidungen, die ihn gegenüber dem Anbieter mächtiger machen.

Er hat sich damit gegen Ende dieses Jahrhunderts eine Stellung erkämpft, die ihn zur gottähnlichen Respektsperson in der Mitte des Marktgeschehens macht, mit vielen Freiheiten, die seine Vorgänger – und auch er selbst vor einigen Jahren – noch nicht hatten.

Vor dem aufmerksamen Blick seiner Anbieter tritt er nun in einer Rollenvielfalt auf, die viele Stichworte hat. Die wichtigsten:

- Der Kunde wird zum Lehrmeister seiner Anbieter als Kommunikator.
- Er tritt auf als souveräner Wähler im Markt, er ist Entscheider, und er zeigt das.
- Der Kunde ist als Entdecker unterwegs. Er benutzt den Markt als Abenteuerlandschaft, wo man vieles ausprobiert.
- Er sucht die eigene Identität, und dazu benutzt er die Marktpartner.
- Er spielt den Hedonisten und brüskiert durch raffinierte Bescheidenheit.
- Der Kunde übertrifft seine Anbieter an Kreativität.
- Er weiß die Opferrolle zu spielen, um als Täter erfolgreich zu bleiben.
- Er gibt den Rebellen, der alle Standards umkrempelt.

Der Kunde rächt sich für die Gleichschaltung in der Konsumentenrolle.

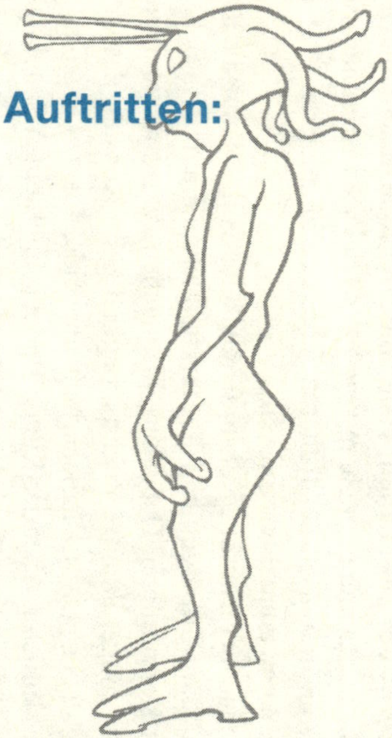

Er fragmentiert seinen Konsum in neuen Auftritten:

als Kommunikator
Wähler
Entdecker
Identitätssucher
Hedonist und Künstler
Opfer
Rebell und Aktivist

Kunden – die Partisanen der Märkte.

- Er tritt als Aktivist auf, der die Spielregeln der Märkte verhöhnt und karikiert.

Was der Kunde mit diesen neuen Rollenbildern vorführt, ist der aufgewühlte globalisierte Marktzustand nach einem revolutionären Ereignis, das die Anbieter nicht verstehen wollen oder nicht verstehen können: Es ist das Zerbrechen der alten Konsum-Idee, die eng an die Massenproduktion gekoppelt war. So eng, wie der Verbraucher der Wohlstandsjahrzehnte an seinen Arbeitgeber – denn Arbeit heißt Konsum, und Massenbeschäftigung heißt Massenkonsum.

Wer massenhaft Produkte liefert, massenhaft Leute beschäftigt, der produziert zugleich die Massenfigur des Konsumenten.

Das klingt so fatal, wie die Reduktion des Bürgers auf den Konsumenten ist: Dieses Konzept konnte nicht lange tragen.

Der heimliche Kontrakt, daß massenhafte Produktion auch massenhaften Konsum bedeuten müsse, wurde vom Kunden gebrochen, weil der Anbieter ihn brach: Wer nicht mehr massenhaft beschäftigt, wird gleich in beiden Rollen unglaubwürdig: in der des Arbeitgebers und in der des Anbieters, der den Arbeitnehmer von gestern als Konsumenten nur gestern locken konnte – nicht als Arbeitslosen heute.

Das Bündnis der Wachstumsgesellschaft mit ihren Arbeitnehmern und Kunden ist revolutionär zerbrochen – und dieser Bruch ist ebenso tabu wie der Zynismus des Bündnisses vorher. Aber den vagabundierenden Kunden kann man nur dann wirklich verstehen, wenn man diese schwere Verwerfung im Vertrauenskonzept der alten Konsumgesellschaft verstanden hat.

Lean produzieren heißt *lean* konsumieren – auch das eine einfache Gleichung, die den Anbietern nur deshalb zu schaffen macht, weil sie die Konsumfreude für schlechthin unbesiegbar gehalten haben.

Die Produzenten haben mit dem *Lean*-Konzept der Kunden auch deshalb Schwierigkeiten, weil sie die *Lean Production* nicht recht verstanden hatten:

- *Lean* heißt effiziente, kontrollarme Prozesse.
- *Lean* bringt Prozeßorientierung und Kundenorientierung zusammen.

***Lean* produzieren** heißt ***Lean* konsumieren!**

Konsum wird ethisch zweifelhaft.

- *Lean* heißt: Transparenz und Tempo.
- *Lean Production* ist *High-quality-Production*.

Ganz entsprechend ist das *Lean*-Konzept des Kunden aufgebaut: Er erwartet höchste Qualität bei größter Anwendungsbreite, geringem Innovationsdruck, und er wünscht:

- den Luxus schlanker Produkte,
- Multifunktion und Anwenderfreundlichkeit,
- Innovation, die sich selbst aufschlüsselt, ohne ihn zu belästigen,
- ökologische Dimension des Produkts, die ohne Aufwand und ohne Pathos bleibt,
- ethische Unanfechtbarkeit des Produktes.

Der Kunde als Exzentriker und *Controller* – als Moralist und Genießer in einem Atemzug. Er nimmt Rache für seine Opferrolle, die ihm in den Aufstiegsjahren zugemutet wurde – und das unter dem trügerischen Motto einer Königsrolle.

Er kontert den Zynismus der Anbieter mit ethischen Rückfragen: Ob Wohlstand wirklich mit Lebensqualität etwas zu tun habe, findet er neuerdings zweifelhaft. Die Anbieter, kalt erwischt, haben ihr neues Vokabular noch nicht beisammen, um diesem Auftritt standzuhalten. Der Kunde eilt voraus in eine übersichtliche Zukunft, während seine Partner von Komplexität reden.

In den USA belegen Studien diesen neuen Widerstand gegen die Warenwelt bereits eindrücklich. Ähnliche Fragen, in Europa gestellt, würden kaum abweichend beantwortet werden.

50 Prozent	der befragten Bürger in den USA sagen: Ja, ich wünsche mir häufig, eigentlich sogar immer, ein einfacheres Leben.
90 Prozent	sagen: Ja, wir sind als Nation zu materialistisch gesonnen.
66 Prozent	sagen: Ja, wir kaufen zuviel. Und
64 Prozent	präzisieren auf Nachfrage: Ja, ich selbst gebe immer wieder zuviel Geld aus und kaufe zuviel.

Studie in USA *(Juliet Schor)*:

50% sagen: *Ich wünsche mir immer häufiger,*
– eigentlich immer –
ein einfacheres Leben.

90% sagen: *Wir sind als Nation*
materialistisch geworden.

66% sagen: *Wir kaufen zuviel.*

63% sagen: *Ich selbst gebe zuviel Geld aus*
und kaufe zuviel.

Der Konsument wird zum Turbulenzfaktor für die Wirtschaft.

Stellen wir uns rechtzeitig darauf ein: Der Kunde wird zum Turbulenzfaktor für die Wirtschaftsplaner und das Marketing.

Er wird es vor allem durch drei Faktoren:

① die nachlassende Bereitschaft, Geld auszugeben,
② schnell wechselnde Stimmungen und Vorlieben,
③ Organisationen und Bewegungen, die das Verhältnis zu seinen Anbietern fundamental stören, gefährden oder zerrütten.

In einer Welt der Fragmentierung praktizieren Kunden mehr und mehr fragmentierten Konsum.

Diese Fragmentierung des Konsums ist die genaue Entsprechung zu der Rollenaufspaltung, mit der Kunden ihre Marktpartner unter Streß setzen. Nur ein höchst flexibles Konzept für die neue Marktkommunikation macht es möglich, diesen fliegenden Rollenwechseln zu folgen, die der Kunde praktiziert. »Der Kunde«? – Natürlich tritt nicht jeder in allen Rollen auf, aber die Anbieter dürfen sicher sein: keiner nur in einer; die Zeiten sind vorbei. Wer Achtung vor dem Individuum der Marktpartnerschaft bis heute nicht erlernt hat, steht nun unter Zeitdruck. Wer ein Dienstleistungstraining für die Mitarbeiter immer noch aufgeschoben hat, der gerät in ein Dilemma. Schaut man genauer hin, so ist der gesplittete Auftritt des Kunden eine detaillierte und gnadenlose Abrechnung mit den Fehlern und Leichtfertigkeiten seiner Anbieter in den Wohlstandsjahren.

Stück für Stück greift der Kunde die Laster der Anbieter auf, die ihn als Beute lange Zeit sicher im Griff hatten:

- Der Kunde kommuniziert überlegen. Er hat genug Argumente gegen seine eigene Maßlosigkeit gesammelt, um jeden Anbieter in die Enge zu treiben.
- Der Kunde straft ineffiziente Produkte. Er hat die Wahl, der Anbieter nicht.
- In der Entdeckerrolle ist der Kunde auf der Suche nach Innovationen und Unterschieden, die ihm Freude machen. Innovationskritisch weist er jede lernintensive Neuerung zurück: Er ist nicht mehr der Schüler des Produzenten!

Die Flucht des Kunden aus der Konsumentenrolle hat die Welt des Marketing verändert.

Der Kunde als magische Figur läßt sich nicht mehr managen.

Das Bündnis der Konsumpartner trägt nicht mehr.

- Was er sucht, sind Marktgeheimnisse, die nur wenige kennen – er läßt sich Exklusivität also nicht mehr verkaufen, er stellt sie her.
- Immer noch sucht er im Markt nach Stabilisatoren für seine Identität. Aber er weiß zugleich, daß Waren diesen Wunsch nicht erfüllen. Wer mit ihm darüber klug kommuniziert, hat als Anbieter Chancen.
- Die einfache Genußmoral der achtziger Jahre ist tot. Hedonisten an der Jahrtausendschwelle suchen mehr: Sie wollen in Stildomänen einbrechen, die eigentlich über Herkunft besetzt werden. Sie sammeln Kunst, sie dekorieren ihr Leben wie eine Galerie.
- Nie war der Kunde so empfindlich gegen die Opferrolle wie heute. »Verbraucherschutz« zeigt ihn als bedrohte Spezies; das macht ihn mißtrauisch. Er wittert selbst bei Schutzmaßnahmen die Allmacht der Anbieter. Er schlägt zurück mit noch mehr Auskunftswünschen – und was bedrohlicher für seine Partner ist: Er tarnt sich, täuscht Interesse vor, um auszuhorchen – und verweigert sich schließlich.
- Damit ist er dann dicht an der offenen Rebellion. Der Kunde als Rebell: Er ist kaum noch verführbar, er sprengt die Produktregeln durch exotische Produktverwendung. Er entwickelt eine generelle Konsumaggression, ist werbefeindlich und erprobt bargeldlose Tauschsysteme. Seine Rebellenrolle gerät ihm leicht zum Dandytum – die einzige Chance für seine Partner, ihn wieder »einzufangen«.
- Oder er findet zu einer der institutionalisierten Konsumwiderstandsbewegungen – die von den kompromißlosesten Produzenten, wie *Benetton*, bereits »aufgefangen« werden durch eine hochaggressive, häufig antiästhetische Marktstrategie.

  Hochaktive Kunden haben immer ethische Argumente für ihre Konsumfeindschaft. Sie brechen Regeln im Gefühl der moralischen Überlegenheit.
- Der Kunde weiß: Die Märkte gehören ihm – und nicht dem Anbieter.

Dieses verwirrende Rollenbild, in dem niemand nur eine Rolle spielt, befreit auch den letzten Anbieter von der naiven Illusion, er könne die-

Der nicht zu managende Kunde:

- ökonomisch verunsichert
- kulturmüde
- konsumkritisch

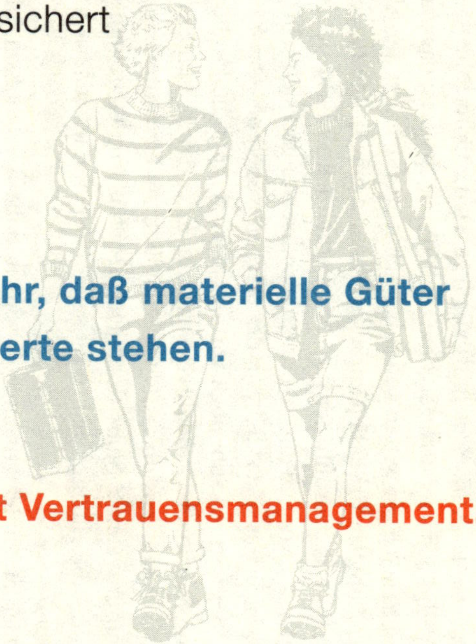

Er glaubt nicht mehr, daß materielle Güter für immaterielle Werte stehen.

Was er braucht, ist Vertrauensmanagement.

se Kunden »managen« oder ihnen die Definition dessen abnehmen, was ihr »Nutzen« sei. Die Meisterschaft, die im Umgang mit diesen neuen Facetten des Kundenauftritts gefordert ist, muß ein Mixtum aus jenen Fähigkeiten sein, die den Kunden zu seinem sprunghaften und trotzigen Verhalten befähigen.

Das sind Informationen und Stimmungen, intelligente Bilder von der Welt, in der er sein Glück sucht, und das hemmungslose Ausleben seiner emotionalen Kompetenz, gekoppelt mit bedenkenlosem Zugriff auf ethische Argumente überall da, wo er glaubt, seinem Auftritt damit Nachdruck verleihen zu können. Ein Widerspruchsgemisch – genau das, was erstklassige Marktkommunikatoren beherrschen müssen, um ihren Wettbewerbern überlegen zu sein.

Wer mit diesen neuen Kunden kommunizieren will, muß das ganze Spektrum ihrer Verhaltensweisen mit seinen Mitarbeitern durchproben – sonst ist niemals Empathie möglich. Er muß auch erkennen, daß hinter diesem Verwirrspiel des Kunden nicht ein Spaßkonzept steht, sondern ein schwerwiegender Sachverhalt. Das »Zerbrechen« der alten Kunden-Anbieter-Kontrakte, Ursache für die Rollen-Fragmente, die der Kunde ausprobiert, richtete ja auch auf der Meta-Ebene Zerstörungen an: Niemand ist mehr unbefangen genug, um in materiellen Werten eine immaterielle Wertewelt gespiegelt zu sehen. Die Einwände häufen sich in jedem Kopf. Seit die Werte, an die man sich halten konnte, auch mit ihrer immateriellen Seite im Feuer stehen, hat kaum noch jemand das Grundvertrauen, »auf dem richtigen Wege« zu sein.

Der nicht mehr zu managende ist in Wahrheit der zerrissene Konsument. Er sorgt dafür, daß seine Zerrissenheit auf die Anbieter ausstrahlt. Er kennt also seine Macht.

Mit ökonomischen Diagnosen kommt man dieser Aufbruchssituation nicht mehr bei. Wer Konsumvergnügen verbreiten will, hat als erster verloren. Das Bündnis mit dem vielgesichtigen Kunden kann nur gelingen, wenn der Anbieter die emotionale Power des neuen Kundenprofils für sich und seine Mitarbeiter mobilisieren kann.

Die ganze Firma sollte sich einem Trainingsprogramm stellen, das die neuen Kundenkompetenzen als Hauskompetenzen einübt:

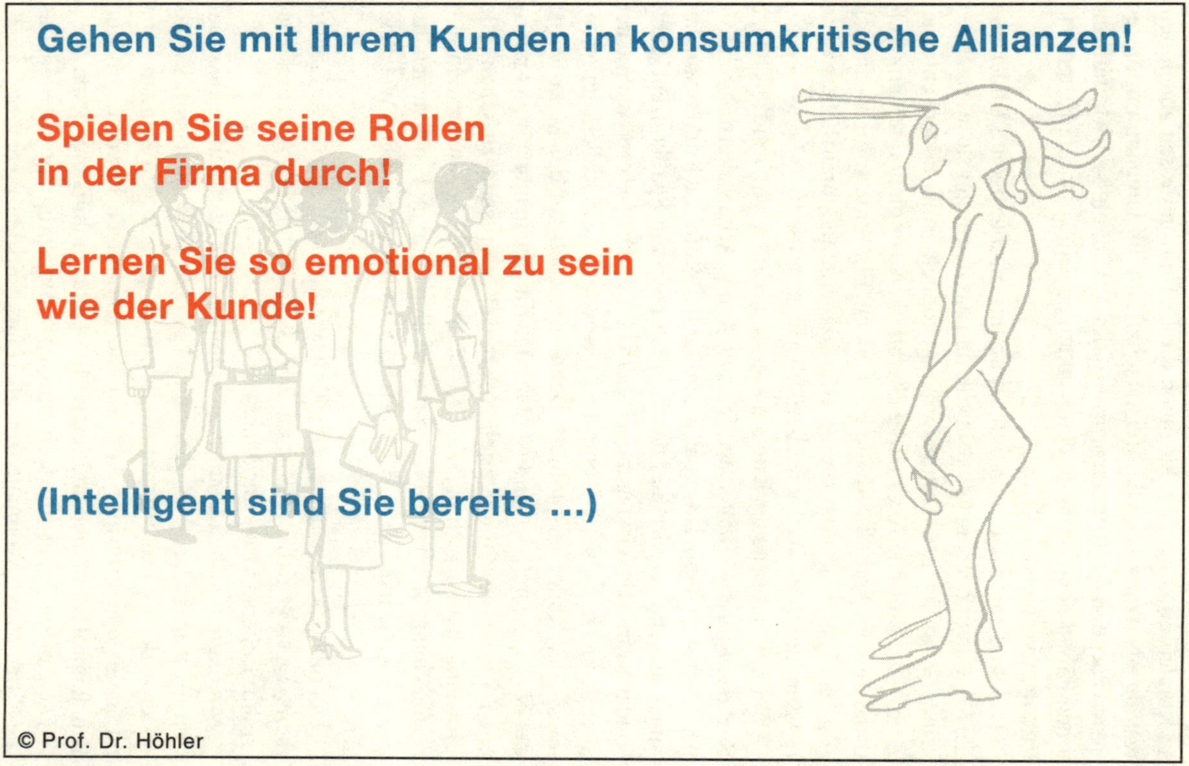
Gehen Sie mit Ihrem Kunden in konsumkritische Allianzen!
Spielen Sie seine Rollen in der Firma durch!
Lernen Sie so emotional zu sein wie der Kunde!
(Intelligent sind Sie bereits ...)
© Prof. Dr. Höhler

- Erstklassig kommunizieren – Konsumkritik begründen!
  Produkte aus Kundenperspektive auf Effizienz prüfen.
- Die Firma als Entdecker – gemeinsam mit dem Kunden.
  (Was heißt das für das jeweilige Haus? Gibt es nach Meinung der Mitarbeiter überhaupt noch etwas im Markt zu entdecken? Wer kennt Marktgeheimnisse?)
- Wie stärkt die Firma Identität? Bei ihren Mitarbeitern? Bei ihren Kunden?
- Was bedeutet Lebensgenuß in der Firma? Wieviel Neid herrscht hier?
- Wer fühlt sich als Opfer? Und wer wünscht den Kunden in der Opferrolle?
  Wie viele tun das, weil sie selbst Opfergefühle haben?
- Hat die Firma Rebellen? Was widerfährt ihnen in der Firma? Wer hat überhaupt Sinn für die Rebellenrolle des Kunden?
- Wo sind die Aktivisten in der Firma? Organisieren sie sich außerhalb, weil intern der kreative Spielraum fehlt? Sind sie Querulanten – und warum?

Das ist nichts anderes als ein Empathieprogramm (s. S. 71–81). Wenn die Firma es entschlossen zur Aufrichtigkeit und Furchtlosigkeit in guter Vertrauenskultur angeht, hat sie einen großen Energiesprung auf den Kunden zu gemacht.

Verkauf ist Begegnung in einem Klima des Vertrauens.

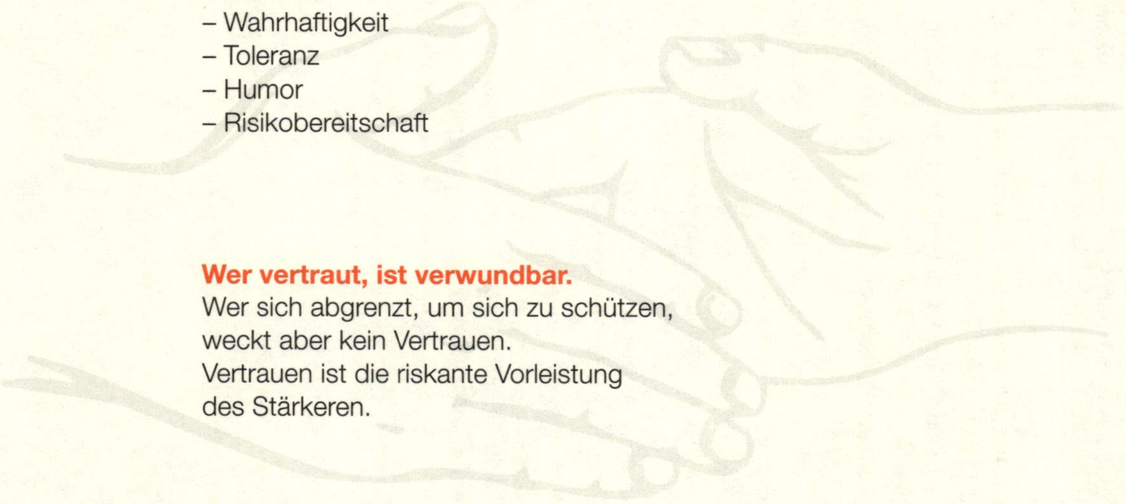

Vertrauensfaktoren für das Management:
– Offenheit
– Wahrhaftigkeit
– Toleranz
– Humor
– Risikobereitschaft

Wer vertraut, ist verwundbar.
Wer sich abgrenzt, um sich zu schützen,
weckt aber kein Vertrauen.
Vertrauen ist die riskante Vorleistung
des Stärkeren.

Der Kunde stört tatsächlich! Warum Dienstleistung so schwer ist

Deutsche sind erbärmliche Dienstleister – jeder weiß es, und jeder wirkt daran mit, daß es so bleibt. Die Selbstanklage ersetzt die Besserung; ein Ausweichmanöver, das jeder seit Kindertagen praktiziert, wo immer es zugelassen wird: Einsicht vorzeigen, um von der schwierigen Aufgabe abzulenken, die den Vorwurf außer Kraft setzen könnte. Die deutsche Dienstleistungsschwäche ist mit Stärken verknüpft, die auf der Produktseite liegen, davon werden wir noch sprechen. Aber daß die angeblich natürlichste Sache der Welt, ein freundliches Gesicht und zugewandte Sorgfalt für fremde Menschen, mit schlafwandlerischer Sicherheit mißlingt, daß wir seit Jahren über diese vorgeblich so naheliegende Qualifikation, die Servicementalität, erregt debattieren, das kann doch gar nicht heißen, daß diese Sache die natürlichste der Welt ist. Da stimmt doch etwas nicht.

Und ehe wir uns dem alltäglichen Mißlingen der Dienstleistung zuwenden, sollten wir verstanden haben, daß nicht nur das deutsche Riesen-Ego und die Unfähigkeit zur beliebigen Nächstenliebe uns im Dienstleistergeschäft so zuverlässig versagen läßt. Wenn das kollektive Problembewußtsein so wenig zu ändern vermag wie im Härtefall »Dienstleistung«, dann muß mehr vorliegen als nur Hochmut, Bequemlichkeit oder Führungsversagen: Ein Fehler, der fast alle vereint, beruht vielleicht auf Bedingungen, die alle miteinander teilen – nicht nur heute, sondern vielleicht schon seit sehr langer Zeit.

Suchen wir so im großen Rahmen nach der Quelle des »Fehlverhaltens«, so stoßen wir, wie häufig, auf eine Stärke, die uns in der Evolution das Überleben erleichtert, ja garantiert hat. Zunächst scheint alles auf die Dienstleistung als Verfeinerung der Kooperation zuzulaufen, die den *Homo sapiens* so überlegen gemacht hat. Kurz geschlossen: Warum sieht er nun nicht ein, daß in der virtuellen Welt sensiblere

Dienstleistung – Top-Qualifikation im virtuellen Zeitalter

Produktriesen werden zu Dienstleistungszwergen.

Dienstleistungsfeinde:

- Effizienz
- Perfektion
- Systemgehorsam

Kooperationsformen herrschen müssen, die dem empfindsameren und streßgeplagten Individuum das Zusammenleben auch weiterhin lohnend erscheinen lassen? In den modernen Großstädten bewegt sich der Mensch mit Tausenden seinesgleichen in vorgegebenen Takten – von Ampel zu Ampel, über Rolltreppen, die sein Tempo vorgeben, in Menschenmassen, die sich durch Fußgängerzonen schieben. Er duldet unzählige ungewollte Körperkontakte, die ihn stören, kämpft seinen Widerwillen nieder, zügelt seine Ungeduld, wenn andere sein Schritt-Tempo diktieren, und wartet mehr oder weniger ungeduldig in Schlangen an Kaufhauskassen, an Bus- und U-Bahn-Haltestellen, vor Behördentüren und Postschaltern. Seine Leidensbereitschaft ist beachtlich. Er kooperiert, weil er einsieht: Allen geht es so. Also auch mir. Er begreift sich relativ gutwillig als Teil eines wogenden Ganzen, in dem Originalität sich überhaupt nicht mehr lohnt. Längst ist die Selbstbeschwichtigung in diesen alltäglichen Streßsituationen zur unterbewußten täglichen Performance geworden.

Es ist nicht richtig anzunehmen, die massenhafte Existenz sei ja nur eine Variante dessen, was die Menschen von Anfang an als Überlebensstrategie betrieben haben: Aufgaben verteilen, kooperieren, Kampf- und Flucht-Gruppen bilden, Impulse für die ganze Gruppe produktiv einsetzen, Feinde erkennen und abwehren, Gruppenmitglieder blitzschnell und untrüglich erkennen.

Es gab viele Bedrohungen, gegen die man gemeinsam stark war. Aber es gab kein Gedränge. Jeder Sieg dieses intelligenten Wesens und seiner Artgenossen über Bedrohungen vermehrte ihre Zahl. Die kreative Explosion des menschlichen Geistes machte mit jeder Idee, mit jeder Entdeckung mehr Menschen eine etwas bessere Existenz möglich.

»Stieg die Lebensqualität, stieg auch die Anzahl der Menschen. Die Mini-Stämme unserer Vorfahren konnten noch die endlosen Weiten ihrer Jagdgründe genießen, die sich in alle Richtungen ausdehnten, so weit das Auge sah. Man hat geschätzt, daß der urzeitliche Mensch etwa 100 000mal soviel Lebensraum hatte wie der moderne Stadtbewohner«, schreibt *Desmond Morris* (»Das Tier Mensch«, a. a. O., S. 72). Und er fährt fort:

»Um also die Vorteile der Zivilisation genießen zu können, war der Stadtmensch gezwungen, in einer Umgebung zu leben, die der seiner ursprünglichen Entwicklung überhaupt nicht entsprach. Es war ein Paradies voller Streß. Die Großstadt wurde zum Schauplatz der Gegensätze, der Luxus der Moderne ging mit unerträglichen Spannungen einher. Neue Formen der Gewalt brachen aus. Die anregende Kreativität der Metropolis war und ist nur die eine Seite der Medaille. ... Der einfache Stammesmensch war zum zivilisierten Super-Stammesmensch geworden – allerdings mit einem Riesenproblem« (*Morris*, S. 72/73).

Morris vergleicht die städtische Massenexistenz mit der Gefangenschaft wilder Tiere in traditionellen Zoos. Der Stamm wandelt sich aber nicht einfach zum Mega-Stamm, sondern die Fähigkeit des Menschen, zwischen »fremd« und »vertraut«, zwischen Freund und Feind zu unterscheiden und so ein Grundgefühl der Sicherheit zu erreichen, wird paralysiert. Das Geschichtskapitel der modernen Metropolen und der Massengesellschaft ist indessen so kurz, daß evolutionäre Anpassung weder möglich war noch in naher Zukunft zu erwarten wäre. Das Management der unpassenden Lebensumstände gelingt uns nur äußerlich und als Großversuch einigermaßen; erst die Langfristperspektive wird zeigen, welche Fehlerquellen sich auftun und welche Schäden wir davontragen. Der amerikanische Anthropologe *William F. Allman* erklärt, daß gerade die Kooperationsbereitschaft des Menschen die Kehrseite seiner großen Aggressionsangst und Furchtbereitschaft ist:

»Der Homo sapiens ist ein so soziales Wesen, daß sowohl zu wenige als auch zu viele Menschen um uns herum furchteinflößend sein können. In der übervölkerten, anonymen Welt der Gegenwart vergessen wir leicht, daß Freunde und Verwandte zur Zeit der Frühmenschen für den einzelnen lebenswichtig waren – und daß Alleinsein oft den Tod durch Verhungern oder Raubtiere bedeutete. Andererseits wissen wir, ... daß es für das Gehirn aufgrund der Chancen und Risiken im sozialen ›Tauschhandel‹ auch sehr anstrengend ist,

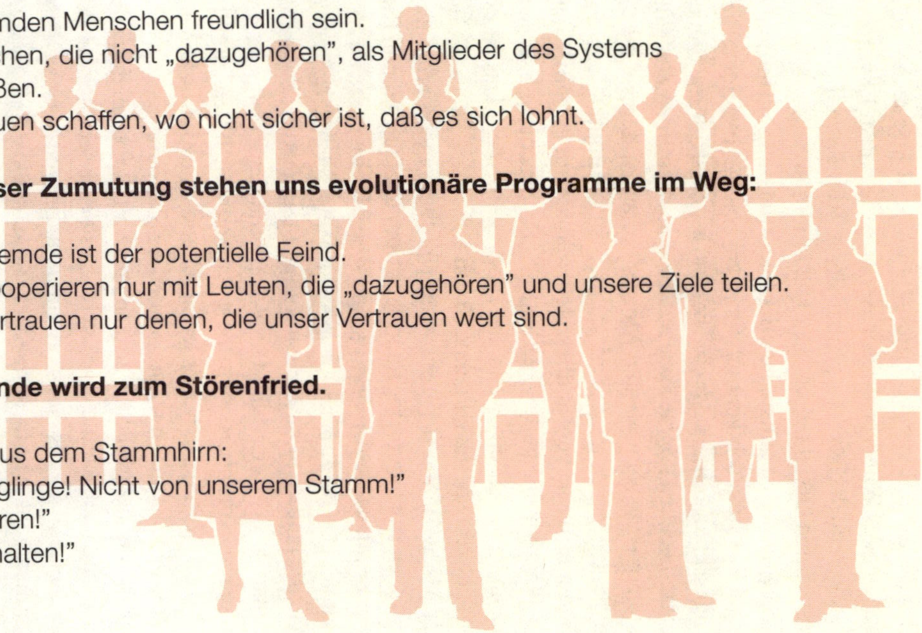

Dienstleistungskultur als Zumutung:

- Zu fremden Menschen freundlich sein.
- Menschen, die nicht „dazugehören", als Mitglieder des Systems begrüßen.
- Vertrauen schaffen, wo nicht sicher ist, daß es sich lohnt.

Bei dieser Zumutung stehen uns evolutionäre Programme im Weg:

- Der Fremde ist der potentielle Feind.
- Wir kooperieren nur mit Leuten, die „dazugehören" und unsere Ziele teilen.
- Wir vertrauen nur denen, die unser Vertrauen wert sind.

Der Kunde wird zum Störenfried.

Signal aus dem Stammhirn:
„Eindringlinge! Nicht von unserem Stamm!"
„Abwehren!"
„Ausschalten!"

sich in einer großen Menschengruppe aufzuhalten« (*Allman*, a. a. O., S. 131).

Allman beschreibt den Streß in der großen, anonymen Masse, der durch kein evolutionäres Lernprogramm und erst recht nicht durch Vorlieben oder Wünsche des Menschen gedeckt ist. Er wird verarbeitet durch Pendeln: von der gesichtslosen Menge in die Kleingruppe der vertrauten Gesichter, um Kraft zu schöpfen.

Wir beginnen zu ahnen, was der Dienstleistungsanspruch, den wir an uns selbst stellen, eigentlich für jeden von uns bedeutet. Die Anforderung ist eben keineswegs eine harmlose neue Kulturtechnik, auf die wir einschwenken könnten wie auf die neue Grußformel »Hallo« statt des steifen deutschen »Guten Morgen«. Der Hintergrund ist ernster, unser Versagen erscheint fast zwangsläufig – zumindest aber auf eine bestürzende Weise verständlich. Jedenfalls sieht es ganz danach aus, als müßten wir uns außer der flotten Selbstbeschimpfung auch noch etwas anderes leisten, wenn der Sprung in die Massenkultur der Freundlichkeit überhaupt gelingen soll.

Der Mega-Stamm der Großstadtmenschen, die durch Kaufhäuser und Straßen fluten, unterscheidet sich vom überschaubaren Rudel der Urzeit vor allem durch eines: Es sind lauter Fremde, die uns da entgegenfluten. Die urzeitliche Gruppe umfaßte 80 bis 120 Mitglieder; noch in der landwirtschaftlichen Kultur am Ende des 18. Jahrhunderts lebte man so mit vertrauten Gesichtern und der Erfolgspartnerschaft der »Stammesgruppe«. Kam dort jemand neu hinzu, durch Heirat oder Arbeitsvertrag, so war es leicht für alle, ihn oder sie kennenzulernen. Aus dem Fremden wurde schnell ein Zugehöriger.

Das ist in ganz großen Menschenansammlungen nicht mehr möglich. Es wird auch gar nicht versucht. Ausgleich schafft zwar der tägliche Pendelschlag zwischen vertrauten und fremden Gesichtern; aber schaut man genauer hin, so entdeckt man, daß die Tausende fremder Gesichter, die einer auf dem Weg zur Arbeit sähe, gar nicht wirklich »gesehen« werden. Wo Tausende die Wege kreuzen, schaut niemand mehr den andern an; man schaut durch die andern hindurch, man simuliert ihre Nichtexistenz.

Wichtigster Schutz der vielen einzelnen vor den massenhaften andern einzelnen ist die Vermeidung von Augenkontakt. Wo er unterläuft, zeigt sich oft ein leiser Schrecken im wechselseitigen Blick, ein Indiskretionsgefühl durchfliegt beide; seltener: ein Lächeln blüht auf, noch seltener: der Kopf wird gewendet. Da war jemand, schon ist er entschwunden. Wer dieses Massenverhalten der gesenkten oder auf »unendlich« gestellten Blicke, der abwesenden, verschlossenen Mienen beobachtet, der wird belehrt, wie genau Menschen wissen, was Kommunikation bedeutet und wo sie beginnt. Sie beginnt beim Blickkontakt. Das, was sie als Dienstleister dann wieder lernen sollen, vermeiden sie hier virtuos: fremde Gesichter aufmerksam und zugewandt zu betrachten.

Das sozialste aller Wesen zeigt hier ein Fluchtverhalten, weil seine soziale Begabung überfordert wird. Jeder von den viel zu vielen wählt spontan die gleiche Fluchtform: Sie behandeln einander, als seien sie gar keine Menschen – *»sie behandeln* [einander] *wie die Bäume im Wald«*, sagt *Morris* (S. 74). *»In belebten Straßen entwickeln sie ein erstaunliches Geschick, diesen Bäumen auszuweichen. In vollen Bussen, Zügen und Fahrstühlen geht der Blick ins Leere…«* Dem ahnungslosen Beschauer könnte es erscheinen wie ein verabredetes Spiel, so genau halten sich alle an die Rolle: schweigen, ins Leere schauen, Hindernisse (= die andern!) umgehen.

Die Strategie, im Mega-Stamm zu überleben – auch im übertragenen Sinne, nämlich geistig und seelisch einigermaßen »seine Kraft zusammenzuhalten« –, eint die einander Fremden. Jeder trägt in seinem Gehirn das Grundmuster, mit wenigen bekannten und erwiesenermaßen wohlgesonnenen Menschen erfolgreich zu sein, und jeder verteidigt dieses Konzept gegen die Überflutung durch Fremdes, das unberechenbar, vielleicht auch feindlich ist.

Hinzu kommt: Selbst wer es sich vornähme, könnte mit so vielen »Freunden« nichts anfangen. Auch Tausende von Kooperationspartnern wären für niemanden zu verkraften – also schottet sich jeder ab und durcheilt die Fremden, bis er die Vertrauten wiederfindet.

Dienstleister in dieser Massengesellschaft sehen sich nun vor der Aufforderung, die natürliche und überlebenswichtige Abgrenzung aufzugeben und jeden beliebigen Fremden zu empfangen, als sei er ein freudig erwarteter Freund. Dazu gehört ein Mienenspiel, das spontan nicht anspringen will, ein Wortschatz und Tonfall, die impulsiv nicht zur Verfügung stehen – gegen die sich sogar vieles, wenn nicht alles im Menschen wehrt. Natürlich kann er intellektuell verstehen, warum er diese freudige Begegnung inszenieren soll, natürlich weiß er, daß die Geschäfte der Firma von der Dauerunterdrückung des »Fremdeffektes« leben. Aber sein emotionales Gehirn spielt nicht mit.

Das großstädtische Spiel der leeren Blicke ist ein Notprogramm, das fatale Nebenfolgen hat – so »lebensrettend« es für die ins Massendasein gezwungenen Menschen auch sei. Ein Beispiel mag zeigen, wie weit der Rückweg aus diesem Programm für Dienstleister sein muß, wenn die Abwehr des Fremden ein so starker Impuls ist, daß selbst kooperative Urimpulse davon niedergekämpft werden. Wir kennen dieses Beispiel alle – und haben auch ein perfektes Schuldverlagerungsprogramm verinnerlicht, das hier nicht erwähnt werden muß. Da bewegen sich massenhaft Stadtmenschen, alle transparent für alle, soziale Verweigerung im Blick – und plötzlich schert einer aus dem Spiel aus. Er bricht zusammen, liegt auf dem Gehsteig, ein Hindernis ungewohnter Art, kein Baum mehr. Der Menschenfluß wandert um die liegende Gestalt herum, als sei sie eine Variante der Rühr-mich-nicht-an-Regel, der alle folgen. Der »Ernstfall« der Anonymität prüft, wie belastbar die neue Strategie der Großstädter ist. Sie kommen nicht aus dem Takt, sondern sie entscheiden blitzschnell und ohne neue Verabredung. Der Fremde wird nicht durch Hilfsbedürftigkeit plötzlich zum Freund oder Bruder. Das bedeutet immerhin: Der spontane Hilfsimpuls, der zur Primatenausstattung gehört, ist abgewürgt durch das Großstadtprogramm »Niemanden kennen, niemanden sehen, niemanden anfassen«. Nun gehört zum Hinschauen und noch mehr zum Zupacken Mut. Es dauert (statistisch) fünf Minuten, bis aus den Hunderten, die inzwischen vorbeigegangen sind, einer sich niederbeugt und hilft.

Wer die Zuwendung zum Fremden wieder lernen – und verkraften will, der muß also einiges wegtrainieren, was zum Überlebensprogramm des Stadtbewohners gehört. Das sollten alle wissen, die Dienstleister erziehen – und erst recht: motivieren wollen.

Das geht, wie jede Motivationsleistung, eben leider nur durch gemischte Energie. Sie sollte im Idealfall dieselbe Mischung sein wie das Abwehrprogramm des Städters gegen den »Mega-Stamm«: Verstand und Gefühl, Intelligenz und Emotion müssen zusammenwirken, sonst schaltet auch der Kunde auf »fremd«.

Der Hintergrund für die Dienstleistungskultur ist also die massive und tägliche Unterdrückung von Hilfsbereitschaft und Anteilnahme als städtisches Überlebensprogramm. Das sind nicht lauter Monster, die da mit leeren Augen die wechselseitige Nähe leugnen. Es sind Kleingruppenwesen auf der Flucht vor Überforderung. Was sie betreiben, ist Angstmanagement und ein Energiesparprogramm, das den Streß in der Masse reduziert.

Im Alltagsgewimmel von Großunternehmen sieht das nicht anders aus. Die Firmenzugehörigkeit macht nicht etwa »Stammesfreunde« aus den Hunderten oder Tausenden von Mitarbeitern. Sie eilen aneinander vorbei, ohne einander zu beachten. Eben deshalb ist ihre gemeinsame Motivation für die Firmenziele ein schwieriges Thema, kein Selbstläufer.

Nähe und Vertrauen zum Kunden herzustellen erscheint in diesem Gesamtszenario als eine übergroße Aufgabe – und wird damit vermutlich adäquat beschrieben, endlich. Unser Scheitern an der Dienstleistermentalität erklärt sich nun von selbst: Sie ist die Riesenzumutung, quer zu allen Stammhirnprogrammen, zum Warnschrei des Reptilhirns, und auch zur intelligenten Ökonomie eines aufgeklärten Stadtbewohners, der seine Energie einteilt. Solidarität als Beliebigkeitsprogramm kann er sich einfach nicht leisten. Schon für den »Stammesgeist« mit seinen Kollegen muß die Firmenleitung bei ihm kämpfen, wenn es viele Kollegen sind. Da müssen Simulationen der Verbundenheit erdacht werden, damit jeder »tut als ob«, aber die innerste Zustimmung, bei der die Kern-Emotionen mitschwingen, ist kaum erreichbar. Firmenloyalität läuft meist als Vernunftprogramm.

Und nun der Kunde. Fremd, in wechselnder Gestalt, mit partisanenhaften Allüren, er soll die kostbarste Größe im Sichtfeld der Mitarbeiter und der Führung sein? Vom Intellekt her ist das Projekt »Kundenbindung« begriffen. Daß sein Vorteil zählt, ist ebenfalls geistig begriffen. Aber emotional gibt es Schwierigkeiten. Wie das Erfolgsprogramm der massenhaften Gleichgültigkeit, das lebenserhaltende, umpolen? Wie den Fremden, immer wieder, als Freund empfangen? Wie den Mega-Stamm aus Mitarbeitern und Kunden organisieren, damit Erfolgslust aufkommt? Wenn wir die Aufgabe akzeptieren, dann ist klar, daß wir trainieren müssen, um ihr gewachsen zu sein. Von selbst geht dieses Programm nicht. Und wir sind tatsächlich zunächst einmal »im Recht«, wenn wir versagen. Wir müssen unseren Verstand einsetzen, um unsere Emotionen für die Welt der Dienstleistungen zu gewinnen. Wir brauchen Begründungen, die überzeugen. Wir brauchen Verfahren, die Lust machen, das neue Programm zu beherrschen. Wir brauchen Belohnungen, die stimulieren, und wir brauchen ein Wertsystem, das unsere Anstrengungen und die unserer Mitarbeiter auf einer Meta-Ebene absichert.

Feind der Dienstleistung – Systemdominanz

Der Kunde in der Welt der Profis, die ihn für einen Laien halten: Er muß kämpfen. Daß er längst selbst ein Profi ist, nicht nur im eigenen Beruf, sondern auch als Marktteilnehmer mit Erfahrung, damit rechnen seine Partner in der Warenwelt am liebsten nicht. Ihr Auftritt als Produktprofis diktiert dem Kunden seine Rolle: als Frage- und Bittsteller, als Eindringling, der die Systemabläufe durch unprofessionelles Gebaren stört. Am besten, das Unternehmen diktiert ihm seine Fragen – wie das im alten Marketing geschah, als der Kunde noch folgsam war und zum Staunen bereit. Heute ist er weiter als seine Anbieter, aber die weigern sich beharrlich, ihm in die Gegenwart zu folgen.

Dienstleistungsdenken ist für perfekte Produktanwälte besonders schwer. Wer die Qualität von Sachwerten vertritt, hat für die Qualität von menschlichen Begegnungen weniger Sinn: Da steht Berechenbares gegen Unkalkulierbares, und der Versuch, den Kunden zum Systemknecht zu machen, wird zäh weiterverfolgt. Dabei tut der Kunde seinerseits eine Menge von dem, was der Anbieter tun müßte: Er entschuldigt sich schon auf der Schwelle des Ladens für seine Existenz: »Entschuldigen Sie...«, wenn er nicht gleich durch Blitzkauf sein Kommen rechtfertigen kann. Der Kunde weiß: Er muß sich die Freundlichkeit des Verkäufers erkämpfen. Er ist es, der die schönen Frage- und Konjunktivsätze benutzt, die ihm sein Dienstleister eigentlich schuldet; er ist es, der sich Schritt für Schritt einen Überblick über das Angebot erkämpft, immer mit wachem Blick auf den sinkenden Stimmungspegel von Verkäufer oder Verkäuferin. Nur 63 Prozent der Deutschen wagen es, einen Laden zu verlassen, ohne zu kaufen, wenn ihnen nichts gefällt. Die andern kaufen, um die Peinlichkeit zu vermindern. Gut so, mag nun der Händler, der Hersteller sagen. Wirklich? Glauben beide, dieser Kunde überschritte bald wieder dieselbe Schwelle? Kundenbindung ist so nicht zu erreichen; auf die aber kommt es an.

Viele Anbieter lassen Kunden deutlich fühlen, wie schlecht das System »Unternehmen« auf sie vorbereitet ist. Er ist nicht Mitglied des Systems, er läuft nicht reibungslos synchron mit den Gewohnheiten und Standards. Offenkundig hat er andere Qualitäts*kodes* im Blick als der Anbieter, er stellt falsche Fragen und zerstört Abläufe, die alle anderen, die hier leben, praktisch im Schlaf beherrschen. Man läßt ihn deutlich spüren, daß die Firmen*kodes,* mit denen hier kommuniziert wird, mächtiger sind als er. Das sieht so aus: Der Kunde verlangt etwas, das er immer besonders gern mochte und nun jahrelang nicht mehr gekauft hat: Vielleicht sind es baumwollene Strümpfe oder T-Shirts. Die Verkäuferin, Mitglied des wissenden Systems, läßt sich gar nicht erst auf seinen Wunsch ein. Sie vernachlässigt ohne Zögern die Regel Nummer eins: Der Kundenwunsch ist Richtschnur für den Anbieter. Im Gegenteil: Leicht verstimmt und schnippisch serviert sie den Wunsch des Kunden ab. Dabei ist ihr am wichtigsten, dem Kunden klarzumachen, daß nicht der Anbieter, sondern er, der Kunde, auf dem falschen Dampfer ist. Das gibt es doch gar nicht mehr, heute ist alles mit Latex, sagt sie mit präpotentem Tonfall. Die Kundenbegegnung als kämpferisches *Rencontre,* aus dem die Verkäuferin siegreich hervorgeht. Punkte gemacht, Kunden verscheucht, aber kurzfristig Selbstbewußtsein aufgebessert, so ihre Bilanz. Motto: Ich weiß etwas, was du nicht weißt.

Der Fall klingt harmlos, hat aber alle Merkmale des täglichen Mißlingens von Dienstleistungskultur in Deutschland. Die Korrektur müßte bei der Klärung der Kampflinien ansetzen, die da blitzschnell gezogen werden:

- Auf wessen Seite steht der Verkäufer?
- Wen oder was hat er zu verteidigen? Das Unternehmen? Sich selbst? Sein Angebot?
- Und wo steht der Kunde? Im Unternehmen? An dessen Grenzmarkierung, wo noch entschieden werden muß, ob er hereindarf?
- Wer ist mächtiger – der Kunde oder das Unternehmen?

Längst können wir alle diese Fragen flüssig beantworten. Aber der Transport dieser Antworten in die Praxis bleibt immer wieder irgendwo hängen.

Antworten wir trotzdem einmal auf die Fragen, weil wir damit die Fehlerquellen finden könnten.

- Der Verkäufer steht auf beiden Seiten. Er repräsentiert das Unternehmen und ist Anwalt des Kunden.
- Zu verteidigen hat er die Kundennähe des Unternehmens und die Legitimität des Kundenwunsches – nicht den Ist-Stand seiner Lager.
- Sich selbst und sein *Know-how* hat er nicht zu verteidigen, sondern in den Dienst des Kunden zu stellen – das ist das Gegenteil.
- Der Kunde wird mit dem Betreten des Geschäftes vorübergehend zum Mitglied des Unternehmens. Ziel des Unternehmens sollte seine dauerhafte Mitgliedschaft sein. Die wird aber nur möglich, wenn das System sich nicht besserwisserisch vom Kunden abgrenzt, um seine Wünsche zu korrigieren, sondern seine Wünsche zum Gesetz seines Handelns macht – und sich darüber mit dem Kunden verständigt.
- Wer dem Kunden das Bewußtsein gibt, ein Fremdling in einem ohne ihn besser funktionierenden System zu sein, der vertreibt ihn.
- Wer dem Kunden das Gefühl gibt, geduldet statt hochwillkommen zu sein, und dies unabhängig vom Kauf, der hat entweder keinerlei Mitarbeiterkontakt gepflegt, um zu erklären, woher die Mittel des Unternehmens kommen, oder er hat andere Geldquellen.
- Der Kunde ist mächtiger. Das gilt vor allem in der langfristigen Perspektive.

Es wird deutlich, daß die Mitarbeiterschulung eine Hauptrolle spielt für das Gelingen von Kundenkontakten. Das gilt zunächst ganz vordergründig: Hat wirklich jeder Mitarbeiter begriffen, daß das Unternehmen vom Kunden finanziert wird? Daß es von seiner Gunst lebt und nicht vom Geschick der Spitzenmanager? Im Idealfall gilt deren strategischer Entwurf in erster Linie der Kundengunst. Mit Kunden

Dienstleistung: In der Mitte steht die Kundengunst I

Verkäufer sind in erster Linie Dienstleister.

- Sie stehen auf beiden Seiten – als Repräsentanten des Unternehmens und Anwälte des Kunden.
- Sie verteidigen die Kundennähe des Unternehmens und die Legitimität des Kundenwunsches.
- Sie verteidigen nicht sich selbst oder ihr Know-how, sondern stellen beides in den Dienst des Kunden.
- Der Kunde wird im Kontakt zum Verkäufer Mitglied des Unternehmens – auf Zeit.
- Die Wünsche des Kunden sind Gesetz des Handelns.
- Nie grenzt der Verkäufer sich vom Kunden ab.

umzugehen – auch das müssen Mitarbeiter erfahren – heißt, mit den höchsten Risiken umzugehen:

- Unkalkulierbarkeit,
- firmenfremde Standards,
- geringer oder ausbleibender Systemgehorsam.

Für viele Mitarbeiter ist der Kunde gerade deshalb der Feind: Er hat mehr Freiheiten und läßt das die Anbieter spüren. Unzufriedene Mitarbeiter sind daher besonders gefährdet durch kundenschädliches Verhalten. Das größte Hindernis für eine entspannte Orientierung am Kundennutzen ist das »Frontdenken« der Mitarbeiter. Meist beruht es auf »Fronterfahrung« im Unternehmen – wo die Kooperation zwischen Führung und Mitarbeitern von diesen eher als eine Konfrontation erlebt wird: Karrierefights und Rivalitäten bestimmen den Alltag, Intrigen ersetzen das Vertrauen. Der Kunde hat da nicht die besten Chancen, weil für ihn von der Mitarbeiter-Energie nur wenig übrigbleibt. An aggressive Defensivstrategien gewöhnt, kann der Mitarbeiter im Kundenkontakt nicht umschalten – er wechselt nur die Fronten.

Ein ernstes Hindernis auf dem Wege zur Kundengunst ist die »Produkt*power*«, mit der die Deutschen ihren Nachkriegserfolg geholt haben. »*Made in Germany*« ist ein Produkt –, nicht ein Dienstleistungslabel. Der Rückzug der Mannschaften hinter die Produkte fiel lange Zeit gar nicht auf, genauso lange, wie die Geschäfte blühten und Vorsprünge durch Produkte zu holen waren. Die Stärke der deutschen Nachkriegsleistung war die Perfektion – auch im Behördenwesen, wo das Gehorsamsmodell noch heute Triumphe über die Kundenfreundlichkeit feiert. Nirgendwo wird der Kunde gründlicher belehrt, daß seine Freiheit eine Illusion ist: Systemknechte liefern ihm in degeneriertem Sprachstil den Beweis, daß er ohnmächtig ist. »Hier unterschreiben« heißt es da statt »Unterschreiben Sie bitte?« – von anspruchsvolleren Sätzen, wie sie in den Nachbarländern üblich sind, ganz zu schweigen. Mit gedruckten »Zahlungsaufforderungen«, »Abholaufforderungen« ist der Ämterkunde ohnehin schon auf eine Herr-und-Knecht-Welt eingestimmt, wenn er das Amt betritt – im-

Dienstleistung: In der Mitte steht die Kundengunst II

- Wer dem Kunden das Bewußtsein gibt, ein Fremder im Unternehmen zu sein, der vertreibt ihn.
- Wer dem Kunden das Gefühl gibt, geduldet zu sein statt willkommen, der verspielt die Kundengunst.

- Der Kunde ist mächtiger als das Unternehmen – vor allem in der Langfristperspektive.
- Der Kunde ist Mitarbeiterrisiko
  Er stellt Verkäufer auf den Prüfstand, nicht umgekehrt.
  Was der Verkäufer **weiß**, wird unwichtig, wenn er nicht **kann**, was der Kunde von ihm erwartet: Ein Klima des Vertrauens schaffen.

- Die Schlüsselqualifikation für Verkäufer: **EMPATHIE**
  VERTRAUEN geben, um Vertrauen zu wecken.

merhin auch hier als zahlender Finanzier des Apparates, der ihn knechtet. Im Nachbarland Schweiz heißen Papiere mit gleichem Zweck »Einladungen« – der deutsche Behördenvertreter lacht höhnisch auf, wenn er dergleichen Kindereien gedruckt sieht. Nein, die deutsche Institutionenlandschaft ist wahrhaftig kein Kindergeburtstag.

Der deutsche Behördenvertreter gebärdet sich wie ein Maschinist, der für den störungsfreien Lauf seiner Maschine verantwortlich ist. Der Kunde darf als Hilfsarbeiter vorübergehend einen Handgriff am System tun – aber nach Vorschrift, denn das Gesetz des Geschehens ist die Behördenmaschine, nicht der Mensch. Er fühlt es deutlich: Das System befiehlt, er muß folgen. Geduldet und demütig versucht er, keine Fehler zu machen.

Der Kunde als Systemfunktion – so lautet die Erfolgsmelodie der Insider, die selbst längst Sklaven des Systems sind. Der Kunde macht da keine Ausnahme. Was ihm allenfalls erklärt wird, sind behördeninterne Abläufe, denen er sich unterzuordnen hat. Daß die Behörde ihm, dem Kunden, dient, kommt ihm bald nicht mehr in den Sinn. Im Gegenteil: Mit Streßvermeidung beschäftigt wie jeder in der Massengesellschaft, duckt er sich unter die verstümmelten Satzfetzen der Ämterfunktionäre, um den Kontakt abzukürzen. Die Qualität dieser entwürdigenden »Begegnung« zu verbessern macht er bald keinen Versuch mehr.

So werden Stärken zu Schwächen, wenn der Sprung von der Sachorientierung zur Menschenorientierung nicht gelingt. Das ist das deutsche Übel. Daß wir weniger Lust auf die menschliche Begegnung haben als auf die Sachkompetenz, mag jede Wissenschaft aus ihrer Perspektive würdigen. Jedenfalls erschwert uns diese Scheu den Weg in die Dienstleistungsgesellschaft dramatisch.

Immerhin ist der Kardinalfehler im Kern fast überall derselbe, wo Dienstleistung mißlingt. Von hier aus lassen sich viele andere Fehler besser und schneller verstehen.

Die Kundenmißbrauchsregel Nummer eins lautet:

Der Kunde wird genötigt, sich auf die Abläufe des Anbieters einzustellen. Nicht umgekehrt. Der Kunde wird, wenn er Wünsche äußert,

Kundengunst – der Erfolgsfaktor für die virtuelle Welt I

Wer das System über den Kunden stellt,
wird zum Verlierer.

Produktriesen sind Dienstleistungszwerge!

Raus aus den Herr-und-Knecht-Modellen:
Das Unternehmen ist nicht die Obrigkeit, sondern der Diener des Kunden.

als erstes auf die genormten Abläufe im Unternehmen hingewiesen. Er wird unter Hinweis auf die Verhaltensregeln, die der Anbieter ihm vorschreibt, abgewiesen, wenn er nicht zufrieden ist, nach dem Motto: Wenn Sie nicht zufrieden sind, muß das an Ihnen liegen – an uns liegt's nicht.

Dahinter verbirgt sich ein altes, ehemals erfolgreiches Modell: der Kunde an der Leine des Anbieters. Er muß laufen, wohin der Anbieter will. Heute aber ist es umgekehrt: Der Anbieter ist längst, auch wenn er es noch nicht bemerkt hat, vom Kunden an die kurze Leine gelegt.

Die Verweigerung der Systemknechte vor dem Eintritt in die Dienstleistungsgesellschaft ist nichts anderes als die vertraute Blokkade der Industriekultur-Intelligenz gegen die gemischten Anforderungen der neuen Ära, die hochintelligente Werkzeuge zur Verfügung hat und Mobilität mit Komplexität koppelt: Da müssen auch die Werkzeuge im menschlichen Kopf endlich wieder komplexer eingesetzt werden, zur Problemwahrnehmung ebenso wie zur Problemlösung – und vor allem: zur Kommunikation über beides.

Alle jene Verkäufer und Vertriebsmanager, die den Kunden in der alten Ära festhalten wollen, versuchen immer wieder dies: die Autorität der Systemabläufe höher zu stellen als die Bedürfnisse von Menschen. Sie versuchen damit auch, eine Erfahrung an den Kunden weiterzugeben, die ihnen selbst in ihren Firmen zugemutet wird: daß die Organisation über die Wünsche und Bedürfnisse der Mitarbeiter hinweggeht. Warum soll es der Kunde besser haben als ich? fragt sich der Mitarbeiter. Sein Versuch, den Kunden unter Systemzwang zu stellen, ist daher auch ein Racheakt für den Mißbrauch, der mit seiner eigenen Würde im Unternehmen getrieben wird. Mitarbeiter mit schlechten Erfahrungen vermitteln Kunden schlechte Erfahrungen. Diese Warnung sollten alle Führungskräfte ernst nehmen.

Der Versuch, die Kundenbegegnung umzulenken in eine autoritäre Systemerfahrung, entspricht den Gewohnheiten des Maschinenzeitalters, das Perfektion, Berechenbarkeit und Anonymität zu Schlüsselgrößen gemacht hat. Jeder sammelte die perfekten Erzeugnisse dieser Kulturphase um sich; erst als die Sammlungen komplett waren, meldete sich ein bis dahin verdrängter Hunger nach Unberechenbarkeit,

Kundengunst im virtuellen Zeitalter

Von der **Sach**-kompetenz …

… zur **Kunden**-kompetenz

Nicht der Kunde an der Leine des Anbieters, sondern der Anbieter an der kurzen Leine des Kunden.

Die Autorität der Systemabläufe wird außer Kraft gesetzt von der Autorität des Kunden.

Der konsumkritische Kunde setzt auf neue Qualitäten:
VERTRAUEN und **EMPATHIE**

Der Kunde wird besser – der Anbieter auch?

nach Zufall und Risiko – und nach persönlichen Begegnungen. Die Dienstleistungskultur war geboren. Es ist nur zum kleinen Teil der Kommentarbedarf komplexer Produkte – die längst gelernt haben, sich selbst zu erklären –, der diese Stunde einläutete. Es ist zum kleineren Teil der Wettbewerb, der die Anbieter lehrte, sich im Markt der *High-quality*-Güter durch Aura nach vorn zu spielen. Es ist vor allem die neue Bedarfslage des konsumkritischen Kunden, die Dienstleistung zum Schlüssel für Markterfolg macht.

Die geballte Erfahrung ganzer Unternehmensbelegschaften steht gegen dieses Konzept. Wie wir gesehen haben, hat die Spontanblokkade auch schwerwiegende anthropologische Gründe; das Produkt schafft Abstand vom Kunden, den die Mitarbeiterschaft nur unter Druck aufgibt. Noch deutlicher: Die gesamte Erfolgsgeschichte der letzten Jahrzehnte ist mit Managern und Mannschaften geschrieben worden, die ein autoritäres Marketing betrieben, den Kundennutzen relativ eigenmächtig beschrieben und damit einigermaßen zufriedene Kunden erzogen haben. Dieselben Menschen sollen nun einsehen, daß dieses goldene Zeitalter der System-Dominanz vorbei ist. Sie erleben die Welt der Dienstleistungen und der virtuellen Machtbalancen als eine einzige riesengroße Zumutung: Ihr zutreffendes Grundgefühl, das niemand auszusprechen wagt: Sie sollen mehr geben, als sie haben. Dienstleistung? Nicht vorrätig. *Not invented here*, müßten ehrliche Manager sagen. Da sie ahnen, wie schädlich das wäre, sagen sie: Dienstleistung? Der große Trend! Wir sind dabei! – Und meinen ihre Leute. Aber die Trainings für dieses Kapitel Weiterbildung fehlen.

Gegen den raschen Erfolg der Dienstleistungsgesellschaft wehrt sich das Kartell der Industrie-Intelligenz ganz unwillkürlich: Die Kompetenz der Herren liegt auf anderen Gebieten. Da sie nicht geradewegs sagen können, daß sie sich hier einfach nichts zutrauen, gehen sie in die verbale Defensive. Dienstleistung klingt nach dienen, und dafür hat man Fußvolk. Das Gesinde, die Mitarbeiter, sollen lernen, was den Chefs gegen die Ehre geht. Die Witterung der Bosse ist durchaus intakt: Hier öffnet sich eine Welt voller Emotionen, in der sie sich nur ungelenk bewegen würden. Strukturen und Strategien der

Kundengunst – der Erfolgsfaktor für die virtuelle Welt II

Das Unternehmen ist keine Maschine, deren störungsfreier Lauf durch den Kunden gestört wird.
Der Verkäufer ist kein Maschinist, der dem Kunden erklärt, wie das Unternehmen funktioniert.

Im Gegenteil:
- Das Unternehmen macht sich fit für den Kunden – dabei stört seelenlose Perfektion.
- Der Verkäufer muß begreifen, wie das Herz des Kunden schlägt.
- Das Unternehmen muß diesen Takt aufnehmen.

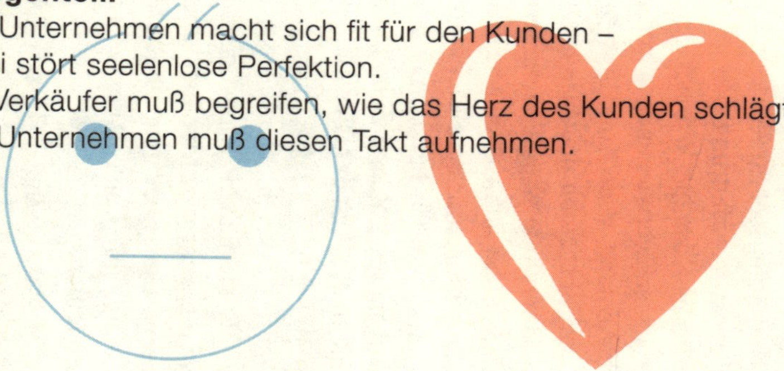

Industriephase müßten gründlich umgeschrieben werden, um aus Angebotsriesen mit dominantem Gebaren emotional empfindsame Empfangsstationen zu machen, die Kundengunst als höchsten Markterfolg verbuchen.

Sich nur herauszuhalten aus der Service-Anforderung, das reicht als *Message* der Chefs an ihre Leute aber nicht aus: Macht ihr mal, wir können das nicht. – Auch für Mitarbeiter ist die Aufgabe so schwierig, daß sie *via* Einsicht nur die ersten Meter in Richtung Dienstleistung vorwärtskommen; für die ganze Lektion brauchen sie professionelle Hilfe. Wer gibt sie ihnen?

Wer das vorliegende Kapitel gelesen hat, der erkennt ein Muster wieder, das die Fehler nicht rechtfertigt, aber erklärt. Da gebärden sich Firmen und Behörden wie Stammesgruppen, die Eindringlinge abwehren. Das Hausmotto lautet zwar: Aufnehmen! Der Fremde ist wichtig für unseren Erfolg! – Die Strategie des »leeren Blicks« ist also verboten. Zum »Stamm« gehört der Fremde trotzdem nicht. Und das soll er erfahren. Die Aversion gegen den Fremden sickert ins Verhalten der Firmenmitglieder ein. Und wer weiß? Vielleicht muß man das System wirklich gegen ihn verteidigen? Jedenfalls muß er spüren, daß er nicht dazugehört.

Was hier wirkt, ist nichts anderes als die Strategie des Vorbeischauens und der Kontaktabwehr – ein Stammhirnprogramm, das die Intelligenz der Systeme außer Kraft setzt.

Vertrauensmanagement
ist EQ-Management:

Emotional Quality Management.

Lernen Sie
Vertrauensmanagement:

Ihre einzige Chance,
mit dem Kunden dauerhaft
zu kommunizieren.

Du oder ich – Selbstbehauptung schlägt Dienstleistung

Immerhin war sie das Lernprogramm der Nachkriegszeit: die Selbstbehauptung. Autoritäten raus, ich-starke Einzelkämpfer ran. Es dürfte uns nicht wundern, daß viele Firmenmitarbeiter in der neuen Kundenbegegnung Fremdbestimmung wittern: die Fremdbestimmung durch den Kunden, der als unbestreitbare Autorität aufgebaut wird. Er hat immer recht, das konnte noch als Gesellschaftsspiel des alten Marketing verstanden werden, wo man den Konsumenten im Schatten solcher Formeln immer noch recht autoritär beherrschte. Daß man dem Kunden aber mehr geben soll als professionelles *Know-how,* nämlich quasi private Zuwendung, Empathie (s. S. 76), daß man ihm den Platz in der Mitte der Firma einräumen soll, ihm zuhören, mit ihm in Vertrauenskulturen leben – das läuft dem eben erst geschaffenen Befreiungsprozeß von Bevormundung durch die Firmenleitung kraß zuwider. Der Kunde als neuer Vormund, und dazu noch einer ohne Firmen-*Know-how:* dann hätte man ja gleich einen Job bei der Caritas oder den Maltesern suchen können – für die man sich aber zu ich-stark, zu karrierebewußt fühlte.

Erst wer diesen Hintergrund vor Augen hat, kann die täglichen Flops in der Dienstleistungspraxis begreifen. Die Führung der meisten Unternehmen hat jedoch die Lage nicht verstanden. Anders läßt sich das Fehlen eines systematischen Dienstleistungsmanagements nicht erklären.

Kurz gefaßt heißt die Beschreibung der Lage:
Der Dienstleistungsanspruch läuft dem gesamten Emanzipationsprozeß der Nachkriegs- und Wohlstandsjahrzehnte diametral entgegen. Mitarbeiter, die sich erst kürzlich mit Garantien ihrer Entfaltungsrechte versorgt haben, sehen plötzlich ihren Stolz bedroht und ihr Selbstbestimmungsrecht empfindlich beschnitten. Wenn der Kunde

jeden Persönlichkeitsaufwand verlangen kann, auf den der Vorgesetzte keinen Zugriff hat: Freundlichkeit, sensibles Interesse, den »inneren Platztausch« *via* Empathie, so wird das nicht anders empfunden als ein Angriff auf Energiereserven, die man allenfalls privat verwenden möchte, nicht aber beruflich.

Die unbekümmerten *Statements* von Topmanagern zur neuen Dienstleistungskompetenz ihrer Leute – nicht unbedingt der Führungsriege – klingen vor diesem Hintergrund beinahe naiv. Wer Dienstleistungsgesinnung verlangt, ohne zu begreifen, was er den Mitarbeitern damit zugleich wegnimmt, wird vergeblich auf Fortschritte in der Servicementalität hoffen. Der Einwand der Firmenmitglieder gegen soviel neuen Aufwand hat Grundsatzcharakter – obendrein mit Fremden, die gar nicht im Unternehmensprozeß Bescheid wissen!

Bei fast allen mißlungenen Kundenkontakten schlägt nämlich genau dies durch: die Insidermentalität, mit der man dem Kunden klarmacht, daß er am kürzeren Hebel sitzt. Insidermentalität ist es auch, wenn Mitarbeiter im Verkauf sich plötzlich auf die Seite des Kunden schlagen, um über die Unternehmensspitze zu klagen: »Sie müßten mal sehen, was bei uns wirklich abläuft«, heißt es dann mit gesenkter Stimme. Der Kunde will das nun nicht mehr wissen; er trennt sich vom Anbieter, bei dem soviel kontrovers läuft. Führung, die sich wirklich für eine gute Fundierung der Dienstleistungskompetenz interessiert, sollte sich Marktkenntnis bezüglich Dienstleistungsflops verschaffen. Erst dann können die Pfeiler eines Trainingsprogramms gesetzt werden.

Hier die Musterbeispiele für die häufigsten Formen des Mißlingens und der Verweigerung im Dienstleistungsmarkt Deutschland. Sie geben uns die Grundlage für einen Katalog der Ursachen und Fehlhaltungen, die das Versagen begründen. Danach sollte der wahre Bedarf an Training und – ernster – an Bewußtseinsänderung klarwerden.

Denken wir zurück: Die Massengesellschaft ist kein guter Aufenthalt für unsere Art (s. S. 230–234). Um den Druck von so vielen »Feinden« zu ertragen, sehen wir durch sie hindurch. Ein emotionaler Defekt wird antrainiert, der in der Kleingruppe tödlich wäre: Reflexe

Kundengunst im virtuellen Zeitalter I

Die Hindernisse:

- Der Verkäufer als Computerknecht knechtet den Kunden – der ohne solchen Beistand ist.
- Das große Spiel „Dienstleistung gegen Dienstleister" läuft computergestützt.
- Es ist ein Spiel um die Macht – und damit das tödliche Mißverständnis von Dienstleistung.
- Verkäufer als Systemagenten – die Todsünde der Dienstleistungskultur.
- Wenn Begegnungszwerge zu Telefonriesen werden: Tod der Dienstleistung in der Medienkultur.

Mensch + Computer (= Verkäufer)

wie Hilfsbereitschaft (nichts anderes als spontane Empathie: der Hilfsbedürftige könnte ich sein!), Anteilnahme und Solidarität werden erstickt. Die Furcht vor dem Fremden, vielleicht Bedrohlichen, ist größer; der Eigennutz stellt sich gegen den Altruismus. Es entsteht ein Klima, in dem jeder für sich selbst sorgt – in dem Bewußtsein: Niemand hilft dir, wenn du der Hilfsbedürftige bist. Im Gegenteil: Die andern werden dich, wenn du gestürzt bist, niederhalten, statt dir aufzuhelfen. – Eine fatale Ausgangslage für die Dienstleistungskultur. Sie hat uns im falschesten Moment erwischt, diese neue Anforderung. Gerade waren wir alle *cool* und gleichgültig genug geworden, eben erst war es gelungen, die allgemeine Nüchternheit gegenüber dem Schmerz der andern als überlegene Ratio des modernen Wettbewerbs zu erklären, da überfällt uns ein Bedarf, der – regelrecht ins Leere stößt. Von den Wärmeöfen der bürgerlichen Kultur hatten sich die Leistungsträger eben erst zurückgezogen: Zuviel Mitmenschlichkeit schadet dem Geschäft; Anteilnahme macht schwach; Platztausch (versetze dich in den Kunden) vermindert die Anbietermacht.

Die Crux: Sie ist ohnehin geschwunden.

»Draußen« im Markt – der ja eigentlich drinnen beginnt, wo Führung mit Mitarbeitern über Ziele spricht – kämpfen ja nicht die Chefs; nur im Sonderfall nehmen sie Kontakt zum Kunden – meist ist er »Großkunde« und damit ähnlich positioniert wie die Anbieter-Chefs. Alltägliche Kundenkontakte aber sind Mitarbeitersache. Und was einen begeisternden Dienstleister auszeichnet, das können sie nicht vom Kunden lernen, denn hier gibt es Streß, wenn einer von beiden sich falsch benimmt. Hat nun keiner von beiden ein System, um das Scheitern zu verstehen, dann fühlen sich beide am Ende als Opfer; beiden geht es schlecht. Von Geschäft kann keine Rede sein.

Begeben wir uns in den Irrgarten der Fehler. Viele Dienstleistungsfehler passieren auf der Nahtstelle Maschine/Mensch. Ein Trio ist auf der Szene: Mitarbeiter der Firma – nennen wir sie hier Lufthansa –, Computer, vom Mitarbeiter bedient, und der Kunde. Eine Rampe trennt beide. Das Machtgefälle ist programmiert und wäre vom Dienstleister-Mitarbeiter zu überwinden. Das integrierte System Mensch/Maschine arbeitet wortlos, der Kunde wartet. Er sieht die kommunizierenden Augenbewegungen des Firmenmitarbeiters auf dessen Partner, den Computer, gerichtet. Dem Kunden geht eine Zusatzfrage durch den Kopf, die die beiden da drinnen vielleicht zugleich erledigen könnten – vermutet er. Die Kommunikation der beiden da hinter der Rampe, so überlegt der Kunde, ist wohl das, was die Computerhersteller mit dem »integrierten System Mensch/Maschine« meinen. Der Kunde bleibt draußen. Dennoch wagt er jetzt seine Frage. »Könnten Sie vielleicht auch gleich nach einem Fensterplatz schauen?« fragt er mit sanfter Stimme, um die beiden nicht aus dem Konzept zu bringen. Da trifft ihn ein Blick wie ein Messer, blitzschnell, scharf, strafend. »Zuerst mach' ich jetzt mal das Ticket fertig!« Klartext: Der Kunde unterwirft sich dem System, er ist Bittsteller allenfalls, aber er hat sich nach den Gesetzen des Systems zu richten – auch dann, wenn das System mit Menschen arbeitet. Er sollte sich nicht der Täuschung hingeben, diese ins System integrierten Menschen seien für ihn ansprechbar wie ganz normale Mitmenschen. Sie haben sich die normalen Reflexe abgeschminkt: Freundliche Frage, freundliche Antwort – diese Gleichung mag draußen gelten, hier nicht.

Der Kunde erholt sich von der bissigen Antwort und sagt, sehr mutig: »Seien Sie doch nicht so unfreundlich.« Darauf die Systemdame deutlich schärfer: »Ich bin ja gar nicht unfreundlich!« – Ihr Arbeitsgang soll mit dem Ausdruck einer Quittung enden. Aber ihr Partner, der Computer, druckt nicht. Schreiben von Hand kommt wohl nicht in Frage. Zeit verstreicht, die den Kunden dem Abflug bedrohlich nahe bringt. Schließlich die integrierte Dame: »Wir können Ihnen die jetzt nicht drucken. Wenn Sie eine brauchen, dann leg' ich die hier in den Kasten, da können Sie sie abholen« (im Flughafen, den der Kunde soeben verlassen will). – »Das kann doch nicht Ihr Ernst sein«, sagt der Kunde. Mißlaunig schiebt sie ihm einen Zettel hin: »Dann müssen Sie mir aber Ihre Anschrift geben!« Der Kunde hatte die Zumutung ausgesprochen, ob man ihm die Quittung nicht zusenden könne. Blickkontakt erhält er nun nicht mehr. Nach einem handschriftlichen Beleg wagt er nicht mehr zu fragen.

Das sind wahrlich herbe Dienste, die man tagtäglich Tausende von Malen in vielen Varianten bei den großen Dienstleistern erhält. Las-

Kundengunst im virtuellen Zeitalter II

Die Hindernisse:

- Insidermentalität – der Kunde spürt, daß er am kürzeren Hebel sitzt.
- Topmanager wissen zuwenig von der durchschnittlichen Kundenbegegnung.
- Topmanager verkehren mit Topkunden.
- Das integrierte System

Mensch + Computer (= Verkäufer)

tritt dem Kunden übermächtig entgegen.

sen wir noch ein paar Beispiele an uns vorüberziehen, um die verbindenden Merkmale besser zu erkennen.

Bleiben wir bei den Dienstleistern der Luft. Hunderte von Malen täglich warten irgendwo Fluggäste auf den Aufruf zum Einsteigen und blicken besorgt zur Uhr: Da kramt zwar eine junge Dame an einem Desk nahe dem Gate, aber zur Kommunikation mit den Wartenden sieht sie keinen Anlaß. Die Einsteigezeit ist inzwischen deutlich überschritten. Die Fluggäste sind Geschäftsreisende, nicht Touristen. Der eine oder andere Mutige wagt den Weg an ihren Kommandostand. Sie schaut erst auf, wenn jemand sie anspricht. »Nein, wir können Ihnen auch nichts sagen«, ist ihre Auskunft. Wenn das so ist, ist der Fehler, den das Unternehmen macht, ebenso groß wie im andern Falle, der heißen könnte: Wir wissen etwas, aber wir werden es euch nicht sagen.

Je nach Temperament und Terminlage reagieren die Fluggäste. Daß hier objektiv ein skandalöser Affront gegenüber den zahlenden Kunden vorliegt, wird den wenigsten bewußt. Wer sich am meisten empört, wird von den weniger Eiligen belächelt: Gelassenheit empfinden die meisten als prestigestärkend. Das bestätigt den Dienstleister in seinem Pflichtversäumnis: Was die Leute tolerieren, das können wir so laufen lassen.

Als alle sehr verspätet in der Maschine eingetroffen sind, geht das wortlose Warten weiter. Die Stewardessen gehen auf und ab, das System ist mit sich selbst beschäftigt – nicht mit seinem Kunden. Der soll durch diese über ihn hinweggehenden Abläufe Respekt vor dem System lernen: Du durchschaust nichts, also halt dich ruhig. – Dann wird doch wieder einer ärgerlich. »Wir sind jetzt schon 45 Minuten verspätet, können Sie uns denn nicht mal irgend etwas dazu sagen? Wir haben Termine!« murrt er. Daraufhin, ärgerlich, die Stewardeß: »Ich kann Ihnen gar nichts sagen, wir wissen doch noch gar nicht, wann wir abfliegen!« Dieser Satz ist eine Sensation. Er läßt ein Trainingsprogramm erkennen, das nichts von der Kundenbeziehung verstanden hat – aber auch nichts von normalen Alltagsbeziehungen zwischen Menschen.

Eigentlich soll die Kundenbeziehung mehr sein als eine zufällige Begegnung irgendwo im Alltag; was aber tagtäglich von großen

Dienstleistern geboten wird, ist viel weniger als jedes freundliche Lächeln auf der Schwelle eines Ladens, wo sich zwei die Tür in die Hand geben, die sich vielleicht nie mehr wiedersehen und keinen ernsthaften Grund für Freundlichkeit hätten – außer: daß Freundlichkeit sich für beide lohnt, weil sie ein kleines Licht in den Herzen ansteckt.

Eine der beliebtesten Varianten im Spiel »Dienstleister gegen Dienstleistung« ist der Satz, der auch im eben beschriebenen Flugzeug-Szenario sozusagen in der Warteschleife war: »Darauf haben wir überhaupt keinen Einfluß.« Der Kunde hatte aber gar nicht mit der Vermutung gespielt, die Stewards hätten die Verspätung des Flugzeugs herbeigeführt. Aber andere Vertreter seines Geschäftspartners stehen ihm hier nicht zur Verfügung. So war es schon im Warteraum, so ist es in jedem Laden, in dem fehlerhafte Ware oder ein fehlendes Produkt vom Kunden beklagt wird: »Darauf haben wir überhaupt keinen Einfluß.« Will sagen: Du bist falsch mit deiner Klage, sie wird dir nichts nützen. Du hast es mit Leuten zu tun, die nie gelernt haben, daß Kommunikation, auch im Markt, viel mehr bedeutet als den Transport von positiven Nachrichten.

Kommunikation bedeutet die Stiftung von Loyalität, auch dann, wenn der Inhalt der Botschaft heißt: Wir haben noch keine konkrete Botschaft. Schon ist die Verbindung geschaffen, die das anonyme Nebeneinander von Menschen in ein sinnvolles Miteinander verwandelt. Wer sagt »Wir wissen noch nichts«, der kann meist auch angeben, warum man noch nichts weiß. Vielleicht sogar, wie lange diese Situation noch anhält. Sätze wie »Wir versuchen«, »Wir bemühen uns« gehören in solche Situationen. Nachfragen über die Folgen für einzelne Fluggäste sollten von den Dienstleistern kommen. Die Realität ist aber, daß diese meist warten, bis die Kunden selbst mit ihren ängstlichen oder ärgerlichen Anfragen kommen. Auch solche vorauseilenden Hilfsangebote – Hilfe, sich eine Meinung über die Situation und die Alternativen zu machen, solange alles unklar bleibt – würden das Klima in einer offenen Situation grundlegend verändern.

Was hier verdeckt auch abläuft, ist natürlich ein Spiel um Macht. Die Agenten des Systems, an Uniformen erkennbar, haben Insiderwissen, das sie mächtiger macht, als der Kunde es ist. Das soll der Kunde möglichst deutlich merken. Schweigen, Kommunikationsverweigerung ist eine der Waffen, um dieses Machtgefälle aufrechtzuerhalten. Attackiert der Kunde plötzlich, gibt es den spontanen Salto auf die andere Seite: »Kein Einfluß! Keine Ahnung!« Das heißt aber wieder dasselbe wie vorher: »Laß mich in Ruhe! Ich gehöre zwar dazu, aber ich gebe keine Rechenschaft.«

Überall greift derselbe Fehler: Systeme kontrollieren den Kunden, nicht der Kunde kontrolliert die Systeme. Das Fatale: Es sind aber Menschen, die ihm als lebende Funktionen des Systems die Unterwerfung abverlangen, indem sie sich als Teile der Maschinerie präsentieren – ohne menschliche Augen und Ohren. Zuweilen nimmt dieses Machtspiel entwürdigende Züge an.

Ein alter Mann kommt mit einem kleinen Päckchen zum Paketschalter der Post. Er übersieht die Schlange der Wartenden, die sich in schöner Verschleierung der desolaten Dienstleistungsqualität hinter der grellgelben »Diskretionslinie« aufgestellt haben. Der Systemagent, blutjung, weist ihm, der eben zu sprechen beginnt, mit erhobenem Arm und strengem Finger einen Platz an: Da soll er erst mal stehen und warten. »Aber ich möchte Sie nur was fragen!« sagt der alte Mann unsicher. »Ob ich das hier so verschicken kann.« – »Weiß ich doch nicht, ob Sie das so verschicken können! Das müssen Sie doch wissen!« blafft der Junge den Alten an. – »Nein, ich meine, ob ich das vielleicht auch drüben in der andern Halle ...« – »Damit haben wir überhaupt nichts zu tun. Hier sind Sie bei der Frachtpost. Das ist ein selbständiges Unternehmen. Wie Sie da drüben was verschicken können – keine Ahnung.«

Was geschieht in dieser Szene? Der junge Postangestellte weiß, daß er damit nicht die Frage des alten Mannes beantwortet. Er weiß aber, daß er Publikum hat und daß der alte Mann hilflos ist, also spielt er sich als Systemidiot auf. Er darf ganz sicher sein, daß der alte Mann die Selbständigkeit der Frachtpost nicht im Kopf hat, wenn er fragt, ob sein Päckchen auch am Briefschalter abgeliefert werden kann. Der junge Systemfunktionär weiß auch, daß der alte Mann nicht nach der unternehmerischen Organisation der Post gefragt hat, sondern nach

Versendungsmöglichkeiten für ein kleines Paket. Natürlich weiß das der Angestellte. Aber er hat Lust, seine Macht auszuspielen und den Kunden unsicher zu machen. Der soll fühlen: Allein kann ich nichts. Ich durchschaue dieses System nicht, in dem ein anderer mächtig ist, dieser junge Bursche zum Beispiel. – Beschämt und verwirrt reiht sich der alte Mann in die Warteschlange. Die einzige für ihn relevante Auskunft hat er nicht erhalten: daß sein kleines Paket vielleicht für die Ablieferung am Briefschalter zu schwer ist. Beim nächsten Mal wird er gar nichts mehr fragen und sich nur – hoffentlich an der richtigen Schlange, denkt er ängstlich – anstellen.

Diese Dienstleistungskatastrophe im kleinen zeichnet sich auch noch dadurch aus, daß niemand aus der Schlange der Wartenden den Unverschämtheiten des jungen Rüpels Einhalt gebietet. Es ist wie bei dem Sturz in der Menge (s. S. 234): Jeder tut unbeteiligt, keiner reagiert auch nur durchschnittlich – denn »durchschnittlich« und normal wäre die Empörung über die Bosheit, die hier einem von ihnen angetan wird –, alle reagieren unterhalb der Norm. Und alle bestärken damit den Regelverletzer, es nächstens, je nach Laune, wieder zu versuchen.

Hier ist deutlich zu sehen, daß Dienstleistung nicht nur ein neues Gesellschaftsspiel für Nischen ist, sondern ein Bestandteil der Kultur des Gemeinwesens.

Auf Schritt und Tritt begegnen wir heute dieser Mutation von Menschen zu Systemagenten. Auch ihre Sprache verrät es. Die Sätze haben kein Gegenüber mehr, sie werden regelrecht in die Luft gehängt. »Mal die Jacke öffnen!« heißt es bei der Sicherheitskontrolle. Das klingt wahrlich amtlich, zugleich imperativer als notwendig, denn Gegenwehr ist kaum zu erwarten, Einsicht darf vorausgesetzt werden und würde eine freundlichere Sprache erlauben. Das Sicherheitspersonal sieht das wohl anders. Es muß schon deutlich werden, daß hier eine Instanz kontrolliert, nicht einfach Menschen. Das Unbehagen des Kunden stellt sich zuverlässig ein. Er bemüht sich um dieselbe Gleichgültigkeit, die er eben erfährt. Und damit stützt er das System, das ihm so unangemessen begegnet.

Eine Kette von Zumutungen ist es, die sich Menschen in den modernen Ballungsräumen täglich und stündlich gegenseitig abverlangen. Warum nur? Im Schutz der Unsichtbarkeit, in der Welt der Medien, geht das noch zwangloser. Telefonauskunft: Der Kunde bittet um die Telefonnummer der Firma Tiffany in München. Seine Chancen sind gut, weil er nicht nach einer Faxnummer gefragt hat, dann müßte er nämlich zweimal anrufen. Er wird immer zuerst die Telefonnummer erhalten, auch wenn er »Faxnummer« deutlich sagt. Die Systemagenten rasten auf den Regelfall ein, und der heißt Telefonnummer. Der Kunde mit den guten Chancen auf eine zutreffende Auskunft hört nun die Rückfrage: »Ich hab' hier soundso viele Tiffany, was soll'n das sein?« – »Die weltberühmte Firma Tiffany, die machen Juwelen«, sagt der Kunde freundschaftlich, um seinen Erfolg nicht zu gefährden. – »Weiß ich nicht, was da bei Ihnen so weltberühmt sein soll. Kann ich hier nicht sehen.« Der dienstleistungseifrige Kunde bekommt also seine kalte Dusche. Sein Kontakt mit der lebenden Stimme am andern Ende wird plötzlich durch die plärrende Computerstimme abgelöst, die ihm eine Nummer aufsagt. Er wählt sie und landet in einer Kneipe. »Hat gestern schon mal jemand angerufen«, sagt eine alkoholschwere Männerstimme. Der Kunde verschiebt den nächsten Versuch.

Das Grundmuster des Versagens ist bei den meisten Dienstleistungsmißerfolgen überraschend ähnlich. Unschwer erkennen wir darin die Maximen Selbstbehauptung, Machtvorsprung, Dominanz, die das »Macherzeitalter« der Industriekultur bestimmt haben. Sie durchtränkten auch die Bildungssysteme und sogen Alltagstugenden – wie die Achtung vor dem Gegenüber, den Wunsch nach Verständigung und wechselseitigem Wohlbefinden – auf. Der Irrtum brach sich Bahn, daß Wohlbefinden nur gegen andere, nicht mit ihnen zu erreichen sei – jedenfalls auf den Märkten, wo Abgrenzung über Verbundenheit siegte. Was das Dienstleistungsversagen heute prägt, ist der Versuch der Verkäufer und »Dienstleister«, mit ihrem Auftritt den Systemvorsprung als Machtposition gegenüber dem Kunden aufzubauen. Partiell hat er das in der Industriephase akzeptiert, weil die Kern*message* lautete: Starke Unternehmen sind potente Partner. Unter diesem Motto ließ der Kunde sich auch eine gewisse »geliehene Präpotenz« von Verkäufern gefallen, die ihn heute kränkt. »Kundendienst« ist heute allzu häufig Dienst des Kunden, und dies schlecht getarnt.

Wir haben viele Gründe, Dienstleistung als trendkonformes *Knowhow* im Umgang mit dem Kunden zu bezeichnen. Aber wir entdecken zugleich, daß Dienstleistungsgesinnung eigentlich nichts anderes ist als säkularisierte Nächstenliebe – und daß gerade die nicht unbedingt einen starken Gegenwartstrend ausmacht. Wir begreifen die Anforderung, und wir erfassen Schritt für Schritt die immensen Schwierigkeiten, die ihrer Erfüllung entgegenstehen. Ist das Wort schon distanzierend und fossil, wie viele meinen? Paßt die ganze Sache nicht in unsere Gegenwart, wo sich jeder mit immer mehr Anonymität abfinden muß? Wie faßt man eine Aufgabe an, die so schlecht ins Stimmungsbild der Menschen paßt, wenn sie sie tun sollen – und so gut, wenn sie sie genießen dürfen?

Da haben wir sie, die beiden ganz verschiedenen Seiten der Medaille »Dienstleistung«. Jeder will sie haben, keiner will sie anbieten – gleichviel, was wir offiziell von Firmen hören. Wer schaufelt die Schwelle weg? Und wie?

Daß man es gar nicht wagen dürfte, Dienstleistung zu fordern, wenn man sie selbst nicht geben will, ist so einfach und so logisch, daß die Entkoppelung der beiden Welten – Leisten und Genießen – wirklich überraschen muß. Oder doch nicht? Denn das Prinzip kennen wir doch; es hat uns den bequemen Weg in das Sozialstaatsdilemma und in leistungsvernichtende Arbeitsbedingungen geebnet. Welcher Sektor des Lebens sollte davon unberührt bleiben?

Dienstleister in der Selbstbedienungswelt – Tugend gegen den Trend?

Dienstleistung in Zeiten der Selbstbedienung – ist das ein Gegentrend oder gegen den Trend? Wird mehr Dienstleistung von uns durch mehr Selbstbedienung bezahlt? Aber die Anbieter haben keine Hemmungen, auch das »Dienstleistung« zu nennen, was teuer ist. So antwortet der Kundendiener – sorry, so darf ihn niemand nennen, also der Kundendienstler, oder wie? – des stolzen Hauses Mercedes-Benz dem Halter eines Spitzenmodells, der nach einem Ersatzwagen für den Tag der TÜV-Abnahme fragt: »Wir haben da jetzt einen besonderen Service für Sie, das ist der Abholdienst, der kostet 98 Mark.« Der Spitzenservice zum Spitzenpreis für Spitzenautos.

Die Welt voller Diener, von der wir reden, wenn wir die Ideale der Dienstleistungskultur beschwören, ist faktisch eine Welt voller Knechte, die viel mehr selbst tun als in den Jahren zuvor. Dafür könnte man sie durch Dienste entschädigen, die sie früher nicht bekamen. Wenn dann noch jeder wählen könnte, was er am liebsten selber tun und wo er sich bedienen lassen möchte, wäre das eine vorzügliche Sache. Der *Do-it-yourself*-Kunde wird ja nicht nur kenntnisreicher in verschiedensten Produktzweigen – Tanken, Wiegen, Etikettieren, Entsorgen, Qualitäten unterscheiden –, sondern auch empfindlicher: Bekommt er einmal Menschen zu fassen, die die Anbieterseite verkörpern, verlangt er ihnen doppelt soviel ab, wie sie erwarten. Und zwar nicht an Produkt-*Know-how,* sondern an sozialer Kompetenz.

Dienstleistung ist *a little bit selling your soul*, sagen deshalb die Amerikaner. Sie verkaufen ein Stückchen von Ihrer Seele – oder Sie sind nicht erfolgreich. Wenn das Chefs von ihren Mitarbeitern verlangen und dabei die eigene Seele gut verpackt halten, kommt hinhaltender Widerstand auf – den der Kunde ausbadet.

Dienstleistung

„a little bit selling your soul"

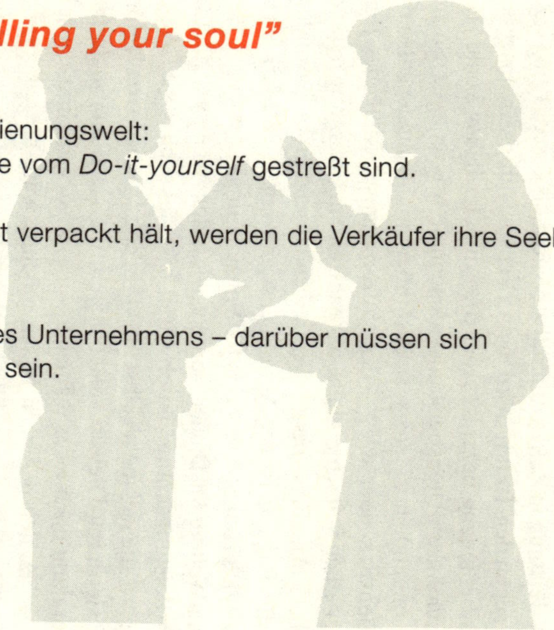

Dienstleister in der Selbstbedienungswelt:
Kunden-Diener für Partner, die vom *Do-it-yourself* gestreßt sind.

Wo die Führung ihre Seele gut verpackt hält, werden die Verkäufer ihre Seele nicht zu Markte tragen.

Dienstleistung ist die Seele des Unternehmens – darüber müssen sich Führung und Mitarbeiter einig sein.

Dienstleistung als die Seele des Unternehmens – läßt sich auf diesen Nenner ein durchsetzbares Konzept nicht bringen, welches Motto könnte das Dienstleistungstraining in der *Company* statt dessen haben?

Das »kundengesteuerte Unternehmen«, eine in England und den USA beliebte Beschreibung für den hohen Dienstleistungsgehalt der Firmenkultur, das ist eine geeignete Formel zumindest für Strategiekonferenzen, wo Idealbilder gehandelt werden, auf die man die Mitarbeiter – stellvertretend – verpflichten möchte.

Wer aber einmal verstanden hat, wie massiv die Hindernisse vor einer guten Dienstleister-Performance sind, der wird an Tricks und Motivationsspäße nicht mehr glauben wollen.

- Hindernis Nummer 1: Massendruck (s. S. 233). In einer Welt mit lauter Fremden, die für sein Stammhirn potentielle Feinde sind – »nicht von meinem Stamm« –, kann der Mensch nicht automatisch auf Wärme und Nähe schalten, weil ein Kernprogramm aus seiner mentalen Vorgeschichte heftig gegensteuert.
- Hindernis Nummer 2: Systemknechtschaft. Sie hat mehrfache Folgen. Erstens: Der Mitarbeiter rächt sich für die eigene Unfreiheit am Kunden; er knechtet ihn unter Regelwerke, weil er selbst geknechtet wird.
  Zweitens: Der Mitarbeiter benutzt das System als Waffe, um Distanz zum Kunden aufrechtzuerhalten und Macht zu erleben.
  Drittens: Variante »Systemvergötterung«. Der Kunde ist Gefangener und Agent des Systems; er respektiert das System, in dem er zu Hause ist, viel mehr als den Kunden.
  Seine Profimanieren brüskieren den Kunden.
  Viertens: Das System ist unfehlbar, man kann sich auf es verlassen. Das bedeutet aber auch: Es gibt keine Ausnahme, kein Pardon für den Kunden.
- Hindernis Nummer 3: Produktversessenheit. Die Mitarbeiter beziehen Deckung hinter dem Produkt. Was das Produkt fordert, soll auch der Kunde akzeptieren. Nicht er nimmt den ersten Platz ein, sondern das materielle Gut, das hier den Besitzer wechseln soll.

- Hindernis Nummer 4: Die Ideologie der Entfaltung als Egomanie ausgelegt. Mitarbeiter verweigern Empathie, weil sie die Fähigkeit, sich auf den Platz des andern zu setzen, als Bedrohung der eigenen Souveränität verstehen.
- Hindernis Nummer 5: Dienen hat kein Prestige. Lieber System- und Produktknecht sein als Menschenknecht; das Trauma der Unterwerfung wird abgewehrt, weil es die Wiederkehr der Autorität bedeuten könnte – jetzt in Gestalt des Kunden.
- Hindernis Nummer 6: Die Ideologie der Vorteilsnahme. Warum soll es der Kunde besser haben als ich? Für das eigene Wohl muß man gegen die andern kämpfen, nicht mit ihnen. Die Du-oder-ich-Gesinnung der Aufstiegsjahre behindert Partnerschaft.
- Hindernis Nummer 7: Abwehr zu hoher »menschlicher« Einsätze, die die Grenze zwischen Berufswelt und privater Welt verwischen.
- Hindernis Nummer 8: Kämpfermentalität. Jeder muß sich durchkämpfen, mir hilft auch niemand, warum soll ich dem Kunden bessere Bedingungen schenken, als ich sie erhalte? fragt sich der Mitarbeiter. Wettbewerb ist Kampf, so lernen die Mitarbeiter in ihren Firmen, und da hat man es mit lauter Gegnern zu tun. Auch der Kunde ist ein potentieller Gegner des Erfolgs. Die Reaktionsmuster auf dieses Streßprogramm sind: Kampf oder Flucht. Auf keinen Fall Umarmung.
- Hindernis Nummer 9: Unverständnis für die virtuelle Welt. Mitarbeiter lernen nicht, daß die wertvollsten Produkte schon heute unsichtbar sind – zum Beispiel Dienstleistung. Die unsichtbare Welt der Energieströme zwischen Verkäufern und Kunden gilt als nicht real, weil sie nicht sichtbar ist.
- Hindernis Nummer 10: Streß. Er entsteht durch die einseitige Belastung der Intelligenz, die beim Beziehungsmanagement versagen muß. Die »Herzzonen« des Kopfes springen nicht an, weil das gesamte Unternehmen intelligenzgetrieben agiert. Für Dienstleistungen reicht Intelligenz nicht aus – im Gegenteil: Sie zerstört oft die Begegnung durch frostige Professionalität.
- Hindernis Nummer 11: Angst vor Ausbeutung. Ursache ist der verbreitete Irrtum der Führungsgruppen über das, was bei der Dienst-

Dienstleister sind Kunden-Diener.

12 Gründe für das tägliche Mißlingen:

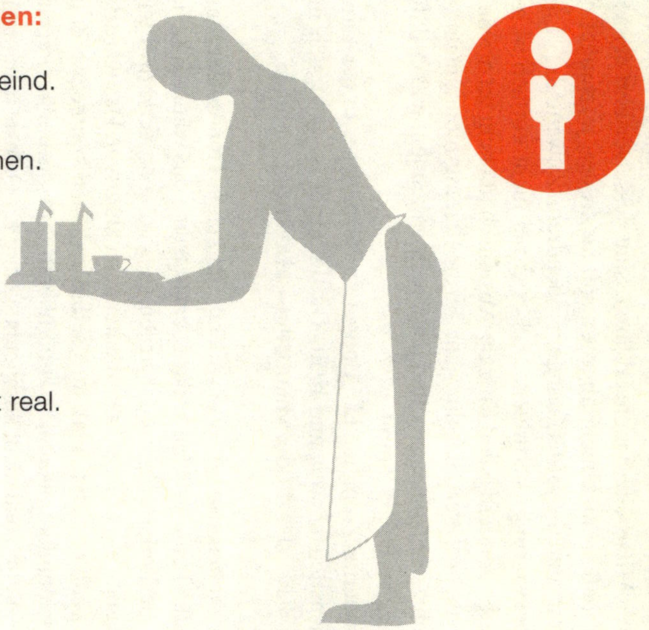

1. Massendruck. Der Fremde ist der Feind.
2. Knechte machen Knechte.
3. Hinter dem Produkt in Deckung gehen.
4. Egomanie zerstört Empathie.
5. Dienen hat kein Prestige.
6. Prinzip „Du oder ich".
7. Privaten Aufwand vermeiden.
8. Kämpfermentalität.
9. Alles was nicht sichtbar ist, ist nicht real.
10. Intelligenz-Streß.
11. Angst vor Ausbeutung.
12. Mangel an Vorbildern.

leistung geschieht. Es ist ein Energie-Austausch, den die Firmen ihren Mitarbeitern nicht erklären. Statt dessen erfährt der Mitarbeiter, daß er noch mehr abgeben soll als früher; jetzt nicht nur Leistung und Loyalität, sondern obendrein Zuwendung, Empathie, Begeisterung, Vertrauen. Daß er dabei nicht einfach »Lieferant« bleibt, sondern einen Energie-Austausch in Gang setzt, von dem er selbst profitiert, hat ihn seine Firmenleitung nicht gelehrt. Er soll mehr geben als bisher und kann nicht erkennen, daß er dafür auch mehr zurückbekommt.

- Hindernis Nummer 12: Mangel an Vorbildern. In der Firma kein Dienstleister weit und breit. Die Führung versteht sich nicht als Dienstleister für die Mitarbeiter – also knausern beide.

Wir kämpfen also mit zwei widersprüchlichen Trends. Der Markt: Ein Selbstbedienungsladen voller Dienstleister – das wäre ein Konzept, in dem die Entlastung mit der neuen Belastung so verknüpft wird, daß der Kunde am Ende besser »bedient« ist als zuvor. Das wäre dann der Fall, wenn er sich überall dort selbst bedienen könnte, wo er unempfindlich und kompetent ist, und überall dort Zuwendung erführe, wo er verletzlich und nicht kompetent genug für Dienste in eigener Sache ist.

Die Diagnose-Liste mit den Punkten 1 bis 12 entlarvt einen großen Teil der Dienstleistungsdefizite als Führungsdefizite. Die objektiven und schwerwiegenden *Handicaps*, die übrigbleiben – wie die Massenphobie des *Homo sapiens* –, können erst dann gemeinsam bekämpft werden, wenn die Managementfehler korrigiert sind.

Dienstleistungsmanagement – das erleichtert die Therapie der Schwächen – leidet unter denselben Mangelerscheinungen wie Führung, Kommunikation und Kultur der Unternehmen, die aus der Industriephase kommen. Die Überbetonung des Intellekts tötet Wärme ab und vernichtet jede Großzügigkeit im Kontakt der Menschen untereinander. Berechnung regiert, Vorteilsnahme und lauernde Mißtrauensbereitschaft regieren auch in den Unternehmen – und werden durch Ausnahmen nicht ausgeglichen, sondern verschärft. Wenn das schwerwiegende Handicap der Menschen, in der Massenkultur freundlich mit fremden Menschen umzugehen, eine so tiefe Wurzel hat wie beschrieben (s. S. 231), dann müssen wir auch die Heilung dieses natürlichen Handicaps in denselben Tiefenschichten der menschlichen Reaktionen suchen. Die Phobie vor der anonymen Masse, das anspringende Freund-Feind-Modell durchtränken auch einen Großteil der Verweigerungsgründe, die auf den ersten Blick zeittypisch wirken und der Genußmoral zu entsprechen scheinen.

Halten wir fest: Es gibt sehr ernste und sehr respektable Gründe für das Versagen vor dem Entwurf »Dienstleistungskultur«. Es gibt zugleich gegenwärtig keine überzeugende Alternative zu diesem Konzept der Gestaltung von Marktbeziehungen im Wettbewerb. Es gibt darüber hinaus ein vitales Bedürfnis der Menschen im Markt nach einer besseren Qualität des Marktklimas – und die kann nicht auf der Produktseite geholt werden, sondern nur im virtuellen Feld der Begegnungen.

Wer sich mit seinen Mitarbeitern hierüber einig ist, hat einen guten Start in die Lösungsdebatte für die gemeinsamen *Handicaps.* Sie müßte die Diagnose-Liste abarbeiten und einen Therapieplan aufstellen, der für alle teils unterschiedliche, teils gleichlautende Verbindlichkeiten enthält – je nachdem, ob jemand Führungsverantwortung trägt oder Kundenverantwortung wahrnimmt.

Die Dienstleistungs-Charta – Ein Therapiekonzept

Am Anfang einer Dienstleistungs-Charta muß das Prinzip »Individualisierung« stehen.

Das kommt uns bekannt vor: Immerhin profitieren wir alle seit Jahrzehnten von diesem Vorteil. Die Partner der Dienstleistung sollen also nie als Kollektiv präsent sein, auch nicht im Kopf, sondern immer als Individuen, unverwechselbare Originale mit persönlichem Profil. Unter diesem Motto wird für Dienstleister und Kunden der Massendruck entschärft. Der »Fremde« aus der Menge wird zur einzelnen Begegnung. Auch wo Kunden in großen Zahlen auftreten, sind sie lauter Individuen, deren Gesichter so verschieden sind wie ihre Gefühle und Gedanken an diesem Tage, da sie dem Anbieter begegnen.

Die Grundformel muß lauten: Was unsere Kunden unterscheidet, nehmen wir wichtiger als das, was sie einander ähnlich macht. Nur so kann man lernen, dem Kunden das Gefühl zu geben, daß er geachtet, aufmerksam angehört und mit Sorgfalt bedient wird. Das gilt auch dort, wo Verkäufer dem Kunden nicht persönlich begegnen. Prüfen Sie den Auftritt Ihrer Produkte im Lichte dieses Mottos: Kann der Kunde fühlen, daß die Firma seine Einzigartigkeit achtet? Oder kränkt ihn das Massenprodukt durch Gleichgültigkeit und beliebig adressierte Texte? – Es gibt eine Grammatik der Individualisierung, sie werden die Firmen lernen müssen: »Wenn Sie unser Produkt aber ganz anders verwenden wollen, als wir hier vorschlagen, dann möchten wir Sie dabei mit folgenden Ideen begleiten ...« oder: »Was Sie, lieber Kunde, liebe Kundin, vielleicht ganz anders machen möchten, das würden wir gern erfahren. Bitte rufen Sie uns an, wenn Sie Lust haben ...«

Ein ganz neues Feld der Kundenbeziehung und der Marktforschung öffnet sich, und der Kunde fühlt sich nicht mehr unter Massendruck.

Die große Überschrift für die Charta der Dienstleister lautet also:

- Geben Sie dem Kunden seine Individualität zurück!
  Er wird es Ihnen danken.
  Trainingsvorschlag: Lassen Sie alle Abteilungen Ihres Unternehmens dazu Vorschläge vorlegen, was sie jeweils dazu beitragen wollen. Optimieren Sie das Konzept, reichern Sie es in *Brainstormings* an, und vereinbaren Sie den ersten Probelauf mit Zeitmarke zum gemeinsamen ersten *Feedback* und ersten Korrekturen. Die Milderung des Massendrucks ist also Kapitel 1 auf der Dienstleistungs-Charta der Firma.
- 2. Systemknechtschaft.
  Im Dienstleistungs*workshop* wird zusammengetragen, was Mitarbeiter mit dem »System Firma« erleben. Auf jeder Ebene entstehen Teilsysteme, die Zwang ausüben. Die Selbsterkundung hat zwei Teile: a) Wo behindert mich das System? b) Wo benutze ich das System, um andere zu behindern? Die Kundenverhältnisse untereinander werden damit zuerst geklärt. Anschließend bemerken alle, wieviel von diesem Druck sie dem Kunden »draußen« weitergeben – um sich selbst zu entlasten und aus Hilflosigkeit: Was man drinnen lernt, das praktiziert man auch draußen. In dieser Runde sind Aufrichtigkeit und Selbstkritik notwendig: Anonym sollten die Mitarbeiter aufschreiben, ob und wann sie Systemzwänge vorschieben, um selbst unbehelligt zu bleiben; wie oft sie die Übermacht der Organisation beschwören, um für sich Prestige beim Kunden zu holen. Und schließlich: Das System hat immer recht. Wie oft hat jeder der Teilnehmer dem internen oder externen Kunden vorgehalten, daß die Abläufe im Hause keinen Widerspruch dulden? Die tägliche Flucht aus der Verantwortung wird eine Debatte entfachen, in der die Mitarbeiter beklagen, daß die Führung ihnen zuwenig Verantwortung überläßt. Schon an dieser Stelle wird deutlich: Dienstleistung ist ein Führungsthema, und wenn die Unternehmensspitze sich hier heraushält, wird nichts zum Besseren gewendet. Gemeinsam müssen Führung und Mitarbeiter die Konsequenzen aus diesen Befunden planen und im Vollzug kontrollieren.

Die Dienstleistungs-Charta I

1 Geben Sie dem Kunden seine Individualität zurück!
Er wird es Ihnen danken.
2 Die Systemknechtschaft der Mitarbeiter auflösen.
3 Kundenherrschaft statt Herrschaft der Produkte.
4 Die Führung muß Empathie lernen – damit der Mitarbeiter
sie dem Kunden geben kann.
5 Dienen schändet nicht; Dienen adelt. Welche Dienste schulden wir einander?
6 „Du oder ich" ist Krieg; „Du und ich" ist Kooperation.
Nur Bündnisse machen stark.

- 3. Produktversessenheit.
Eröffnen Sie die Therapie dieses Fehlers mit einer Debatte über Ihr Verhältnis zu den Produkten des Hauses. Ziehen Sie dann Bilanz: Drinnen, unter Kennern, macht die Produktliebe allen Vergnügen. Dem Kunden gegenüber wird sie zum Problem. Die Schwelle muß sensibel erkannt werden: Beherrscht das Produkt mit seinen Ansprüchen Ihre Argumente? Dann herrscht der Kunde nicht mehr. Das Beziehungsmanagement ist damit verfehlt. Üben Sie Dialogmuster, in denen die Produktvorzüge so dargestellt werden, daß der Kunde fühlt: Das Produkt dient ihm, nicht er dient dem Produkt. Der Verkäufer erscheint nicht als Produkt-Agent, der zur Objektivität nicht mehr fähig ist, sondern als beweglicher Gesprächspartner, der in erster Linie den Kundenvorteil im Blick hat. So anspruchsvoll kann das »Verkaufen« sein! Wer es sich leichter macht, wird bald zu den Verlierern gehören.
- 4. Empathie als Zumutung.
Sich an den Platz des anderen – hier des Kunden drinnen oder draußen – zu setzen ist nicht ein Akt der Unterwerfung, sondern ein souveräner Schritt. Dazu gehören gute emotionale Kondition und Selbstsicherheit. Wo das Führungsklima von Mißtrauen und Unsicherheit geprägt ist, wird die Kraft zur Empathie nicht trainiert. Das Lernteam muß erkunden, ob Führungskräfte den Mitarbeitern Empathie schenken und wie diese Fähigkeit im Hause definiert wird. (Dieses Buch gibt dazu ausführlich Anleitung: s. S. 71–82, 76.) Auch hier wird sich die Führung plötzlich im Mittelpunkt des *Service*-Themas sehen: Defizite des Führungsklimas schlagen auf den Kunden durch. Das Management der Vertrauenskultur muß ernstgenommen werden, auch aus der Marktperspektive (s. S. 222). Ein Empathie-Training für Führung und Mitarbeiter verlangt bereits Vertrauen, und wir haben gesehen, daß Führungskräfte dieses Vertrauen zuerst geben müssen. Ist das im Sinne des Kapitels über Vertrauenskulturen (s. S. 111–119) gelungen, dann werden die Mitarbeiter auch den Mut haben, zunächst wieder in anonymen Notizen, später mündlich und offen zu berichten, wie sie die fehlende Empathie der Führenden erleben – und was ihnen selbst im Wege steht, wenn

sie sich auf den Platz eines anderen Menschen setzen sollen, um ihm gerecht zu werden.

- 5. Dienen ist out! Und es bedroht die Entfaltungsrechte.

Das Dienstleistungsteam aus Führung und Mitarbeitern macht zunächst ein *Brainstorming* zu den spontanen Assoziationen, die das Wort »Dienen« in den Köpfen in Gang setzt. Eine Tafel mit Assoziationsketten läßt alle überschauen, was sich in ihren Köpfen abspielt. Das Unzeitgemäße des »Dienens«, aber auch die lauernde Angst, damit in die Rolle des Unterlegenen zu geraten, wird dort Spuren zeichnen. Wo einer dient, da ist der andre Herr; das Denkmuster von Herr und Knecht springt an. Der flexible Austausch von Diensten, die jeder jedem schuldet, ist in den Köpfen keineswegs verankert. Er ist allenfalls im jungen, intelligenten Potential des Vernunfthirns als Lernergebnis untergebracht, nicht aber als Kooperationsprinzip.

Dennoch lagert genau dieses Wissen: daß Kooperation erst möglich ist, wenn alle einander dienen und jeder »Herr« ist, wo sein Wissen und Können gefragt ist, in den tiefen Schichten unseres Emotionshirns. Dieses Wissen hat uns erfolgreich gemacht, und sein Verlust bedroht unsere Überlebensfähigkeit. Können und Wissen verleihen jedem der Team-Mitglieder Autorität – nicht pauschal, sondern kompetenzgebunden. Das gilt für Führung wie für Mitarbeiter.

Wir brauchen die Allergie gegen moralische Argumente also überhaupt nicht wachzuklopfen, um die gleitenden »Dienerrollen« aller für alle zu begründen. Vernunft und Emotion kooperieren hier im guten Falle ohne jeden Dissens – wenn nicht ein dominanter Intellekt die Emotion verachtet und aushungert. Die Moral spiegelt ja Überlebens-Impulse, und in den Selbstkorrekturen, die dem Management bevorstehen, ist es sinnvoller, auf die Quellen der Alltagsmoral zurückzugreifen, um alle Differenzen zwischen den Generationen über bürgerliche Moral und ihre Entartungen von Anfang an allen zu ersparen.

- 6. Das eigene Wohl gegen andere erkämpfen.

Diese Lektion schließt hier nahtlos an: Wer den Energie-Austausch »Dienen« verstanden hat, der wird nie mehr der Täuschung erliegen, »gegen« andere sei eigenes Wohl auf Dauer zu entfalten. Jede Störung der Balance schlägt auf alle durch – auf die Täter wie die Opfer. Kultur ist nie »du oder ich«, sondern immer »du und ich«. Das gilt auch für Unternehmenskulturen. Die führenden Manager werden also in einer gründlichen Dienstleistungsdebatte von allen anderen Themen unvermutet eingeholt: Die Partnerschaft der Dienstleister ist eine Vertrauenskultur der ungleichen Talente und Persönlichkeiten, und sie erweitert sich um die Kundenbeziehung zu einer grenzüberschreitenden Partnerschaft des Hauses mit den Garanten seines Erfolgs im Markt, den Kunden. Wer dem Affekt nachgibt, der Kunde wolle seine Freiheit beschneiden, der hat den Zusammenhang von Kundenvertrauen und Unternehmenserfolg überhaupt nicht verstanden. Auch dies fiele aber auf die Führung zurück. Ist es ihr nicht gelungen, auch die Welt des Wettbewerbs so zu diskutieren, daß alle Mitarbeiter verstehen: Bündnisse machen stark, und Wettbewerbspartner machen uns stärker, besonders wenn sie besser sind als wir, dann denken Mitarbeiter weiterhin in den Mustern der Konfrontation. Darin erscheint dann auch der Kunde als Feind der eigenen Entfaltung.

Führung und Mitarbeiter müssen sich über diese Gegnergefühle furchtlos austauschen: Warum wird die Führung partiell als »gegnerische Gruppe« erlebt, und wie überträgt sich das auf die Kundenbeziehung? Warum erleben Führungskräfte zuweilen die Mitarbeiter als Gegner – in zweierlei Hinsicht: als Karrieregegner für sich selbst und als Gegner, die auf der Straße zum Firmenziel Blokkaden aus Bequemlichkeit, Demotivation und Mißtrauen errichten? Auch hier ist der Schutz der Anonymität eine gute Hilfe für beide Seiten.

○ 7. Keine private Energie ins Unternehmen pumpen!

In dieser Lektion steht die Lebensstrategie zur Debatte: Trennung von Beruf und Privatleben durch hohe Mauern oder Vernetzung von beiden in einem Lebenskonzept, das nicht zwei getrennte Energiekonzepte kennt, sondern nur eines.

Streß entsteht viel eher durch die unerbittliche Trennung beider Sphären als durch deren harmonische Verbindung. Wenn »private«

Die Dienstleistungs-Charta II

7 Brücken bauen! Die Identität der Menschen im Unternehmen verträgt keine Teilung.

8 Nicht gegeneinander kämpfen, sondern gegen die Probleme – und gemeinsam siegen.

9 Die wichtigsten Energien sind unsichtbar. Das Highlight im Beziehungsmanagement heißt Dienstleistung.

10 Streß ist ein Führungsfehler, keine Führungstugend.

11 Wer sich ausgebeutet fühlt, der beutet aus. Führungsfehler!

12 Die Führung muß Dienstleistung lernen; dann werden Mitarbeiter gute Kunden-Diener.

Tugenden auch im Beruf gelten, entsteht weniger Streß. Wer die Mauern öffnet, tut also für die eigenen Ressourcen genausoviel wie für die Beziehungen in der Firma. Dienstleistung ist ein gemischtes Konzept. Wer hier professionell mit geschlossenem Visier erscheint, kann den Kunden nicht binden. Wer in der Firma nach diesem Muster führt, wird die kühlen Köpfe steuern, nicht aber die Herzen gewinnen. Die »zweipolige Welt« hat ihre letzte Bastion in der streßbetonten Trennung von privater und beruflicher Welt. Stärken Sie gemeinsam das Vertrauen; die Mauern niederzulegen lohnt sich! Für Führung, Mitarbeiter und Kunden.

o 8. Kämpfer haben nichts zu verschenken.

Die Lektion für diesen Fehler heißt: Erfolg durch Kooperation. Die Mitarbeiter dürfen kritisch Stellung nehmen zum Klima in der Firma, das mehr Kampf- als Kooperationserfahrungen liefert. Wenn der Wettbewerb als »Krieg« beschrieben wird; wenn die Führung den Karriereweg als Kriegspfad darstellt, auf dem es Verluste gibt und Intrigen; wenn der Hinterhalt eine alltägliche Erfahrung wird, dann erscheint nichts mehr friedlich erreichbar. Also legt jeder sich eine Kämpfermentalität zu. So werden Kräfte in der Konfrontation verschlissen, die zur Kooperation mit dem Kunden fehlen. Also geht man vor dem Kunden in Deckung.

Das gemischte Therapieteam sollte sich über die Gefühle austauschen, die man im Kämpfer-Alltag entwickelt. Der Kampf-oder-Flucht-Impuls ist ihr täglicher Begleiter, werden einige Mitarbeiter gestehen. Er überfällt sie deshalb auch im Kundenkontakt. Wie kann er »weggelernt« werden? Indem dieselben Tiefenschichten mit ihren gegenteiligen Kern-Emotionen Nahrung erhalten: der gerechte Zorn, der die Intriganten trifft, und das gemeinsame Glück, in einer Vertrauenskultur zu leben (s. S. 117). Wieder geht es um eine Vorleistung der Führung: das Kampf-oder-Flucht-Motiv außer Kraft zu setzen durch die vorauseilende Verwundbarkeit – Vertrauen geben, um Vertrauen zu nehmen.

o 9. Was ich nicht sehe, existiert nicht.

Das Lernpensum heißt »virtuelle Welt«. Eigentlich wissen es alle: Die wertvollsten Energieströme sind unsichtbar. Es sind Zuneigung, Liebe, Treue, Verläßlichkeit, Glaubwürdigkeit, Freundschaft. Daß auch im Geschäftsleben solche unsichtbaren Energieströme über Erfolg oder Mißerfolg entscheiden, haben die wenigsten Spitzenmanager bisher einer Erörterung wert gefunden. Nur wenn viel danebengeht, ist man bereit, an unsichtbare, nun aber zerstörerische Energien zu glauben. Wo alles oder vieles glückt, fließt natürlich ebenfalls Energie.

Nicht irgendeine von Sektierern beschworene Kraft macht den Erfolg, sondern das Beziehungsmanagement zwischen allen Kunden in der langen Kette ist erfolgreich. Dienstleistung ist nichts anderes als das *Highlight* im Beziehungsmanagement. Dienstleistung gehört zu den virtuellen Produkten der Zukunft. Führung und Mitarbeiter müssen gemeinsam üben, diese Welt der virtuellen Produkte zu erleben und strategisch zu gestalten: Kundentreue und Mitarbeitervertrauen in die Führung gehören ebenso in dieses Dienstleisternetzwerk wie die Verläßlichkeit der Firmenpolitik und das allseitige Vertrauen in die Qualität von Produkten und Beziehungen. Wie dicht die virtuellen Netze sind, die den Erfolg sichern, und wie hoch die Energie zu veranschlagen ist, die hier unsichtbar fließt und in den Köpfen aller Beteiligten ihre Umschlagplätze hat, das muß das Topmanagement lernen, um es den Mitarbeitern klarzumachen. Die Industriekultur hat hier große weiße Flecken auf den Landkarten der *Brainpower* hinterlassen – obwohl sie den Sieg der virtuellen Netzwerke vorbereitet hat. Ein wichtiges Lernkapitel, das wahrscheinlich ohne externe Helfer nicht zu bewältigen ist: Die kostbarsten Produkte, die uns verbinden, sind unsichtbar.

○ 10. Leistungsfeind Streß.

Im Aufbau des gemeinsamen Dienstleistungstrainings von Führung und Mitarbeitern kommt unverhofft auch dieses Kapitel hinzu: Streß als Dienstleistungsfeind. Wer verspannt und überanstrengt ist, kann kein guter Dienstleister sein. Druck, Enge von Zeit und Arbeitspensum, Druck durch das Plansoll, die Kontrollen, kurz: durch »das System«, »die Organisation«, die übermächtigen Beziehungszerstörer, vernichtet auch die Energie zur Begegnung.

Das fängt zwischen den Ebenen an und macht vor dem Kunden nicht halt.

Führung und Mitarbeiter, das muß im Therapieprozeß begriffen werden, sind ja nicht durch Streß verbunden, sondern werden durch Streß getrennt. Streß braucht Schuldige. Beide Gruppen beschuldigen sich wechselseitig. Der gemeinsame Feind wird deshalb nicht erkannt: Es ist die Intelligenzlastigkeit aller Abläufe, die Dominanz anonymer Verfahrensregeln und struktureller Zwänge. Das »intelligente System« knechtet seine Herren. Den weiteren Verlauf kennen wir bereits: Darum werden im Kundenkontakt die Knechtsrollen weitergereicht: »Das geht nicht«, »Tut mir leid, das ist nicht möglich«, »Da fragen Sie doch ein andermal noch mal nach«, »Das würde mein Chef niemals zulassen«, »Das hat es bei uns noch nie gegeben« und so weiter.

Der ohnmächtige Mitarbeiter will den ohnmächtigen Kunden. Das Dienstleistungsteam sollte sich unbefangen in den Zorn hineindebattieren, wenn die Streßquellen aufgezählt werden. Wer ist es, und was ist es? Wie wird der Druck, der sich aufbaut, erlebt? Wo und wie wird man ihn wieder los? Und wie verhindert man, daß er sich aufbaut? Diese Diagnose wird nicht ohne die Chance zur anonymen Notiz gehen – wie alle ins Herz der Menschen treffende Themen in diesem Dienstleistungskurs.

o 11. Ausbeutungsangst.

Das Beste soll er nun auch noch in der Firma abgeben, so fürchtet der Mitarbeiter. Daß er mit dieser Bereitschaft, sein Bestes zu geben, auch für sich selbst das Beste gewinnen kann, muß jeder einzelne erst lernen. Das gilt auch für viele Führungskräfte. Spontan sollte jeder zunächst aufschreiben, was er der Firma auf keinen Fall geben will: Wärme? Zuwendung? Verständnis? Empathie und Geduld? Quasi private Tugenden? Und das in einer Welt der Selbstverteidigung und des Kampfes um Vorteile?

Wenn die Abwehrlisten fertig sind, sollten alle sich fragen, ob dieses *split life* wirklich nach ihrem Geschmack ist. Schulterzukkend wird man die Systemzwänge und alles andere diskutieren, was hier unter den zwölf Dienstleistungshindernissen auftaucht.

Das Privileg, ein Leben aus einem Guß zu führen, mögen Topmanager haben, so vermuten die Mitarbeiter. Aber sie selbst? Man sollte sich auf einen Versuch einigen: Eine Woche lang, dann einen Monat, dann ein Vierteljahr hält jeder Mitarbeiter und jede Führungskraft die »reservierte Energie«, die er oder sie dem Unternehmen bisher vorenthalten hat, bereit. Über die Erfahrungen mit dieser neuen Großzügigkeit unterhalten alle sich nach dem Ablauf der länger werdenden Fristen. Das Ergebnis wird sein: Jeder lebt erfüllter, und der Lebensbogen schließt sich; »Sinn« bekommt ein größeres Terrain. Und die Kunden des Hauses spüren den neuen Geist, der alle freier und freigebiger macht.

○ 12. Die Führung kann die neuen Lektionen auch noch nicht:
Es fehlt an Vorbildern.

Nun nähern sich beide gemeinsam dem Ziel, Führung und Mitarbeiter. Zum ersten Mal hat die Führung erklärtermaßen keinen Vorsprung. Denn der Stoff ist neu, er platzte eben erst in die Managementwelt herein; und die Führung wollte es eine ganze Weile nicht glauben. Wettbewerbe sollten nun anlaufen: Ideen für den Transport der neuen Dienstleistungsmelodie zum Kunden; Ideen für *Workshops* mit Kunden, in denen Lücken gefüllt, Meinungen getauscht und der gemeinsame Erfolg mit dem Dienstleistungskonzept geplant werden können. Kunden sollen hören, was den Mitarbeitern Mühe macht. Und plötzlich wird klar: Alle leben in Mitarbeiter- und Kundenrollen, nur die Führung meldet hier und da ein Defizit. Sie darf auf Beistand rechnen, wenn sie Einsicht zeigt. Nein, hier werden nicht Autoritäten zerstört, sondern aufgebaut – wetterfest, weil wohlbegründet. Die Charta für Dienstleistung wird Varianten durchlaufen, aber ihr Grundton ist klar: Dienstleister profitieren, weil sie einander profitieren lassen – im Unternehmen, im Markt und beim individuellen Glück. Unglaublich? Ja, unglaublich. Aber beweisbar. Fangen Sie an!

VI

Quantensprung in neue Lösungen: Ratio und Emotion im Bündnis für Innovation

An den Quellen der Innovation

Das knappste aller Güter ist die Innovation – vor allem in schnellen Zeiten. Der knappste aller Produktionsfaktoren ist der Rohstoff zu diesem Produkt: die Kreativität.

Schneller werden, flexibler werden, *lean* planen und managen, besser kommunizieren, besser motivieren – lauter Versuche, den kostbaren und knappen Stoff einzukreisen, ihn zu nähren, damit er wachsen kann: schöpferische Energie, Ideenfeuer – der Salto ins Unbetretene statt des schleppenden Ganges über längst erschlossenes Gelände, wo sich die Wettbewerber drängen und der Kunde gelangweilt vorüberschlendert, um sich die Innovationspartner für morgen auszusuchen.

Die System-Intelligenz läuft leer, wenn es um diesen Bedarf geht. Sie sichert das Erreichte und fördert das Berechenbare. Für die Innovation kann sie nur wenig tun; daß sie zwangsläufig eine Menge **gegen** innovative Prozesse tut, hat mit ihren Stärken zu tun: der System-Ordnung, der Verläßlichkeit und Perfektion, die Störungen ächten muß. Die Logik der Systeme ist der zuverlässigste Widerstand gegen Innovation. Das gilt auch für die Logik im »intelligenten System« Gehirn: Wo sie die Herrschaft hat, bleibt die Ideenwelt der Knecht.

Wenn der Innovationsbedarf steigt, dann lockert die Intelligenz ihre Kontrollen etwas; das Interesse am Rohstoff Kreativität führt zu großzügigen Debatten über seine Struktur und Flüchtigkeit. Die Intelligenz hat Beweise auf ihrer Seite; sie ist meßbar und objektivierbar. Die Kreativität ist immer in Beweisnot; und sie ist immer in der Minderheit. Seit wir nun wissen, wie begrenzt die Lösungskompetenz der puren Intelligenz ist, sollten wir uns unbefangener der Energieform zuwenden, die jeden Schritt in neue intelligente Lösungslandschaften vorbereitet hat und auch künftig unentbehrliche Sprengkraft für die

Innovation

Ihre Feinde:

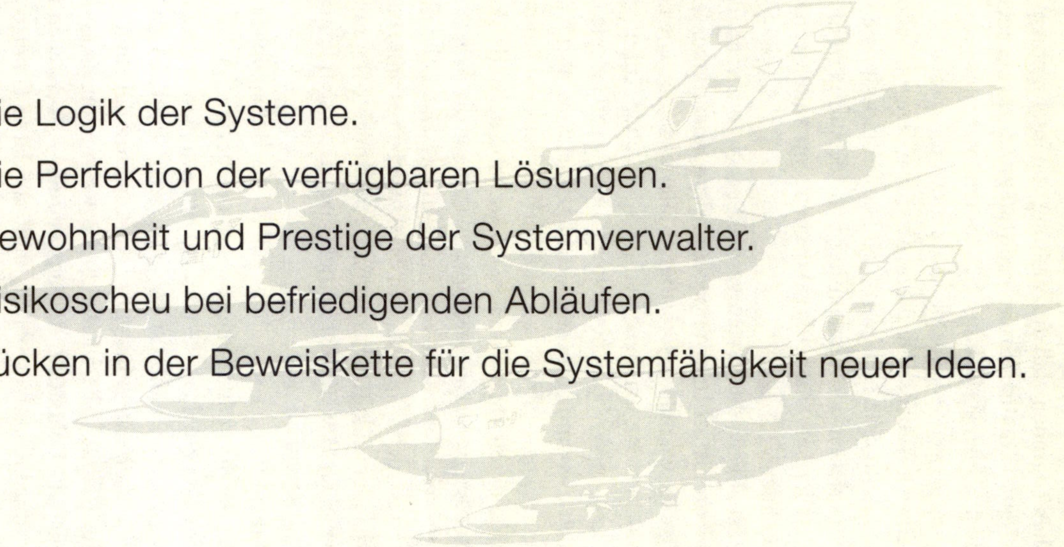

- Die Logik der Systeme.
- Die Perfektion der verfügbaren Lösungen.
- Gewohnheit und Prestige der Systemverwalter.
- Risikoscheu bei befriedigenden Abläufen.
- Lücken in der Beweiskette für die Systemfähigkeit neuer Ideen.

Quantensprünge in neue Lösungen sein wird. Seit wir obendrein zu verstehen beginnen, daß die Spaltung von intelligentem und emotinalem Potential Qualität kostet – sowohl im Markt als auch bei der individuellen Lebenserfüllung –, sollten wir uns zielsicher dieser Mischung zuwenden, aus der die Innovation gemacht ist: Das Treibstoffgemisch ist der strategische Mix, von dem wir schon gesprochen haben: Intelligente Netzwerke glühen im emotionalen Feuer; kühle Rechner erleben den Funkenflug von Ideenträgern nicht als Bedrohung, sondern als Chance; risikoscheue Verwalter werden zu Verbündeten kühner Visionäre.

Längst zögern die Systemverwalter nicht mehr, als Festredner den Zukunftstreibstoff Innovation zu fordern; aber immer fehlt die nähere Anweisung, wo man das kostbare Material findet, wie man es abbaut, heimholt, sichert, einspeist in die stagnierende Kultur- und Businesslandschaft. – »Wir brauchen Innovationen!« ruft jeder jedem zu. Beifall braust auf, wo immer dieser Aufruf gehört wird. Wir haben die ideale und keineswegs selbstverständliche Handlungsbedingung, die wir zu keinem anderen Thema im Krisen-Szenario herstellen können: Einigkeit über den Bedarf. Also könnten wir uns an die Arbeit machen: Innovationen schaffen – mit welchen Waffen? Das hohe Gut hat keinen Preis. Es ist nicht käuflich. Die Märkte geben es nicht her. Wir können es niemandem abjagen. Innovation: Jeder möchte sie produzieren, viele gäben viel Geld, wäre sie käuflich, aber sie ist so flüchtig wie ihr Rohstoff, die Kreativität.

Dennoch wissen wir einiges über die Bedingungen, unter denen Innovation uns nicht flieht, sondern uns begünstigt; und wieder geraten wir dabei auf das Gelände, das wir schon kennen: das Terrain der Mischung aus sehr alten und sehr jungen Potentialen, das Gelände, auf dem *Homo sapiens* seine ganze Geschichte zuläßt und nicht nur deren jüngstes Kapitel, die intellektuelle Revolution. Und da finden wir zunächst ein Lehrstück, das uns endlich zu verstehen hilft, was die Kreativitätstheoretiker bisher nicht aufklären konnten: wozu dieses knappe Gut eigentlich da ist – was es und unter welchen Bedingungen es dies für den Menschen und seine Zukunft leistet.

Vor 40 000 Jahren, als der *Homo sapiens* seine stürmische Ent-

Das Bündnis für Innovation:

Ein Kontrakt zwischen
System-Intelligenz und **kreativer Emotion.**

In der Evolution vor 40.000 Jahren:
Explosive Innovationsprozesse auf der Basis einer sozialen Neuordnung des Zusammenlebens.

Innovationsbereitschaft braucht „Boden unter den Füßen".

Wer im luftleeren Raum schwebt, kann nicht springen.
Wer Angst vor der Zukunft hat, macht keine Bewegung, um das Erreichte nicht zu gefährden.

Innovation braucht Zukunftsvertrauen.

wicklung antrat, begleitete – oder begründete? – diesen Aufbruch ein beispielloser Schub ganz neuer Verhaltensweisen, die bis dahin in keiner der Lebensspuren seiner Vorfahren ablesbar sind. Was sich damals ereignete, nennen die Anthropologen die »kreative Explosion«. Plötzlich beschleunigen sich Erfindungsgabe und Lust an der Vielfalt in den frühen Menschengemeinschaften derart, daß von einem Tal zum andern, von Gruppe zu Gruppe, von Stamm zu Stamm ein Reichtum an Formen und Schmuckelementen, eine Abfolge von immer neuen Werkstoffen und handwerklichen Methoden, von Ritualen und neuen Gebräuchen entsteht, wie er vorher niemals beobachtet wurde. Ein gigantischer Aufbruch scheint in Gang gekommen, eine innere Triebkraft die Veränderung – und die Lust an ihr – voranzutreiben, die auf den ersten Blick völlig unerklärlich bleibt.

Das Selbstbewußtsein der Frühmenschen scheint einen Sprung nach vorn zu machen. Nicht nur technologisch überschlagen sich die Erfindungen, sondern auch im künstlerischen, im kultischen Bereich verfeinern sich die Techniken und verdichtet sich der Sinn der Darstellungen. Statuszeichen werden wichtig; die Gruppenidentität schafft sich Signale; Kleidung und Schmuck gewinnen plötzlich eine Bedeutung, wie sie vorher in keiner Spur der frühen Menschheit zu finden ist.

Was war Voraussetzung, was war Auslöser dieser Woge von Gestaltungskraft und kreativer Erfindungslust? 60 000 Jahre schon bewegten sich Menschen auf der Erde, ohne daß ein solcher stürmischer Aufschwung von Gestaltungsfreude und Ichgefühl entstanden war.

> *»Vor etwa 40 000 Jahren fingen die Menschen sozusagen von heute auf morgen an, komplizierte Techniken zu entwickeln, die es 500 Jahre, vielleicht aber auch 1000 Jahre zuvor noch nicht gegeben hat«*,

berichtet der amerikanische Forscher *Randall White* von der Universität New York. Der ganze Zeitraum vor dieser Zeitmarke, also die Zeit von vor 100 000 Jahren bis zum kreativen Ausbruch vor 40 000 Jahren, spricht durch keinerlei Zeichen zu uns; keine Speerspitzen aus Knochen, kein Schmuck, keine Kult- oder Kunstgegenstände, so vermerkt *White* in seinem Forschungsbericht (vgl. dazu *William Allman*, a.a.O., S. 348, Anm. 70). Und er fährt fort:

> *»Diese Verhaltensänderung ist so abrupt, daß einige Forscher davon ausgehen, beim Menschen müßten vor 40 000 Jahren tiefgehende Mutationen stattgefunden haben ... Betrachtet man jedoch die menschliche Psyche, so erscheint das höchst unwahrscheinlich: Kunst und Musik spielen bei der Evolution der Kreativität eine wichtige Rolle, und musisches wie künstlerisches Verständnis sind zwei fundamentale Anlagen, die im Gehirn verankert sind ...«*

Vergleicht man die verschiedenen Ausprägungen des frühen Menschen miteinander, so fällt ins Auge, daß der *Homo sapiens neanderthalensis*, der »Neandertaler«, oder der *Homo erectus* großgewachsene, muskelbepackte Gestalten waren, deren Knochenbau eine gewaltige physische Kraft vermuten läßt. Ein ausgewachsener männlicher Neandertaler konnte mehr als 300 Kilogramm Gewicht heben. Die Anatomie der »kreativen Revolutionäre«, die nicht, wie der Neandertaler, untergingen, nimmt sich dagegen wie »Leichtbau« aus. Körperliche Anforderungen waren offenbar für den einzelnen viel geringer als bei den kräftiger gebauten Artgenossen aus anderen Entwicklungslinien – die abbrachen. *White* meint, mit diesem leichten Körperbau überlegen zu sein bedeute ganz andere Überlebenstechniken, als die physische Kraft der anderen Hominiden sie ablesen läßt.

> *»Was war so Besonderes an diesem kleinen Wicht mit seinem Riesenschädel – der im Prinzip ja der Prügelknabe des Schulhofs war, den all die andern Jungs permanent hänselten und herumschubsten?«*

fragt er in einer Parallele zur modernen Wirklichkeit, um deutlich zu machen: Hier entsteht ein Set von ganz anderen Selbstbehauptungswerkzeugen, als sie die mächtigen Verwandten mit der großen Kampfkraft haben.

Vor etwa 10 000 Jahren geschah der nächste innovative Sprung in ein neues Kapitel: mit Ackerbau und Viehzucht. Was war der Auslöser des kreativen Aufbruchs vor 40 000 Jahren, woher kam seine Impulskraft – und was können wir für unser »Innovationslag« daraus lernen? Und vor allem: Kommen wir nicht gerade aus einem Doppelschlag innovativer Ausbrüche, die noch viel dichter beisammenliegen als die älteren, ja sich quasi übereinanderschieben, daß uns der Atem ausgeht bei diesem Tempo; die industrielle und die informationelle Revolution?

- Haben wir am Ende gar kein Rohstoff-, sondern ein Verarbeitungsproblem? Innovationsüberlastung, die uns Innovationsmangel suggeriert, weil unsere Verarbeitungskapazität nicht ausreicht?

Was war es damals, vor 40 000 Jahren, das den kreativen Schub auslöste? Nicht die Fertigkeiten sind es, die überraschen, sondern ihr Impuls muß uns interessieren. Warum kam diese Gestaltungsenergie zum Ausbruch?

Und hier wartet die große Überraschung. Die Innovationskraft der *Cro-Magnon-Menschen,* die anschließend den Siegeszug um den Globus antraten, entstand aus einem wahren Quantensprung der sozialen Ordnung, der Sitten und Gebräuche, der Kooperation und Kommunikation. Diese umfaßt den Umgang mit den Lebenden wie mit den Toten. Verglichen mit den Neandertalern hatten die leichtgebauten *Cro-Magnon-Menschen* ein ausgeprägtes Bild vom Wert des einzelnen und vom Rang der Gruppe, der er angehörte. Die Statuszeichen und Symbole, die Schmuck und Waffen zieren, bezeugen das. Sie bestatteten ihre Toten und gaben ihnen solche Rangzeichen mit – während die Neandertaler sich offenbar eher hastig von den Gestorbenen trennten. Jugendliche Skelette von Neandertalern zeigen überdies, daß die Nachkommen sehr schnell zu großer Muskelkraft kamen – also wohl früher selbständig waren als die der zarteren Verwandten, der *Cro-Magnons*.

Die Werkzeug- und Waffenfunde bei diesen kleinen Leichtgewich-

Innovation – der kreative Schub I

Die Grundformel:

**Wenn Menschen sich selbst neu definieren,
dann geben sie auch ihrer Umwelt ein neues Gesicht.**

Ihr Interesse an der Neugestaltung ihrer Lebenswelt erwacht erst, wenn sie eine neue Formel für soziale Geborgenheit gefunden haben.

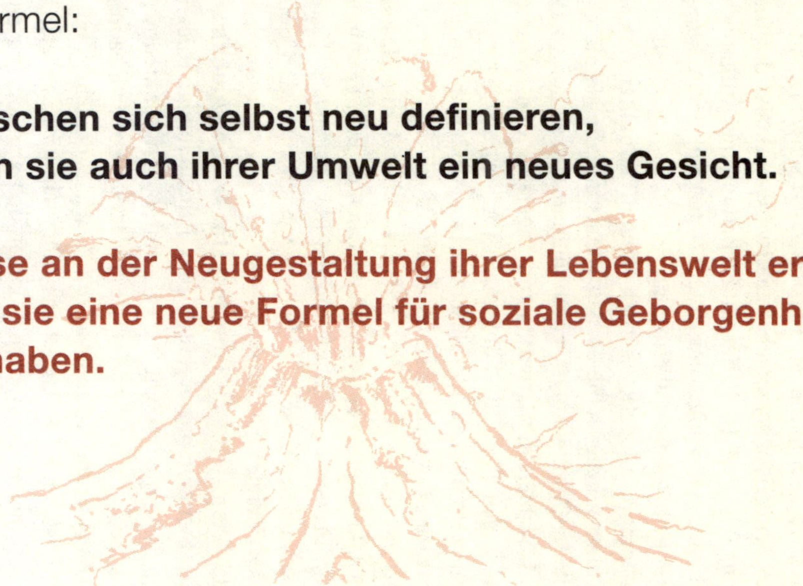

ten mit dem großen Schädel und dem raschen Intelligenzwachstum belegen vor allem eines: eine differenzierte soziale Struktur, die das Überleben durch flexible Kooperationsnetze sicherte.

- Die kreative Revolution jener historischen Schwelle hatte also eine für moderne Beobachter eher unerwartete Basis: die tragfähige Ordnung, die alle Mitglieder mit Sicherheit, mit Aufgaben und mit Gestaltungsspielräumen ausstattete – und mit der Achtung durch die Gruppe belohnte und ermutigte.

Die Kooperationsmodelle wurden schnell komplizierter und anspruchsvoller, als die Gemeinschaft wuchs und die Nahrungsquellen auch weiter entfernt genutzt werden mußten. Ein Kanon von Rechten und Pflichten hielt die Gruppe handlungsfähig und erlaubte jedem Mitglied, seinen Platz als Sohn oder Tochter, als Jäger, Sammler, Erzieher und Beschützer oder Beschützter zu finden und zu genießen.

Die Integration von Bedürfnissen und Pflichten, von Freuden und Leiden in die soziale Gemeinschaft erscheint als die Basis für die kreative Entfaltung der einzelnen Menschen in diesen Stammesgruppen. Klar definierte Aufgaben und ein klar definierter Platz in der frühmenschlichen »Gesellschaft« – sie erscheinen als Quellen von innovativer Energie.

Soziale Verankerung als Grundlage für kreative Aufbrüche – eine tragfähige Struktur aus Rechten und Pflichten und Rückmeldungen durch die Gemeinschaft als Nährstoffcocktail für kreative Sprünge: Ist das die Antwort, die wir in Zeiten der doppelten Knappheit – an sozialer Wärme und an innovativem Feuer – brauchen, um unsere Lage zu verstehen? Die Gleichung läßt sich nur mit vielen weißen Flecken schreiben; die Analogie deutet sich aber an. Der Blick auf Ausschnitte des weit entfernten Szenarios, das unsere Vorfahren gestalteten, liefert uns wichtige Lösungshinweise für heute.

Zunächst: Die Kooperation bändigt die Aggression (s. S. 138–148). Jeder nimmt und gibt nach Talenten und Kräften. Man tut sich zusammen, um gemeinsam zu überleben. Es gibt wenig sinnfreie Zeit. Die gemeinsame Lebensarbeit überzeugt, weil jeder weniger Angst erlebt, weil jeder Schutz erfährt und seine Beiträge zur gemeinsamen Arbeit

Innovation – der kreative Schub II

Unsere Lage: Wir suchen diese Formel.
Zwei große kreative Schübe in unserer jüngsten Geschichte:

Industrielle Revolution und Auslagerung der Intelligenz

Der nächste Schub steht an: Rehabilitation der emotionalen Kompetenz, die der isolierten technischen Intelligenz innovative Energie zuführt.

Nach dem isolierten Siegeszug der System-Intelligenz wird der neue Power-Mix:

IQ plus EQ – zur Innovationsquelle.

als erwünscht und unentbehrlich erlebt. Der soziale Zusammenhang trägt – das ist der Moment für Impulse über die Alltagsarbeit hinaus. Wer sich selbst in gesicherten Zusammenhängen erfährt, der kann sich Selbstdistanz leisten. Die Menschen beginnen, einander zuzusehen und sich selbst im größeren Rahmen zu betrachten. Jetzt ist eine Waffe, ein Eßwerkzeug, eine Kleiderspange oder ein Gürtel mehr als nur Funktionsgerät. Wo Beziehungen Bedeutung haben, da nehmen auch die Dinge an der Aufladung mit Bedeutung teil. Der Gestaltungswille zeichnet Spuren auf alles, was zum Leben gehört. Die Spuren machen geistige und emotionale Beziehungen zu den Dingen und zur Natur sichtbar.

Die Grundformel für den kreativen Schub lautet also:

- Wenn Menschen sich selbst neu definieren, dann geben sie auch ihrer Umwelt ein neues Gesicht.
- Ihr Interesse an der Neugestaltung ihrer Lebenswelt erwacht erst, wenn sie für ihre soziale Geborgenheit eine neue Formel gefunden haben, die trägt.

Dieses Ergebnis ist schon interessant für unsere Gegenwart.

- Wir verlieren soeben alte Geborgenheitskonzepte und alte soziale Kooperationsmodelle, nachdem wir sie gründlich mißbraucht haben.
- Unser Kooperationsmodell zerfällt, weil wir es als Konfrontations-Arena zu Tode strapaziert haben.

Nach dieser Diagnose ist die Konsequenz sehr einfach:

- Wir haben keine Basis für kreative Quantensprünge. Der Boden, von dem wir zum Sprung ansetzen müßten, tut sich unter uns auf, um unsere Energie zu verschlucken.

Wenn wir aber die andere Parallele ziehen: daß die jüngste Sekunde der Menschheitsgeschichte gleich zwei Explosionen kreativer Energie dicht hintereinander, teilweise sogar ineinander gebracht hat, die Industriekultur und die Auslagerung der Intelligenz, die uns in die virtuelle Welt katapultiert hat –, dann könnte uns auch der »innovative Atem ausgegangen« sein, und unsere Forderung an uns selbst, zum innovativen Sprung anzusetzen, könnte eine ungeheure und verfehlte Zumutung sein.

Und dennoch: Innovation scheint das einzige Zukunftsprodukt, das die Märkte und Menschen aus dem Würgegriff veralteter Überlebenskonzepte befreien könnte. Also suchen wir weiter – um eine Einsicht reicher: Wir wissen jetzt, daß wir unter erschwerten Bedingungen zum Sprung in die nächste Dimension ansetzen müssen – nicht nur ohne Netz, sondern ohne Boden, der unserem Absprung Halt gäbe.

Im Zentrum des Power-Mix – Der innovative Funke

Wenn wir die Geschichte unserer Vorfahren richtig lesen, so folgen Gestaltungs-Impulse sozialen Neuerungen nach; soziale Neuorganisation ist aber die Antwort auf Umwelt-Druck: Das Überleben muß gesichert werden, und die bis dahin praktizierten Strategien reichen dafür nicht mehr aus. Dieser Logik scheint auch der eruptive Ausbruch von Kreativität in der Höhlenmalerei zu folgen, der in die großen Vereisungsperioden Europas vor etwa 18 000 Jahren fällt. Die Partner der Überlebenskonzepte, in Kult, Jagd und Viehzucht, werden im Schutz der gewärmten Rückzugsgehäuse zu Kooperationspartnern und Zeugen der Menschengruppe gemacht, die sie im Schein der Fackeln und Feuer an den Wänden flackern sieht. Mit dem Rückzug der Gletscher vor etwa 10 000 Jahren versiegt auch die Höhlenmalerei. Unter Umweltdruck – für unsere Vorfahren Klima, Bevölkerungswachstum, Nahrungsbeschaffung – verdichten sich die sozialen Beziehungen; die Menschen erleben intensiver, daß sie aufeinander angewiesen sind. Der Wert des Individuums steigt, und mit diesem Erlebnis flammt Gestaltungsfreude auf. Was gefühlt und gedacht wird, verlangt nach Zeichen.

Wir haben gesehen, daß die Massenkultur eine andere Art von Druck produziert: Beliebigkeit bedroht das Einzelschicksal; Enge führt zu raffinierten Ausweichbewegungen aller gegen alle; das Individuum verteidigt feindselig sein verbliebenes, immer schmaleres Terrain. Diese neuen sozialen Verhältnisse machen natürlich auch vor der emotionalen Innenwelt nicht halt. Die Empathie wird erstickt – man denke an das Szenario um den gestürzten Menschen im Großstadtgewimmel (s. S. 234) –, und innovative Impulse fliehen in Nischen. Die sozialen Muster, in denen man lebt, verwischen sich und erscheinen wenig verläßlich. Ein »Aufbruch« in neue, überschaubare Grundmuster, die Zutrauen verdienen, ist nicht in Sicht.

Die Theorie der Gesellschaft entfernt sich immer weiter von der erlebten Praxis. Daß es sich lohnt, sein »Bestes« in der Gemeinschaft abzuliefern, erscheint nicht evident genug, um den Funken der schöpferischen Energie, die in den Fugen des Systems schlummert, fliegen zu lassen.

Das Antriebssystem für Innovation wird von gemischten Energien gespeist, soviel ist schon deutlich. Den »Bedarf« erkennen, wie es die Ratgeber unserer heutigen Krise tun, heißt noch lange nicht, den Funkenflug von den kreativen Köpfen in die beharrungsstarken Systeme in Gang zu setzen. Die Systemverwalter selbst, die Anwälte der Beharrung, müssen einen Nutzen für sich und ihre Schützlinge sehen, um den Flächenbrand der Innovation zuzulassen.

Die komplexen Zusammenhänge, in denen wir leben, erlauben aber niemandem mehr, Schaden und Nutzen von Entscheidungen risikofrei zu überschauen: Das Klima für Innovationen wird von ihnen daher immer wieder durch Einwände und falsche Forderungen nach totaler Sicherheit gestört. Die kreative Minderheit bringt die notwendige Risikofreude mit; sie sitzt aber nicht an den Schaltstellen – der schöpferische Kopf will schaffen, nicht verwalten. Es fehlt uns also an sozialer Einigkeit, und es fehlt an Freiheitsräumen in der Massenkultur. Die zu schaffen sind sozusagen »die Falschen« aufgerufen, nämlich jene Majoritäten von Zauderern, die ihre ererbte Macht von der innovativen Revolution bedroht sehen.

Von welcher Seite also brechen wir dieses Dilemma auf? Die Regel gilt ja weiter: Innovation entsteht, wenn die Gemeinschaft erkennt, daß sie dabei einen Vorteil holt. Und es gibt jenes Kraftgemisch, von dem die Führungszirkel – sei es aus diesem Buch, sei es aus anderen Quellen – inzwischen zumindest vermuten, daß es Motivation beflügelt, Leistung verbessert und Kundenbindung vertieft – es ist der Mix aus Intelligenz und Emotion, der eine strategische Fitneß erzeugt, wie sie die Unternehmen mit ihrem klassischen Produkt- und Kosten-, Kunden- und Personalmanagement nicht erreichen konnten.

Innovation hat viele Feinde:

Regelungsdichte **– die Idee als Super-GAU.**
Verwalter-Mehrheit blockiert Gestalter-Minderheit.

Selbstläufe intelligenter Systeme:
Innovation als Störfall

Das Kartell des Mittelmaßes
Der Neid auf die „Feuerköpfe"
Ordnung als oberstes Gebot.

Der Energie-Mix aus logischer Intelligenz und strategisch kultivierter Emotion ist zugleich die Ausgangsbasis jeder kreativen Leistung. – Vorsicht: Es gilt nicht der Umkehrschluß! Die Intelligenz der Gefühle macht nicht etwa jeden Mitarbeiter zum kreatiaven Vulkan. Aber ein inspiriertes Arbeitsklima, wie es in diesem Buch beschrieben wird (s. S. 21–28), begünstigt eben auch die Kreativen, die das innovative Feuer auf der Asche der verbrauchten Lösungen entzünden.

Die Startformel lautet also: Schaffen wir ein Klima, das den Normalbetrieb verbessert und deshalb die Akzeptanz der Verwalter hat, dann öffnen sich zugleich die alten Bastionen für kreative Anstöße. Das heißt tatsächlich: In der überorganisierten Welt ist Innovation aufs schwerste bedroht durch ein Übermaß an Regeln und Ordnungen, mit denen man die Komplexität zu reduzieren versucht. Was der Kreative auf ganz andere Weise liefern würde: Reduktion von Komplexität durch neue Lösungen, das verhindert die System-Intelligenz durch eine Regelungsdichte, die den Kreativen zur katastrophalen, unter Umständen sogar zur kriminellen Ausnahme macht.

Der innovative Einfall, der den sozialstaatlichen Super-GAU verhindern könnte, wird zum Super-GAU gestempelt – nur weil er quer zu den Regelwerken seine Leuchtspur zieht. Tag für Tag sterben Hunderte von schöpferischen Ideen den Tod der systemfixierten Gesellschaft – während in abgesperrten Festsälen die Verwalter-Elite im rauschenden Beifall ruft: »Innovationen braucht das Land!«

Brechen wir die Verschwörung der Innovationsbeschwörer gegen die Innovation auf: Den neuen Qualifikations-Mix aus gut trainiertem Verstand und intelligenten Emotionen werden Führungskräfte akzeptieren, weil er auf der ganzen Linie Vorteile verspricht. »Kreativitätsmanagement« ist den »nur intelligenten« Managern wahrscheinlich überhaupt nur auf diesem Umweg zuzumuten.

Überzeugendstes Argument für die Anreicherung des Managements mit emotionalen Strategien mag für die Führungskräfte jene Geschichte aus den *Bell Labs* im amerikanischen Princeton sein, wo die Summe der Spitzen-Intelligenzen im Team keineswegs zur Spitzenleistung führte, sondern alle Ergebnisse hinter der Intelligenz der

Mitglieder zurückblieben – und diese sich ohnmächtig zeigten, die Ergebnisse zu optimieren, solange die emotionale Brillanz der »Stars« fehlte. Wer ein intelligentes System zu managen hat, wird hieraus seine Lehre ziehen: Wir brauchen, wenn wir Höchstleistungen wollen, gemischte Energie. Innovationsmanagement ist gleichbedeutend mit dem neuen *Quality-Mix* im Management: Mauern auf für Empathie; Riegel weg vor Kern-Emotionen: Angst, Wut, Trauer und Glück gehören ins Unternehmen, weil sie Handlungs- und Überlebensimpulse sind (s. S. 78 u. S. 30). Das Dienstleistungstraining (wie es auf Seite 270–280 empfohlen wird) befreit von Egoismen und Irrtümern über das eigene Wohl. Dienstleistungsmanagement ist in überraschendem Ausmaß Innovationsmanagement, es ist nämlich ein Programm für Marktvorsprünge für morgen, nicht von gestern – mit Kunden und Mitarbeitern von morgen, nicht von gestern. Wenn die emotionale Energie zwischen Führung und Mitarbeitern ein erlaubtes, schließlich sogar ein erwünschtes Thema wird, dann ergibt sich jene Spannung, die den Boden für Innovation liefert:

- Logische Denkprozesse stellen sich dem kreativen Einwand, der aus Träumen und Wünschen der »emotionalen Reserve« kommt.
- Ideen werden Zielen zugeordnet, Disziplin nimmt den Überschuß an Einfällen unter ihre energische Kontrolle.
- Vertrauen (s. S. 111–119) im Team setzt die Zensur außer Kraft, die früher jeden vor jedem auf der Hut sein ließ.
- Belastbarkeit wächst, weil die Eigenmotivation zunimmt: Nicht mehr die Uhr, sondern die Ziele bestimmen das Arbeitspensum.
- Assoziationen quer zu ehemals »erlaubten« Gedanken haben freie Bahn. Das »Geht nicht« früherer Jahre verstummt.
- Neugier und Wissensvorsprung erhalten Beifall statt Neid; eine Führungsleistung, kein Selbstläufer!
- Das gemeinsame Gruppenwissen wird unkonventionell umgewälzt. Wer hat Ideen, die ehemals unter Zensur fielen, vorzutragen?
- Mit diesen Mutproben wächst die Begeisterungsfähigkeit und das Vertrauen; die Führung will also wirklich etwas wagen!
- Die Gruppe ermüdet langsamer. Stunden der Vergeblichkeit ver-

Innovationsklima I

Logische Denkprozesse stellen sich dem Einwand der „kreativen Reserve".

Ideen mit Zielen vergleichen.

Disziplin ordnet den Überschuß an kreativen Einfällen.

Vertrauen im Team vertreibt die Ideenkiller: Wachsamkeit und Selbstzensur.

Eigenmotivation: Höhere Belastbarkeit – der Blick auf die Ziele ersetzt den Blick zur Uhr.

Assoziation quer zum Erlaubten: „Geht nicht" gilt nicht mehr.

Neugier und Wissensvorsprung erhalten Beifall statt Neid – Führungserfolg!

Unkonventionelle Umwälzung des Gruppenwissens:

Flops von gestern neu analysieren!

mehren die Kampfeslust – nicht gegen die andern, sondern mit dem Problem kämpfen!

- Rituale schmilzen. Wer wieviel Macht hat, das ergibt sich aus der Kraft der Argumente – und die größte Schlagkraft entwickeln die emotional geprüften Intelligenzleistungen: Sie halten außer dem System auch den Menschen stand.
- Die Drehzahl steigt. Jeder bemerkt mit Staunen: Ich bin besser als sonst.
- Die Spannung wird erhalten, indem man sie von Zeit zu Zeit lokkert: Humor wird zur Teamtugend.
- Regelmäßig darf geträumt werden. Das »Traumbuch« des Teams füllt sich mit den Visionen, die morgen vielleicht schon Realität sind.
- Das gemeinsame Motto lautet: Gedanken profitieren von Gefühlen. Gefühle profitieren von Gedanken.

Wer nach diesem Kodex führt, der begünstigt ganz nebenbei, aber ganz ausdrücklich die innovative Energie der Menschen im Unternehmen. Die Belohnungen bleiben nicht aus, und ihre Strahlkraft reicht in verschiedene Gebiete, die man gar nicht im Auge hatte: Die Kundenbindung gewinnt an Qualität; die Stimmung im Team fördert Dienstleistungsfreude; das Kommunikationssystem wird strategisch erneuert, weil es plötzlich nicht mehr befriedigt; die Qualitätskontrolle hat weniger zu tun; das Vorschlagswesen wird in einen Takt gezwungen: Gute Ideen verlangen besseres und schnelleres Feedback. Mitarbeiter machen Führungskräften Beine; es sieht ganz so aus, als sei hier eine Initiative für Innovation gestartet worden – der sich schließlich auch die Unternehmensspitze nicht mehr verweigern kann.

Und tatsächlich stimmt die zuvor gefundene Gleichung nun plötzlich wieder: Die sozialen Systeme erfahren eine große Umwälzung – denn nichts anderes ist auf den vorigen Seiten beschrieben worden –, und schon entfaltet sich Kreativität. Die soziale Innovation zieht die Marktinnovation nach sich. Der Erfolg bei der Innovation des Selbstbildes macht die Gruppe nun fähig, auch die Fehler im System zu erkennen und zu beseitigen, die den Aufbruch in neue, situationsge-

Innovationsklima II

Vertrauenswachstum: Die Führung will also etwas wagen!

Belastbarkeit wächst, Ermüdung lohnt nicht mehr.
Rituale schmelzen. Es gilt nur noch die Macht der Argumente.
Die **IQ**-**EQ**-Mischung siegt.
Jeder wird besser. Die Drehzahl steigt.

Spannung erhalten, indem man sie von Zeit zu Zeit lockert:
Humor als Innovationsmotor!

Es darf geträumt werden. Das „Traumbuch" des Teams füllt sich mit Visionen.

Das Innovations-Motto: **Gedanken profitieren von Gefühlen.**
Gefühle profitieren von Gedanken.

rechtere Organisationsformen bisher verhindert haben. Neu leben und neu managen – das ist ein scheinbar einfaches, aber sehr grundsätzliches Konzept für den Erfolg von Führung und Mitarbeitern. Es erlaubt auch kreativitätsfremden Führungskräften, das Terrain für innovative Energie freizumachen, die vorher in den Fesseln der Bürokratie gelegen hat. Das schöne Sprichwort »Wer sich nicht bewegt, spürt gar nicht, von welchen Fesseln er gehalten wird« mag manchem »befreiten Manager« durch den Kopf gehen, der in den Genuß der gemischten Potentiale kommt, die durch die Zulassung der emotionalen Energie in seinem Team frei werden.

Damit ist einer der mächtigsten Widerstände gegen Kreativität abgeräumt; denn nun wird die Firmen-Intelligenz zum Förderer der Firmen-Kreativität. Nie kann Kreativität sich anders durchsetzen als mit Hilfe der intelligenten Kritiker, die immer und überall die Mehrheit haben – damit der Strom der Kultur seine ruhige Bahn ziehen kann. Beginnt der Wandel sich zu überstürzen, wird dieses verzögernde Element sehr gefährlich, ja lebensbedrohlich für die Gesellschaft und ihre Besitzstände.

Das ist unsere Lage heute. Die Kultur-Intelligenz kennt ihre Macht; sie weiß auch, daß sie Innovation verhindern kann, wenn sie das will. In diesem Machtbewußtsein wird Intelligenz zum Förderer von Kreativität – wenn sie einsehen kann, daß auch intelligente Lösungen in einem Innovationsklima bessere Chancen haben. So zieht die intelligente Mehrheit der Systemverteidiger bei der Systemoptimierung die innovativen Kräfte mit in freieres Gelände. Immer ist Innovation mit ihrer Zustimmung möglich: der Zustimmung der Erhalter und Verwalter. Sie stoßen das Tor auf, sie öffnen das Wehr und die Schleuse, damit auch ihre Schiffe in offeneres Wasser kommen. Mit ihnen schwimmt die kreative Freiheit, die sie zu domestizieren hoffen. Die Kreativen sind das gewöhnt. Ihr Traum ist stärker als die graue Wirklichkeit der Buchhalter und Kontrolleure. Darauf vertrauen sie. Und überzeugen morgen auch die Logiker.

Innovation sprengt intelligente Fesseln

Eigentlich ist es keine Überraschung: Systemerhalter und Systemverwalter schaffen die Blockade gegen die Gestalter. Selten bedacht wird dagegen, daß es dennoch die Systemverwalter sind, die das Innovationsmanagement beherrschen müssen. Sie tragen die Verantwortung für den Erfolgs-Mix, und sie managen auch Energie-Arten, die sie nie selbst produzieren könnten: die Ideen der Kreativen. Wenn Sieger sich vor allem durch das Wissen über ihre eigenen Grenzen auszeichnen, dann ist Innovationsmanagement ein Prüfstein, um sie zu erkennen. Sie managen den Kraftstrom, der sonst an ihnen vorbeifließt – Kreativität. Ein intelligentes Management, das dies begriffen hat, wird damit beweglicher – es wird innovationsstark.

Die System-Intelligenz ist Adressat und Promotor der Innovation zugleich – eine faszinierende und riskante Doppelrolle. Hier – nicht im Kopf des Kreativen – wird entschieden, ob die kreative Idee das wichtigste Merkmal besitzt, um durchsetzbar zu sein: Nicht, daß sie neu ist, macht die Idee unschlagbar, sondern daß sie zur rechten Zeit kommt, begründet ihren Siegeszug. Die Rechtzeitigkeit ist die fragile Brücke zwischen dem kreativen Chaos und der intelligenten Ordnung. Im Idealfall hat sie Erbauer von zwei Seiten.

Topmanager, die ihre Verantwortung für das Innovationsmanagement begriffen haben, lernen neue Fragen zu stellen. Zum Beispiel diese:

- »Wenn wir heute neu beginnen könnten, würden wir dann alles, was bei uns täglich abläuft, genauso planen?«
  Machen sie Ernst mit der Antwort, dann beginnt die Organisation sich zu bewegen. Sie entdeckt und revidiert Fehler schneller – Grundlage für Innovation. Die entsprechende Frage bezüglich der Menschen im Unternehmen drängt sich dabei auf:

- »Wenn wir erneut die Wahl hätten – würden wir diesen oder jenen Manager, diesen oder jenen Mitarbeiter noch einstellen?«
  Lautet die Antwort »Nein«, so ist mutiges Handeln notwendig.

In Zeiten raschen Wandels sind beide Fragen unerläßlich. Man kann die unbequeme Management-Aufgabe vergleichen mit einer Fahrt auf sehr kurvenreicher Straße: Vor der Kurve Tempo wegnehmen – aber schon in der Kurve wieder Gas geben. Das bedeutet: Der Tempoverlust muß in Kauf genommen werden, wenn das noch unsichtbare Gelände hinter der Kurve zielsicher genommen werden soll.
Um die Menschen auf diese Innovationsfahrt mitzunehmen, muß eine weitere Gewohnheit der intelligenten Systemliebhaber geopfert werden. Die stereotype Frage, mit der man in der Welt der Sachwerte und Produkterfolge das Handeln ordnete, lautet: »Was?«

- Was tun wir zunächst?
- Was macht der Wettbewerber?
- Was heißt das für uns?
- Was steht auf der Tagesordnung unserer Meetings?
- Was verdienen wir?

Was wir faktisch wissen, ist aber nicht mehr die erfolgsentscheidende Frage. Wir müssen lernen, **warum** die Dinge so sind, wie sie sind.

Mit deutschen Vokabeln klingt die Frage eindeutig; in Wahrheit meint sie zweierlei: **Warum?** und **Wozu?** – Das englische *why* gibt beides wieder. Es ist die Frage nach der Herkunft und Zukunft von Problemen und Chancen. Und nur diese Frage ist es, die Menschen interessiert und motiviert. Die Welt der Was-Fragen ist die Welt des dumpfen Materialismus. Seit Vorsprünge nicht mehr mit materiellen, sondern mit immateriellen Leistungen geholt werden, ist die Welt der Was-Fragen auch auf den Märkten der reichen Staaten untergegangen. Es geht um das Warum und Wozu – und da treffen sich wieder einmal intelligente und emotionale Welt; denn diese Frage gilt kalkulatorisch ebenso wie ethisch. In ihr klingt nicht nur der ökonomische Siegeswille auf; sie verlangt gleichrangig und gleichzeitig die Rechtfertigung des Handelns: Warum und wozu darf oder sollte man diese oder jene Entscheidung treffen? – Für intelligente System-Anwälte eine herbe Lektion, wenn die einst rechenbare Welt so Ernst macht mit der Komplexität aller Sachverhalte und Urteile.

In den meisten Firmen liegt die Innovation in »intelligenten Fesseln«. Die Firmenleitung versteht nicht, warum es nicht weitergeht: Da laufen TQM-Projekte, das Haus ist offen für Innovation. Aber sie bleibt aus. Woran liegt es? Die meisten *Total-Quality*-Projekte sind organisiert, wie man es in der Industriephase gelernt hat: Das Projekt wird verstanden wie eine Maschine, die exakt und störungsfrei arbeiten soll. Sie soll überdies kostengünstig arbeiten, und sie besteht aus einer bestimmten Anzahl von Teilen und Teilchen – nicht mehr und nicht weniger. Diese Teile und Teilchen arbeiten in vorhersehbarer Weise zusammen – mit berechenbarem Erfolg; Überraschung ausgeschlossen, Innovation auch. Die Manager haben es in ihrer Ausbildung so gelernt: Systeme, für die man Verantwortung trägt, müssen berechenbar gemacht werden, sonst kann man die Verantwortung nicht tragen. Berechenbar machen heißt: Grenzen ziehen. Grenzen für die Leistungsvarianten, die ein System produzieren darf, Grenzen für die Fehlerzahl und Grenzen zu anderen Projekten, die ebenfalls wie selbständige Maschinen im Unternehmen laufen – auch unter dem Motto TQM. Was sich da mit einem neuen Label schmückt, ist die in Fesseln gelegte Kreativität. An der kurzen Leine der intelligenten Systeme findet Innovation nicht statt, weil der intelligente Plan keine Nische läßt.

Die Gewohnheit, Systeme durch Grenzen zu sichern, kommt uns bekannt vor. Sie hat bis vor wenigen Jahren auch die politische Welt bestimmt. Auch hier war man mit Abgrenzung der Erfolge der Vergangenheit recht erfolgreich – bis die Grenze gestürmt wurde. Seither gilt für beide Großsysteme, die Wirtschaft und die Politik, die offene Welt als Erfolgsfeld. Es zieht von allen Seiten, und die Abgrenzungsgewohnheit wandert nach innen: Qualitätsmanagement wird als Experiment vor den unberechenbaren Kräften ringsum abgeschirmt – und bringt die Enttäuschung, die isolierte, regelungsdichte Systeme bringen müssen: Nichts ereignet sich. Das eingefriedete Lösungsmodell befriedet auch das Problem – aber es ist die Friedhofsruhe, nicht der Sturm der Erneuerung, der hier ausbricht.

Innovationsbereitschaft bedeutet den Abschied von der Eindeutigkeit begrenzter Probleme und Lösungen. Komplexe Welt heißt offene Systeme managen; nur diese sind auch zukunftsfähig.

Der zweite Kardinalfehler bei der Suche nach innovativen Systemen kommt ebenfalls aus den Erfolgen der Vergangenheit. Die Organisation, in der Menschen zusammen nach Erfolg streben, wird immer noch verstanden als ein System, in dem Information, Rohstoffe und Produkte bewegt werden – allenfalls auch Menschen, aber die Menschen sind Diener des Materialflusses und der Organisationsgesetze. Ursache und Wirkung werden dabei vertauscht, und das fiel lange nicht auf – so lange nicht, wie Mitarbeiter durch Zuwächse ihrer Einkommen und Sicherheit ihrer Arbeitsplätze für einen eher tristen Arbeitsalltag entschädigt wurden. Die Welt der Produkte und Produktionsketten bestimmte die Wirtschaft, der Materialismus fesselte die Interessen aller Mitspieler.

Erst als die Krise einsickerte, die Genußmoral fragwürdig wurde und die Lust an den Sachwerten sich durch immer mehr Sachwerte verflüchtigte, meldeten sich die Menschen wieder – sie meldeten Lustlosigkeit. Erst in den achtziger Jahren kam damit die Kraftquelle für Innovation wieder in den Blick, und sie erschien den Topmanagern zunächst wie eine überschießende Forderung der Mitarbeiter nach noch mehr Qualität – obendrein von einer immateriellen Sorte, die die Rechner und Planer in Verlegenheit brachte. Im Grunde war die Botschaft pünktlich auf dem Tisch: Innovation geht nicht mit demotivierten Mitarbeitern. Die Gewohnheit, in begrenzten Systemen zu denken, verhinderte aber diese Diagnose. Mitarbeiter melden Lustlosigkeit, Mitarbeiter wollen mehr durchschauen, Mitarbeiter wollen so informiert sein wie Spitzenmanager – ein Personalproblem, beschied das Spitzenmanagement. Mit dem Rest des Unternehmens hat das nichts zu tun.

Weit gefehlt. Aber es dauerte Jahre, bis die Unternehmensspitzen zu begreifen begannen, daß die Defizitmeldung der Mitarbeiter auf Defizite aller Art schließen ließ: im Kommunikationsprozeß, in der Kundenbeziehung, ja sogar bei der Produktqualität – dort nämlich, wo Produkte zukunftsfähig werden durch Dienstleistung. Wir wissen heute: Der Innovationsverlust der Wirtschaft wurde deshalb verspätet entdeckt, weil man das Unternehmen verstand wie einen Werkzeugkasten, in dem jedes Werkzeug seinen begrenzten Einsatzbereich hat. Eine – letztlich – menschenfeindliche Veranstaltung.

Menschenfeindliche Züge in Organisationen plant natürlich niemand; aber sie entwickeln sich, wenn die Organisation das oberste Prinzip wird. Was sich gegen die Menschen wendet, wendet sich gegen die Innovation. Wieso aber ist die Mitarbeiterunzufriedenheit der Wegweiser zur Innovation? Weil die Klage der Menschen genau an jene Ressourcen führt, die der Firma zur Innovationsfähigkeit fehlen. Es sind:

- die emotionale Qualität der Unternehmensstrategie,
- die ethische Ladung der Unternehmensziele,
- die Sinn-Orientierung des gemeinsamen Handelns.

Viele Führungskräfte schaudert es bei diesen Begriffen. Das ist die Welt der arbeitsstörenden Dämonen, die sich da öffnet. Die Feinde der Ordnung und der sauberen Kalkulation melden sich mit unklaren Forderungen, so fürchten sie. Die Disziplin scheint in Gefahr, die Sachlichkeit verflüchtigt sich, und die nüchterne Absprache über Teilziele und klar definierte Projekte soll einer verblasenen Debatte über quasi privates Wohlbefinden Platz machen – so ihr Argwohn.

Aber auch Führungskräfte ahnen, daß die visionäre Energie von Organisationen im schnellsten aller bisherigen Wirtschaftskapitel eine Schlüsselgröße ist. Der simple Schluß: »Was Mitarbeitern fehlt, das fehlt dem ganzen Unternehmen« wird nicht dadurch außer Kraft gesetzt, daß führende Manager sagen: »Wir sind aber motiviert«. Erfolgsentscheidend ist die Motivation der Mitarbeiter – und unter ihrem Einfluß die Motivation der Kunden.

Die Kraft zur Erneuerung hat also einfache Voraussetzungen, wenn wir bereit sind, die virtuelle Welt ernst zu nehmen: Die kostbarsten

Ressourcen für die Innovations*power* sind nämlich so immateriell wie die Kraftströme, die den Globus umfließen. Die Organisation ist eben kein Baukasten mehr, in dem jede Abteilung mit ihren Bauklötzen und ihren Zahnrädern kleine Kraftmaschinen baut und laufen läßt. Die Kraftstoffe müssen durch die gesamte Organisation fließen, und die Durchlässigkeit aller Bereiche gegenüber allen anderen muß neue Fließrichtungen und Fließgeschwindigkeiten der Flüsse von Können und Wissen, Probieren und Entdecken, von intelligenter und emotionaler *Software* aus den Köpfen zulassen. Wenn das spannendste Zukunfts-Labor, der menschliche Kopf, nichts mehr zu melden hat, weil die Systeme sein Programm machen, dann ist eine Organisation verloren.

Die Entdeckung, daß die vorwärtstreibenden Energien identisch sind mit den Haupt-Motivatoren für Mitarbeiter, müßte die Führung eigentlich begeistern: Die Gleichung stimmt also! Was Mitarbeiter beflügelt, das befähigt auch die Firma zu Höhenflügen. Die *Software* für Innovation ist virtuell, sie hat nur am Rande mit Geld und Sachwerten zu tun.

- Wer Grenzen zieht, um besser verwalten zu können, was läuft, verstümmelt Innovationsprozesse.
- Wer immer noch glaubt, die Intelligenz sei die Leitmacht dieser Jahrzehnte, der wird zu den Verlierern der nächsten Etappe gehören. Die wichtigsten neuen Lektionen für Innovationsmanagement heißen also:
- Innovationen managen bedeutet Innovation des Managements.
- Das Unternehmen ist keine Maschine. Es wird sich den Systemgesetzen einer Maschine niemals fügen.
- Die Firma ist keine begrenzte Veranstaltung. Sie wird durch Abgrenzung Schaden nehmen und von den Kräften ihrer Umgebung abgeschnitten sein.
- Die Energie für Innovation ist nicht apparativer, sondern mentaler Natur. Innovationsstarke Systeme sind offene Systeme.
- Die Ressourcen für Innovation lassen sich nicht lagern. Sie sind in den Köpfen der Menschen.

Das innovationsstarke Unternehmen I

Innovation managen bedeutet Innovation des Managements.

Das Unternehmen ist keine Maschine. Es ist ein sozialer Organismus.

Sein Herz ist so wichtig wie sein Kopf.

Das Unternehmen ist keine begrenzte Veranstaltung.

Es wird durch Abgrenzung Schaden nehmen und von den Kräften seiner Umgebung abgeschnitten sein.

Die Intelligenz ist nicht die Leitmacht dieser Jahrzehnte.
Nur die Mischung macht erfolgreich.

- ○ Eine dieser Ressourcen ist die System-Intelligenz. Um kreativ zu werden, benötigt sie den Beistand strategischer Emotionen.
- ○ Innovationen spielen nicht im wertfreien Raum. Akzeptanz für neue Verfahren und Systeme ist auch ethisch begründet.
- ○ Innovation wird marktfähig, wenn sie dem Sinnbedürfnis der Menschen – Mitarbeiter, Kunden und Öffentlichkeit – Antworten liefert.

Innovationsoffen sind Unternehmen, wenn das Management auf vier Qualitäten besonders achtet:

① Das Herz des Unternehmens ist so wichtig wie sein Kopf. Das bedeutet aber: Das frische Blut der Kommunikation muß durch die Adern aller Bereiche fließen.
Unternehmenskommunikation ist Marktkommunikation. Nie mehr die interne von der externen Kommunikation trennen! Nie mehr Wissen nach Abteilungen sortieren! Die vernetzte Welt des Unternehmens in der Kultur verlangt vertrauensgesättigte Kommunikations-Transfers.
Wo nur intelligente Köpfe ticken, gibt es keine Innovation. Nur die Kopf-Herz-Vernetzung macht Hunger auf Innovationen.

② Das Unternehmen ist ein Organismus, der organisch wachsen soll. Das geht nur, wenn Mitarbeiter hier die Chance haben, neben Wissen und Können auch ihre Persönlichkeit organisch zu entwickeln. Über- und Unterforderung machen das Unternehmen krank. Wenn sich die Suche nach Anerkennung und Wohlbefinden vom Unternehmen abkoppelt, beginnt die persönliche Innovation des Mitarbeiters auf Kosten des Unternehmens. Die Suche der Mitarbeiter nach Innovation und Entwicklung ihres Lebens muß unlösbar mit der Innovationssuche und der Entwicklung des Unternehmens verknüpft sein.

③ Das Unternehmen hat in der globalen Kultur mitzuwirken an globalen Aufgaben. Seine Kraft zur Erneuerung wird auch stimuliert durch Anforderungen, die neu auf der Tagesordnung des Welt-Business stehen. Dazu gehört das Eintreten für Schwächere und

Das innovationsstarke Unternehmen II

Innovation braucht emotionale Kontrolle für intelligente Prozesse.

Die Energie von Innovationen ist nicht apparativer, sondern mentaler Natur.

Die Ressourcen für Innovation lassen sich nicht lagern. Sie sind in den Köpfen der Menschen.

Innovationen spielen nicht im wertfreien Raum. Ihre Akzeptanz ist auch ethisch begründet.

Innovation wird marktfähig, wenn sie auch dem Sinnbedürfnis der Menschen Antwort gibt.

die Hilfeleistung für bedrohte Kulturen. Die Innovation des Selbstbildes strahlt auf die Mitglieder der Firma aus: Sie geben ihr Bestes, wenn sie spüren, daß es um das Beste auf dieser Welt geht: um die Würde von Menschen. Nichts beflügelt Ideen so stürmisch wie das Bewußtsein, aus der Welt der niedrigen Beweggründe und der Jagd nach dem Mammon herauszutreten.

④ Die offene, neugierige *Company* ist nicht nur innovationsstark; sie erneuert sich zwangsläufig selbst, indem sie ihr Verhalten ständig überprüft und korrigiert. Die »Selbstinnovation« ist eine Begleiterscheinung der Innovationsbereitschaft: Wo Produkte, Beziehungen und Prozesse sich verändern, da verändert sich die Firma selbst. Vor allem die Kopf-Herz-Balance der Menschen ist dafür verantwortlich: Wer intelligente Reißbrettmodelle über eine Organisation legt, der erstickt ihren innovativen Geist. Wer aber sein Ohr an ihren turbulenten Alltag legt, der hört den heftigen oder stürmischen – oder matten Herzschlag der Menschen, die hier begeistert oder lustlos am Werk sind.

Der Kunde wünscht innovationsstarke Partner, weil er sicher ist, in die Welt von morgen zu müssen. Wieso verhalten sich manche Firmen, als müßten sie nicht dorthin? – In der Regel wird solches Verhalten zur *self fulfilling prophecy;* sie spielen tatsächlich nicht mit in der Zukunft ...

Die innovationsstarke Firma erfindet sich laufend selbst.

Wer fürchtet, das schaffe Unruhe, der hat die Unruhe der globalen Prozesse noch nicht wahrgenommen. Wo sich alles so schnell wandelt, wird jedes System zerschlagen, das sich durch Beharrung sichern will – wie ein Schiff, das bei Sturm an einem Felsen ankert.

VII

Der Kopf-Herz-Kontrakt: Countdown für die Isolation der Intelligenz

Zögernde Heimkehr – Kopfarbeiter holen ihr Herz ins Team

Und sie bewegen sich doch: Wie Süchtige zieht es sie in eine surreale Welt, abends nach dem Bürotag. Die Kraftmaschinen der Fitnesscenter ähneln den Fabrikhallen mit den stampfenden Präzisionsmaschinen zwar tröstlich; es ist fast wie in der Firma – damals, als man Lehrling, oder danach, als man Meister war. Aber halt: Hier scheint das Rad der Zeit noch weiter zurückgedreht. Menschen treiben diese Maschinen an, und was man für das Geräusch der Räder und Kolben halten möchte, ist der pfeifende, schlürfende und keuchende Atem der Menschen, die die Räder und Kolben, die Hebel und Schwengel antreiben. Hand- und Körperarbeit wie von Galeerensklaven wird hier verrichtet – und das Verblüffende: Die Sklaven zahlen! Für diese schwere Arbeit bezahlen sie mit ihrem Geld – das sie immobil auf Stühlen sitzend irgendwo verdienen.

Heimkehr der Kopfarbeiter in die Welt der Muskeln, Herzschläge und Schweißausbrüche. Heimkehr zu einer Euphorie der Müdigkeit, die so an keinem Schreibtisch zu haben ist. Die an die Intelligenz Verlorenen Söhne kehren heim zu Mutter Natur.

Der Kontakt ist verschlüsselt, weil die Entfremdung fortgeschritten war. Maschinenpark statt Wald? Verkehrte Welt: ein Weg, der unter dem Wanderer davonläuft. Und keine abwechselnden Landschaftsbilder? Nun, die könnte er sich einspielen, wie sein Nachbar, der mitten im Sommer auf einer Skipiste in Colorado läuft – da stürzt er gerade in einem Schneewirbel von der Strecke: Fahrfehler! Neu beginnen! Ruderboote ohne Wasser; Fahrräder, die niemanden forttragen, sondern leer laufen – damit Pulsschläge ansteigen, Beinmuskeln sich zusammenziehen und dehnen, Atemzüge dichter, tiefer, gründlicher werden. Ein Saal voll Köpfe, die zu ihrem Körper ein neues Verhältnis suchen.

Wanderer zwischen den Welten, behalten sie ihren Kopf in der technischen Welt, sie rechnen ihre Leistung durch – halt: Sie lassen rechnen, tragen Ziffern in Tabellen ein, ganz wie im Büro, taxieren Leistungssteigerungen, planen Trainingseinheiten, nüchtern: ein zweiter Arbeitsplatz, an dem sie zeitökonomisch möglichst viel »Umsatz« machen wollen: Grundumsatz steigern, Lager räumen (Fettdepots), Motivation hochdrehen.

»Natur« ist einstweilen nur innerlich ihr Partner; nicht auch noch von außen heimatlos werden, von Erinnerungen gestreßt, die im Wald und zwischen den Feldern lauern, wo Vögel singen wie in Kindertagen, wo Düfte sich sammeln, die man geatmet hat, als die Welt noch real war, nicht virtuell. Streß meiden, wie ihn Emotionen verursachen; Zeit sparen, wie immer und überall; Ergebnisse messen – das sind drei wichtige Gründe für Manager, ins Fitness-Studio statt in den Wald zu gehen, um mit ihrem Körper wieder ins Gespräch zu kommen.

Daß da der Geist gleich mitspielt, spüren sie dann schnell – und überrascht. Soviel Geist im öden Rudern, Radeln, Stemmen, Laufen? Das weckt einen Zwiespalt, den man auflösen wird. Der Kopf spielt mit, obwohl er hier doch nur als Kontrolleur von Pulsfrequenzen gebraucht wird. Und er gibt Rückmeldungen, die dem Besitzer fast die Sprache verschlagen: Euphorie, ja hellste Konzentration stellt sich ein, aber ohne die quälende Spannung, die alles im Büro zusammenhält, und an der kurzen Leine.

Was ist los? Bin ich jetzt auch schon so ein Tölpel wie die hirnlosen schwitzenden Muskelprotze, die mangels Hirnmasse ihren Muskelapparat trainieren, um Respekt zu ernten? Ist soviel Zufriedenheit und Lust, wie sie den ernsten Analytiker beim simplen Bewegungstraining überfällt, überhaupt erlaubt? Irritiert geht er mit sich zu Rate. Ist Bewegung eine Droge? Aber er hatte das Ganze so kalkulatorisch angefaßt wie jeden Auftrag in der Firma: Fitness-Management, so dachte er, das schiebe ich so nebenbei in eine schmale Fuge zwischen Arbeit und Heimfahrt – effizient, zeitsparend, fachmännisch optimiert und wohldosiert. Seine Willenskraft hat er schon einsetzen müssen nach den ersten Metern auf dem Laufband, aber gegen sich selbst zu arbeiten, das ist ja sein tägliches Pensum, da hat er kein Problem.

Nur der Effekt überrascht ihn; etwas wie Rauschgefühl befällt ihn. Während ihm der Schweiß ausbricht – nicht wegen der Bilanzen, sondern einfach wegen der körperlichen Anstrengung –, fühlt er sich – wie? – Wie der Fisch im Wasser, wie der Vogel in der Luft, oder eigentlich beides, wie auf Wolken läuft er weiter, immer leichter und von einer übermütigen Müdigkeit nicht schwer, sondern leicht gemacht: Das muß er in den Griff kriegen, was ist da los? Und wenn das real ist, was er hier erlebt, wieso ist ihm das alles bisher entgangen? Und, natürlich, als Manager fragt er das jetzt ganz entschieden: Wofür ist das gut? Was kann man damit machen?

Hat er sich verirrt? Noch weiß er nicht zu unterscheiden: Ist er in Gefahr? Oder steht er mitten in seiner größten Entdeckung? Was aber sind deren Folgen? Wird sie seine Identität bedrohen? Zerschlägt sie seine Leistungsfähigkeit? – Er schaut sich um in dem blanken Maschinenraum: Nein, das ist seine Welt, er wird das in den Griff bekommen. Hier sieht es aus wie in Halle 4 seiner Firma. Ruhig Blut. Morgen sieht die Welt schon wieder anders aus. Vielleicht schon heute abend, wenn er nach Hause kommt.

Zu Hause ist er beim Heimkommen von einer entspannten Heiterkeit, wie ihn seine Frau und Kinder seit zehn – oder waren es fünfzehn? – Jahren nicht mehr gesehen haben. Nicht die sprungbereite Anspannung, auf der Schwelle zur Gereiztheit, die alle leise auftreten läßt, sondern eine Gelassenheit umgibt ihn, die alle ungläubig beobachten. Aber er verrät nichts. Zu widersprüchlich sind seine Gedanken, die zwischen Übermut, ja Überschwang und intelligentem Zweifel – an soviel Erfolg mit so einfachen Mitteln – schwanken.

Er fühlt sich länger frisch; ein Widerspruch bei dieser Müdigkeit, die er aus der ungewohnten Muskelbetätigung mitgebracht hat. Es ist eine wohlige Müdigkeit, die zugleich sein unruhiges Herz langsamer schlagen läßt als gewohnt am Abend – da macht es sonst schon einmal ein paar Sprünge –, die abrupte Ruhe bekommt ihm nicht, war bisher seine Diagnose.

Aber das geht zu weit! Er hat tatsächlich begonnen, sich mit seiner Physis zu beschäftigen! Werde ich zum Hypochonder? fragt er sich erschrocken. Gehe ich auf eine Psychose zu? Ein Kopfarbeiter, der sich mit seinem Körper beschäftigt? Allenfalls tolerabel war es, diesen Körper systematisch zu beschäftigen, probeweise jedenfalls wie heute im Fitness-Studio, weil man soviel davon hört. Daß aber nun der Körper ihn beschäftigt, das geht zu weit. Die Zentrale für seinen *Output* liegt woanders, nämlich in seinem gut trainierten Gehirn. Wer keinen guten Kopf hat, mag auf körperliche Qualifikationen ausweichen – nicht er.

Er lenkt sich ab, liest, sieht fern, reagiert zerstreut, aber immer noch ungewohnt entspannt – es fällt ihm auf! – auf Fragen seiner Frau und der Kinder. In dieser Nacht schläft er tief und wacht gelegentlich auf, um sich umzudrehen in eine noch bequemere Lage. Halb wach spürt er ferne Erinnerungen: So schön ist Schlafen, wenn du müde bist wie früher – wann war das? Nach dem Spiel mit Freunden, draußen, in der Schulzeit. Diese herrliche Müdigkeit, die den Schlaf zu einem vitalen Genuß macht – wann war das? – Und schon schläft er wieder.

Er war ein effizienter Schläfer, vorher. Schlaf wie in einer tiefen Gruft. Bewußtlos, unwichtig, steinern oder bleiern, Hauptsache: effizient. Kurz und totenähnlich. Der Schlaf des Hochleisters. Manchmal, wenn er allzu angespannt war, fing das Herz des Nachts zu pochen an, ganz ohne Anforderung; es weckt ihn auf. Er reagiert ärgerlich, wie er es in der Firma tut, wenn Hektik ohne Anlaß entsteht, kämpft dabei aber auch mit einem leisen Schrecken, den er schnell zurückdrängt: Macht sich da etwas selbständig, gegen seinen Willen? Wilder Leerlauf ohne Kommando vom Kopf? Hat er sich nicht mehr in der Hand?

Wenn diese nächtlichen Störfälle ausbleiben, wäre er schon zufrieden. Er wird, immer noch mit einem *Inkognito*-Bedürfnis, wie ein Dieb, der sich etwas holt, was ihm nicht zusteht, wieder in diesen Maschinenraum gehen, der nur auf den ersten Blick seiner Firmenwelt so ähnlich war – in der Wirkung aber wie ein Schlüssel zur anderen Hälfte der Welt.

Kopf und Hand – Top-Positionen in der Wirtschaft sind Plätze für Kopfarbeiter. Die weißen Kragen gegen die schmutzigen Hände tauschen – das ist die Kurzformel für den Aufstieg auf die besseren Plätze. Alles, was uns von der Muskelarbeit entfernt, ist besser – so die unangefochtene Bewertung der modernen Gesellschaft für die Aufgaben, die sie zu verteilen hat. Kopfarbeit wird besser bezahlt; für *Brainpower*-Positionen qualifiziert man sich umständlicher und länger als für Jobs mit physischer Anstrengung.

Aus dem Blickwinkel mag es grotesk anmuten, wie sich Kopfarbeiter lustvoll und ernsthaft an den Kraftmaschinen der *Bodybuilding*-Studios zurückrobben in die Welt der Muskelarbeit. Euphorisch kämpfen sie sich zurück in die physiologische Welt von Kraft und Gegenkraft, von Hebelgesetzen, wie sie der Grubenkumpel und der Bauarbeiter, der Baggerfahrer und der Steinmetz selbstverständlich jeden Tag in Gebrauch nehmen.

Der Maschinenpark ist künstliche Welt, aber zweckfrei ist er nicht. Er dient der abenteuerlichen Entdeckungsreise in die andere Hälfte der Welt – für Leute, die auf dieser »anderen Seite« nicht mehr wohnen. Da sie an Effizienz gewöhnt sind, ist auch dies nur erträglich für sie unter dem Motto »Leistung«. Ihren eigenen Verdacht, dies sei ein Spiel, wehren sie ab durch intellektuelle Begleitprogramme: Pulsfrequenzen messen, Durchblutung testen, Muskelwachstum messen, Ruderschläge zählen.

Mit geschäftsmäßiger Miene holen sie sich ein Stück vom Glück – ein ganz anders zugeschnittenes Stück als in der Kopfwelt. Auch dies Studio ist ein »intelligentes System«. Die Maschinen sind wissenschaftlich konzipiert und die Programme medizinisch flankiert.
Hier herrscht die Ratio. Aber was man hier holt, ist unter diesem intelligenten Deckmantel eine neue Mischung: Körperliche Belastung tritt emotionale Reserven los. Dagegen kann – und will – sich niemand wehren. Die Ahnung, daß sich hier Räume von Geist und Seele öffnen, die man zuvor niemals betreten hat, faßt die meisten Nutzer schon beim ersten Mal. Erschrocken über die entdeckten Defizite – zum Beispiel an Belastungs- und Entspannungsglück –, brauchen sie oft lange, bis sie es zugeben. Aber sie können von diesen neuen Erlebnissen nicht mehr lassen. Sie kommen wieder. Und der Tag kommt, an dem sie sich doch wieder in den Wald wagen und Feldwege suchen, auf denen ihnen, zunächst, niemand begegnet: der Generaldirektor beim Joggen! – Undenkbar!

Später dann kommt der Tag, an dem sie auf einen anderen Süchtigen stoßen: Endlich löst sich das Tabu vom Thema. Nicht mehr der Jahresurlaub in *Miami,* wo man ein ganz anderer ist, sondern die tägliche Laufstunde wird zum Thema für die Sitzungspause.

Was geschieht da? – Eine Laune präsentiert sich anders. Was liefert »die andere Hälfte der Welt«?

Mentale Fitness – Mobiles Leistungsglück

Nicht mehr der Große frißt den Kleinen, sondern der Schnelle frißt den Langsamen – gilt das wirklich nur für die Wettläufe der Großkonzerne auf Weltmärkten? Nein, nein, sagt der Firmenchef, das gilt bei uns natürlich auch. Wer schneller zum Kern des Problems kommt, ist der Sieger. Wer flexibler argumentiert, wer souveräne Überblicke liefert, der macht Karriere. Der schnelle Kopf erobert Führungspositionen. Meist ist es ein trainierter Kopf mit mittlerer Intelligenz, der die Balance zwischen Gehorchen und Wetteifern früh verstanden hat. Besser werden und die Loyalität der Wettbewerber nicht verlieren, das ist die Kunst, Karriere zu machen.

Seit wir über die vernachlässigten Ressourcen nachdenken, die das Thema dieses Buches sind, ahnen wir auch hier Versäumnisse. Der schnelle, gut trainierte Kopf – aus welchen Ressourcen bedient er sich, um gut zu bleiben, um besser zu werden? Wer kümmert sich um das Kommunikationssystem, das den Organismus des Kopfarbeiters leistungsfähig hält? Wie lange koppelt sich ein kluger Kopf straflos von einem vernachlässigten oder überforderten Körper ab? Es geht ziemlich lange ohne negative Rückmeldung; aber es geht nur mit mäßiger Qualität. Wer das Prinzip Kopfarbeit auf Kosten der körperlichen Fitness verfolgt, verliert nicht seine Intelligenz; die intelligenten Lösungen, die er anbietet, verlieren aber ihren Glanz. Das bedeutet: Das entscheidende Element, um Mitarbeiter zu bewegen, fehlt. Wer nur Kopfleistung abruft, ohne den »Herzschlag der Gedanken« abzuhorchen, die er transportieren will, bleibt meist auf halbem Wege stekken: Das Mitreißende fehlt, das Beflügelnde bleibt aus. Die Inspiration versagt (s. S. 26).

Inspirierte Köpfe leisten sich die Trennung der Energien erst gar nicht. Menschen mitnehmen auf einen begeisternden Weg, das heißt

Traditionelle Karrieren:

Der intelligente Kopf koppelt sich vom Körper ab.

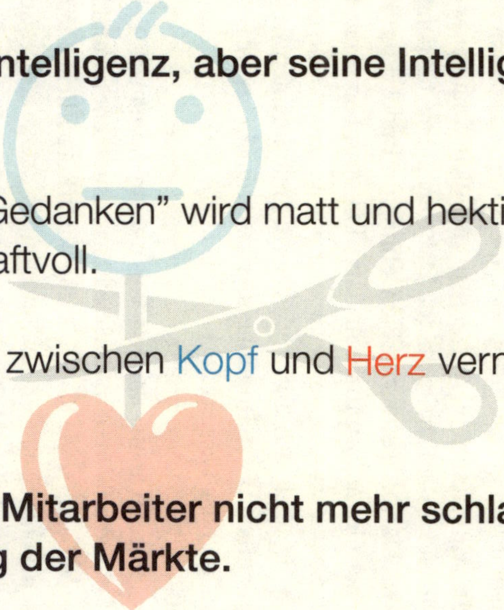

Er verliert nicht seine Intelligenz, aber seine Intelligenz verliert ihren Glanz.

Der „Herzschlag seiner Gedanken" wird matt und hektisch im Wechsel – nicht verläßlich und kraftvoll.

Wer die Kommunikation zwischen Kopf und Herz vernachlässigt, lebt gefährlich.

Er hört die Herzen der Mitarbeiter nicht mehr schlagen, und er vergißt den Herzschlag der Märkte.

auch: die eigenen Energiereserven mitnehmen in den Leistungsprozeß. Schnelle und starke Teams sind mit einem Energiegemisch unterwegs, das die pure Intelligenz ihrer Wettbewerber weit überflügelt. Wo wird dieser Cocktail gemixt? Was enthält er? Was ist es, das entspannte Hochleister anders machen als die schnell verzehrten Kämpfer, die wie Fackeln leuchten, die an beiden Seiten brennen?

Ist geistige Mobilität ohne körperliche Fitneß möglich? Eine Zeitlang ja, während wir die Reserven der Kindheit aufzehren, wo der Bewegungsdrang noch ausgelebt, die Spielfreude noch »ausgespielt« wurde. Mit diesem Vorrat gehen vor allem Männer willig auf die Durststrecke, die Karriere heißt. Dabei bringt sie für den Karrierewilligen nichts voran außer: seine Geltung im Rudel. Für ihn persönlich setzt sich ein Verlustprozeß in Gang. Für seine Karriere ist er nur noch Kopf. Später wieder, so beschwichtigt er sein Bedürfnis nach Spiel und Sport, nach – so stuft er das aus der intelligenten Warte ein – vordergründigen Beschäftigungen. Jetzt kommt er erst mal zum Wesentlichen, und das passiert im Kopf. Da haben Äußerlichkeiten wie körperliche Fitneß keinen Platz.

Das »Später mal« wandert von nun an ein ganzes Leben vor ihm her. Er wird erfolgreich; das macht Lust auf mehr Erfolg. Für Sport ist keine Zeit. Daß seine Kopfleistung durch körperliches Training besser werden könnte, hält er für abwegig. Er ist ja aufgewachsen in der gespaltenen Welt – da galt das Muster der Blöcke auch für den einzelnen und seine Lebensleistung: Kopf oder Körper, virtuelle oder materielle Welt. Die höheren Ziele verlangen geistige Kondition, die körperliche »bringt man mit« – und zehrt sie auf. Man mehrt sie nicht, man zehrt sie auf.

Die meisten ahnen auch nicht, daß man sie mehren könnte. Und, wichtiger: daß das simple Training körperlicher Bewegungsabläufe die geistige Fitneß dramatisch verbessert. Ja: Laufen macht klüger. Genauer: Es komplettiert die Kopfleistung, es mobilisiert den emotionalen Beistand für die Intelligenz. Körperliches Training setzt genau die Ressourcen in Bewegung, die der Kopfleistung den Glanz verleihen, um andere zu gewinnen.

Bewegungstraining schafft den Power-Mix, der die Intelligenz aus ihrer Isolation befreit: Aus dem logischen Ghetto in die komplexe Welt, das ist das Motto, unter dem auch der »bewegte Mensch« seine plötzliche Horizont-Erweiterung erlebt. Bestürzend einfaches Mittel für verblüffend große Erfolge – und zwar auf der ganzen Linie: für die Gesundheit, für das subjektive Wohlbefinden, die Belastbarkeit, die Streßresistenz, für mehr Selbstvertrauen, mehr Lust an Leistung – und für die Kommunikationsqualität, die im Führungsprozeß die Menschen verbindet.

Wer die exzentrischen Konzepte von Berater-Gurus Revue passieren läßt, in denen der »Weg nach innen« – oder in die Wüste, die Wildnis, ins Geröllfeld der eigenen Seele – zur Zauberformel erklärt wird, der steht fast enttäuscht vor der umwerfend einfachen Erkenntnis, daß Bewegung, geordnete Bewegung wie das einfache Laufen zum Beispiel, Leistung und Motivation im Überfluß freisetzt und zugleich die Grundlagen für Leistung stabilisiert, statt dem Prinzip Aufzehren, Auszehren weiteren Tribut zu zollen.

Nein, dieses Konzept werden wir nicht einfach wieder los wie die zahllosen *Workshop*-Trends und die Outdoor-Seminare, die den Unternehmen in der Krise zu teuer werden. Dieses Konzept hat den für Materialisten fast peinlichen Nachteil, daß es kostenlos ist – im Gegenteil: gewinnbringend, wenn Sie nach einiger Zeit den Werksarzt fragen. Aber es hat auch den Nachteil, daß es nicht nur einmal jährlich mit *Highlight*-Zauber eingeblendet wird; vielmehr schleicht es sich in den Alltag, hängt sich an beinahe jeden Tag an, verlangt Eigenregie, nicht den Guru oder »Coach«, und kostet keinen Beitrag wie das *Bodybuilding*studio. Laufen kostet nichts. Halt: Es kostet Fettreserven – sogar im Gehirn. Es kostet alles das, wovon Sie sich schon lange trennen wollten – nur wußten Sie nicht, wie. Es ist ein großes Tauschgeschäft. Entspannte Müdigkeit gegen aufgestaute Anspannung. Ein heller Kopf gegen die Nebelschwaden von Ärger und Frust.

Ja, Sie bauen eine neue Abhängigkeit auf: die Abhängigkeit von dem, was Ihnen wirklich *Power* gibt und gut für Sie ist: *fitness for body and mind* – ein großes, zeitgemäßes Thema, das den europäischen Boden, wie alle großen und glückspendenden Themen, erst verspätet erreicht.

Nun aber ist es da. Und was ist es konkret? Rascher Wandel geht nicht mit immobilen Menschen. Und das beschränkt sich nicht auf den Kopf; denn der Kopf bezieht seine Energie aus dem gesamten Organismus. Abkoppeln kann er sich nur scheinbar.

In die Führungssysteme der Unternehmen gehört eine neue Art von Fitness-Management. Nicht nur die *Brainpower* separat trainieren, sondern davon ausgehen, daß körperliche Fitness den Kopf stimuliert. Es ist merkwürdig, daß Arbeitgeber und Führungskräfte auf die Köpfe bedenkenlos zugreifen, die Energiequellen des Kopfes aber für tabu erklären. Allenfalls der Werksarzt darf – aber nur im Störungsfalle – auch diese Ressourcen näher betrachten.

Fitness-Management ist zugleich Streß-Management. Es ist daher ein **Angebot** der Firma, nicht eine Forderung. Mitarbeiter profitieren von einer guten Bewegungskultur, die nicht nur die Köpfe erfaßt, so sehr, daß die Frage, wer hier wem etwas gibt, gegenstandslos ist. Jeder, der in den Zusammenhang von mentaler und körperlicher Fitneß genauer Einblick gewinnt, ist davon schnell überzeugt.

Wir müssen noch weiter gehen. Wieso kann sich das Unternehmen, das Menschen beschäftigt, überhaupt erlauben, das »Unternehmen Mensch« so einseitig abzuschöpfen, wie das in den meisten Firmen bis heute geschieht? Wieso dürfen Arbeitgeber Menschen spalten in Kopf und Herz und nur den Kopf für sich beanspruchen? Wieso können Führungskräfte glauben, die Abspaltung intelligenter Leistung von emotionaler Leistung täte auf Dauer dem Unternehmen gut – und dem Mitarbeiter? Die Leitgrößen Umsatz und Wachstum des Unternehmens gelten auch für das »Unternehmen Mensch«, von dem die Firma lebt. Welcher Kraftumsatz im einzelnen Organismus wie organisiert und bilanziert wird, spielt natürlich für den Erfolg des Ganzen eine große Rolle. Welche Art von Wachstum den Mitarbeitern ermöglicht wird, welches Wachstum sich die Führung leistet oder vorenthält, das kann nicht gleichgültig sein für den Erfolg des Unternehmens.

»Organisches Wachstum«, »schneller als der Markt«: ein gutes, leider selten wörtlich genommenes Konzept. Ob die Lungenkapazität des Unternehmens für einen »langen Atem« sorgt; ob der Herzschlag der Firma synchron läuft mit dem Herzschlag der Kunden im Markt; ob die großen Blutgefäße im Kommunikationssystem Unternehmen von unzähligen neuen Kapillargefäßen unterstützt werden, damit die Transfers von Wissen, Wollen und Können noch besser, schneller und verständlicher werden – das alles sind nicht scheinbare oder willkürliche Parallelen zum leistungsfähigen Organismus, sondern Hinweise auf unentrinnbare Entsprechungen, die sich in der Störung und im Kollaps aufdrängen, wenn wir sie in guten Zeiten mißachten.

Der schnelle Aufstieg der europäischen technisch-industriellen Kultur war mit großer Anspannung geistiger Kräfte verbunden. »Anstrengungsbereitschaft«, »Leistungswillen« sind die Forderungen an jeden, der nach »vorn« oder nach »oben« will. Es könnte auch heißen »Anspannungs- und Entspannungsbereitschaft«, »Leisten und Loslassen« – denn diese komplementären Fähigkeiten machen langfristig hohe Leistungsfähigkeit erst möglich. Entspannung ist kein Leistungswert in der abendländischen Kultur. Erst mit der Genußmoral kam sie wieder ins Gespräch – da aber als *Leisure*-Wert, in die Freizeitwelt abgedrängt; kein Thema für die »Leistungsträger«. Mentale Fitness ist in hohem Maße davon abhängig, ob Anspannung und Entspannung in einem ausgewogenen Verhältnis stehen. Die Bewegungskultur, von der wir hier sprechen wollen, ist ebenfalls nur als ein organischer Wechsel zwischen Zupacken und Loslassen erfolgreich. Das gilt auch für die mentale Kondition. Nur der gelöste Denker findet Zugang zu seinen Ideen; nur wer Tagträume zuläßt, erkennt Handlungschancen, die bei angespannter Logik nicht sichtbar werden.

In der körperlichen Bewegung sind Anspannung und Entspannung so selbstverständlich kombiniert, daß der Kopf hier vom Körper lernen kann, wie es geht. Mental gelöst kommt der Läufer aus seinem Training. Der »klare Kopf«, den er mitbringt, ist jetzt konzentrierter einzusetzen als vorher. Daß körperliche Bewegung, ganz triviales Traben oder Laufen, Einfluß auf unsere mentale Stärke haben soll, paßt vielen gut dressierten Topleuten nicht so recht: Der Kopf ist doch die überlegene Region; den Körper nimmt er auf die intelligente Lebensreise mit, aber auch der ist dominiert und domestiziert von Kopfprogrammen. »Unbeherrschte« Leute zappeln unkontrolliert herum; sie lachen an der falschen Stelle, können nicht ruhig sitzen, tänzeln umher, statt imponierend dazustehen. Der mental trainierte Mensch hat jede Geste in seiner Gewalt. Wir haben darüber gesprochen daß dies eine Illusion ist (s. S. 164–174).

Wer mit seinem Körper arbeitet, das gilt aus der Intelligenz-Perspektive vieler Manager auch für sportliche »Leerläufe«, wenn sie nicht gesellschaftlich bedeutsam sind wie das Golfspiel, gehört eigentlich ins Proletariat. Und es stimmt: Die Jogger in den Wäldern sind nicht mehrheitlich Topmanager. Sie sind auch nicht mehrheitlich Abteilungsleiter. Überhaupt sind hier nicht diejenigen zu finden, denen der Bewegungsausgleich am meisten fehlt. Für sie ist der Weg hierher am weitesten – in jedem Sinne, praktisch und mental. Und er muß eilig verkürzt werden.

Laufen ist ein Unterschichtmodell, wie körperliche Arbeit, so raunt es im verquer programmierten Kopf des Spitzenmannes. Laufen ist langweilig, so vermutet er noch vor dem ersten Versuch; das wird er nie mehr wiederholen. Laufen ist lächerlich, einfach so laufen, findet er auch. Und laufen heißt außer Atem sein, bleischwere Beine haben, genau die Dinge, die beruflich, auch im übertragenen Sinne, niemals vorkommen dürfen.

Wer sich zu einem Versuch überreden läßt, wird bald neugierig zuhören, wenn Ärzte ihm erklären, warum er sich so gut gefühlt hat, so wohl, so unbeschwert und, etwas später, als die Beine fast von selber weiterliefen, so euphorisch. Einmal dran nippen heißt süchtig werden: Darum laufen Läufer. Sie sind *high* und wollen es immer wieder werden. Aber das ist nur ein irreführender Hinweis, wenn von den Vorgängen, die Kopf und Körper aufladen mit gemischter Energie, nicht gesprochen wird. Nirgends wird der *Power-Mix,* von dem dieses Buch spricht, reiner angerührt als hier. Und Schritt für Schritt erklärt die Forschung den glücklichen Läufern auch, wie solide die Basis ist, auf der das Läuferglück entsteht. Es ist eben nicht Rausch, der betrügt und zum bösen Erwachen führt, sondern es ist *Eu*-Streß, das positive Belastungsmuster, das alle schlafenden und betäubten Reserven aufweckt. Die ungleichmäßige Belastung, die den Geistesarbeiter so müde macht, wird abgelöst durch ein ausbalanciertes

Zusammenspiel von Muskeln, Gelenken, Herzschlag, Kreislauf und Hormonen, Nervensystem und Geist – genauer: Intelligenz und Emotionen.

Natürlich ist es viel komplizierter. Einiges, was beim Laufen im Körper geschieht und den Geist beflügelt, kennen wir genau; anderes beginnt die Wissenschaft erst zu ergründen – zum Beispiel warum unser Gehirn von körperlichem Training profitiert –, und zwar nicht nur unsere Willenskraft, wie der Leistungsträger sich schmeicheln möchte, sondern auch das, was wir unsere psychische und emotionale Kondition nennen.

Das Gehirn, soviel wissen wir heute schon genau, konsumiert Nährstoffe en masse, wenn der Körper trainiert. Wird der Sport zur Gewohnheit, so verändert die Befehlszentrale in unserem Kopf sogar ihre mikroskopischen Strukturen – ganz wie das Gefäßsystem, das unzählige kleine Zusatzleitungen legt, um die Sauerstoffversorgung, zum Beispiel die des Herzens, dem trainierten Organismus anzupassen. Daß sportliche Bewegungsabläufe die bedrohlichsten Begleiter der Zivilisation mattsetzen, ist inzwischen bewiesen.

- Der Ruhepuls wird bedächtiger und langwellig.
- Der Blutdruck sinkt.
- Die Ausnutzung des körperproduzierten Insulins wird besser.
- Das Blut wird dünner und fließfähiger.
- Das »gute« (HDL-)Cholesterin vermehrt sich.

Der teilbelastete Büroarbeiter gerät mit seinem Belastungstraining plötzlich in eine Vielseitigkeitsförderung, die ihm keine andere Lebensfunktion in der zivilisierten Gesellschaft geben kann. Er holt sich damit nicht nur körperlich, sondern auch mental das, was ihm eigentlich zusteht. Darauf beruht auch die nie gefühlte Zufriedenheit, mit der ihn sein Jäger- und Sammlerhirn belohnt, wenn er tief atmend vom Waldlauf zurückkehrt: Belohnung für die gleichmäßige Auslastung aller Kräfte ist mentales Glücksempfinden – wie nach einer erfolgreichen Jagd, nach einer reichen Ernte der frühe *Homo sapiens* zurückgekehrt sein mag, um seinen Erfolg zu genießen. Die Rückmeldung des

Macht physische Fitness klüger?

Physische Bewegung mobilisiert auch die Intelligenz:
Sie verschafft ihr emotionalen Beistand.

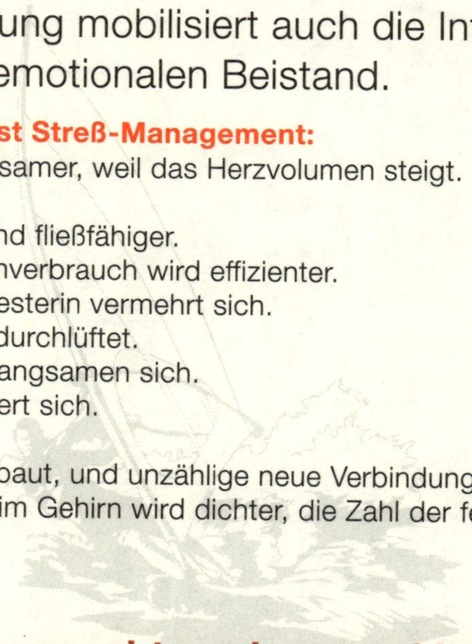

Fitness-Management ist Streß-Management:
- Der Ruhepuls wird langsamer, weil das Herzvolumen steigt.
- Der Blutdruck sinkt.
- Das Blut wird dünner und fließfähiger.
- Der körpereigene Insulinverbrauch wird effizienter.
- Das „gute" (HDL)- Cholesterin vermehrt sich.
- Die Lunge wird besser durchlüftet.
- Verschleißprozesse verlangsamen sich.
- Die Immunlage verbessert sich.

Im Gehirn wird Fett abgebaut, und unzählige neue Verbindungen werden gelegt:
Das neuronale Netzwerk im Gehirn wird dichter, die Zahl der feinen Blutgefäße steigt.

Physische Fitness macht auch mental leistungsstark.

Gehirns ist von doppeltem Nutzen – und sie hat sich deshalb bis heute so unmißverständlich erhalten:

Erstens liefert sie eine wahre Botschaft, nämlich die Nachricht, daß der gesamte Organismus mit all seinen Funktionen auf seine Kosten gekommen und bestens versorgt beziehungsweise gefordert ist – was gleichbedeutend ist!

Zweitens, daß es sich lohnt, dieses Wohlbefinden morgen oder übermorgen wieder zu erleben. Der Organismus besorgt sich so, was er braucht. Das Gehirn spielt mit: Es produziert »Hunger auf mehr vom Gleichen« – und es wird den Anfänger durch die beflügelnde Erfahrung zu weiteren Höhenflügen locken. Was Manager begeistern müßte: Wer Sport treibt, altert langsamer. Das Herz geht in eine Art der *Lean Production,* die den Effizienz-Liebhabern gefallen müßte: Es arbeitet ökonomischer. Es schlägt langsamer, der Blutdruck sinkt, das Volumen des Herzens aber nimmt zu. Es braucht weniger Sauerstoff und hat damit weniger Anforderung zu erfüllen als vorher.

Die Lunge wird besser durchlüftet – der flache Atem des sitzenden Büromenschen schafft das nicht. Sie bekommt mehr Blut, mehr Sauerstoff und altert langsamer. Das gilt aber für den ganzen Organismus: Verschleißprozesse verlangsamen sich. Körperlich wird mancher spät in die sportliche Bewegung Gestartete zunächst faktisch buchstäblich »jünger«: ein faszinierender Erfolg. Auch die Knochen profitieren: Jahr um Jahr bauen sie Masse nach, und zwar im gleichen Rhythmus, wie sie sonst durch Altern verlorenginge: etwa ein Prozent im Jahr.

Ausgewogenes Training verbessert die Immunlage. Wer sich sportlich bewegt, verbessert die Nervenreflexe, mit denen Bewegungen koordiniert und Stürze abgefangen werden. Auch die Zahl der Muskelzellen nimmt zu: Gegenprogramm zum stetigen Verlust von Muskelzellen vom zwanzigsten Lebensjahr an!

Daß dieses sichere Gewinnspiel auch Glücksgefühle auslöst, kann niemanden verwundern. Wie das geschieht, wissen wir schon etwas länger. Die körpereigene Produktion an Rauschdrogen hilft dabei: Die Endorphine, auch das Adrenalin, das wir als Streßhormon in den Büros natürlich kennen, heben den Läufer auf die Wolke, die ihn mit stolzem Selbstvertrauen für seine Konsequenz belohnt. Vieles, was außerdem im Gehirn des körperlich trainierten Menschen abläuft, ahnen wir erst. Daß die Gehirne von bewegungsfreudigen Menschen mehr Blutgefäße entwickeln und dichtere neuronale Netze, also mehr Nervenverbindungen entwickeln, ist bereits heute klar.

Es ist nicht leichtfertige Vermutung, sondern höchst wahrscheinlich, daß wir bald noch genauer wissen werden, was sich hier andeutet: daß Training auch den Kopf leistungsfähiger macht. Läufer denken besser, sportliche Manager sind die besseren Entscheider. Nicht der Umkehrschluß wird empfohlen, der lauten würde: Laufen, um Spitzenmanager zu werden. Aber Spitzenmanager sein, ohne die Zusammenhänge von körperlicher und mentaler Fitness zu nutzen, das müßte in absehbarer Zukunft unzulässig werden.

Vielleicht beginnt der bewegungsentwöhnte Manager oder Mitarbeiter mit dem, was die Amerikaner *Power-walking* nennen, also mit intensivem, kraftvollem Gehen. Irgendwann wird es ihm natürlich erscheinen, vom Gehen ins Laufen zu wechseln, und er wird das Laufen nicht mehr lächerlich oder peinlich oder unwürdig finden. Die Statusüberlegung wird durch gleichmäßige Bewegung schnell zurückgebaut, weil das Bewegungsglück bald stärker wird und den Rang eines Argumentes erobert, gegen das die früheren Überlegungen nun ziemlich lächerlich wirken.

Die meisten Wirkungen des ausdauernden, lockeren, gleichmäßigen Bewegungstrainings – Laufen als Grundmuster bietet sie alle – müßten leistungsorientierten Managern eigentlich gut gefallen:

- Die Effizienz steigt.
- Die Immunabwehr wird günstig beeinflußt.
- Die Enzyme wenden sich von der Zucker- der Fettverbrennung zu.
- Die Konzentrationsfähigkeit steigt, ebenso das Leistungsvermögen, durch höheres Sauerstoffangebot.
- Das dichter werdende neuronale Netzwerk im Gehirn steigert die Gedächtniskapazität und macht das Gehirn »jünger«.

  Und, was dem Kämpfer und Rivalen im Rudel der Männer wichtig sein muß:

Der Sieger-Cocktail: Bewegung als Stimulans für höhere mentale Leistung

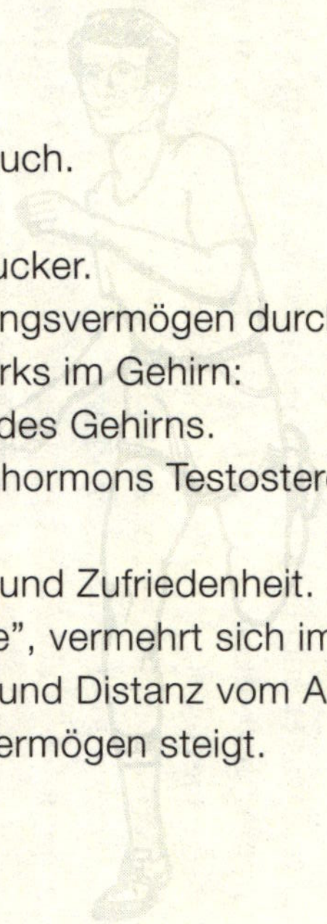

- Steigende Effizienz beim Kraftverbrauch.
- Bessere Immunabwehr.
- Enzyme verbrennen mehr Fett als Zucker.
- Höheres Konzentrations- und Leistungsvermögen durch mehr Sauerstoff.
- Verdichtung des neuronalen Netzwerks im Gehirn: besseres Gedächtnis, „Verjüngung" des Gehirns.
- Höhere Produktion des Geschlechtshormons Testosteron (für Wettbewerb im Rudel!).
- Endorphine vermitteln Gelassenheit und Zufriedenheit.
- Serotonin, das Hormon der „Leittiere", vermehrt sich im Gehirn. Es vermittelt Überlegenheitsgefühle und Distanz vom Alltag.
- Kreativität wird stimuliert, das Lernvermögen steigt.

- Die Produktion des Geschlechtshormons Testosteron steigt an.
- Endorphine vermitteln Gelassenheit und Zufriedenheit.
- Das Serotonin, Hormon der »Leittiere« bei den Primaten, vermehrt sich beim Laufen im Gehirn. Es vermittelt Überlegenheitsgefühle und Distanz vom Alltag.
- Die Kreativität wird stimuliert, das Lernvermögen steigt.

Allein diese Trias von erwünschten Wirkungen müßte die Manager in unübersehbaren Läuferrudeln in die Landschaft ausschwärmen lassen. Statt dessen werden Pillen geschluckt, Vitamincocktails gemixt und *Workshops* »durchsessen« – in verdunkelten Räumen, mit verspannter Seele. Hier alle Viertelstunde zu lachen gibt zwar eine Ahnung vom *Eu*-Streß, der allen entgeht – schon setzt das Gehirn zum Rauschcocktail an, aber da ist der Lachanlaß vorüber –. Nur wer genau weiß was er oder sie sich draußen in zwanzig Minuten lockerem Lauftraining holen kann, der verläßt den halbdunklen Saal mit dem allerbesten Gewissen – und kommt glücklich wieder. Nicht nur glücklich, sondern auch mit einer besseren Fettverbrennung nimmt der Läufer wieder zwischen den Sitzern Platz.

Das immobile Leben schenkt Prestige – ganz zu Unrecht. Denn alles, was gesellschaftliche Anerkennung wert ist – Prestige meint ja diese –, wird durch Bewegung freigesetzt. Ein Manager auf dem firmeneigenen Joggingkurs sollte weit mehr Vertrauen bei seinen Mitarbeitern und der Öffentlichkeit wecken als ein limousinengewiegter Liftfahrer, der angeblich voller Tatendrang in seinem Bürostuhl landet – nach einer zählbaren Zahl von Schritten, die er vom heimischen Bett bis zu diesem neuen Ruheplatz getan hat, den er nun für viele Stunden nicht verlassen, höchstens gegen ebensolche in anderen Räumen tauschen wird – mit wenigen Schritten. Nein, es reicht nicht, daß er im Urlaub in Florida Golf spielt oder segelt. Die tägliche, simple Vielfachbelastung seines Körpers würde sein Gehirn mit Kreativität füttern und sein Herz ins *Lean*-Programm schicken.

Wo ein Chef oder ein Führungsteam verstanden hat, daß die hellen Köpfe bewegten Menschen gehören, da muß das für die Firmenkultur Folgen haben. Wir können nicht länger so tun, als sei der Leistungsausschnitt Kopf der Erfolgsort, auf den wir setzen, während wir den »Rest«, das Kraftwerk Körper, das diesen Kopf mit Energie versorgt, dem Zufall überlassen.

Wenn die Firma sich der schnellen Welt stellt, dann braucht sie bewegliche Leute – und zwar in jeder Hinsicht. Sie muß Trainingskonzepte und Trainingsfelder anbieten, die in der Mittagspause oder vor Arbeitsbeginn und nach Arbeitsende, vor allem spätabends genutzt werden können. Es muß ein Firmenklima entstehen, in dem jeder weiß, warum Sport ein *Essential* ist, nicht irgendein Hobby. Bald wird es zum guten Ton gehören, daß man in diesen Sportanlagen etwas macht. Kaum einer kommt noch ohne Verlegenheit an den Sportplätzen und Trainingshallen vorbei.

Wettkämpfe mögen zusätzlich locken, Preise unternehmens- und stadtweit Anerkennung bringen und Nachahmer anlocken; aber die lockere Laufrunde muß so einfach in den Firmenalltag gehören wie der *Small talk* im Gang, wie das Essen in der Kantine. Der Werksarzt sollte auch Sportarzt sein; er sollte greifbar sein, wo die Trainingsflächen sind. Oder Studenten der Sportmedizin sollten hier volontieren dürfen, freie Trainer – dafür kann der »Sitztrainer«, der die *Workshops* seit zehn Jahren macht, in Urlaub gehen – könnten Interessierten mehr Einblick geben.

Die Firma macht die Mitarbeiter zu Kennern des Zusammenhangs von körperlicher und mentaler Fitness, indem sie die Pioniere des neuesten Wissens einlädt.

Mitarbeiter werden der Führung für diesen Sprung in eine neue Dimension der Leistungsfreude dankbar sein, wenn sie begreifen, welche Chancen sie dabei für sich selbst holen – nicht nur für die Firma.

VIII

Emotionale Wärme für das Kältebad der Intelligenz: Auch Manager proben den Power-Mix

Götterdämmerung für Emotions-Asketen

Je dichter die Systemnetze werden, desto wichtiger wird der *emotional load,* mit dem Menschen uns in diesen Netzen begegnen. Die ausgelagerte Intelligenz hat uns einige Jahrzehnte so fasziniert, daß der Eindruck entstand, nun sei der Sieg der intelligenten Energie perfekt. Stolze Erfinder und Nutzer erkannten nicht gleich, daß es nun immer weniger attraktiv wurde, diesen Systemen ähnlich zu sein; denn »perfekt« ist die menschliche Intelligenz nie, und das Tempo der Großrechner und Datenspeicher wird das menschliche Gehirn nie erreichen. Das Werkzeug überholt seinen Erfinder – und gibt ihn frei für Leistungen, die einstweilen nicht auslagerbar sind.

Dennoch werden weiterhin Managerkarrieren über den IQ gemacht; zugleich übernehmen die intelligenten Systeme keineswegs die Führungsaufgabe. Nicht nur Spitzenmanager haben bald erkannt, daß Organisationen an Glanz verlieren, wenn menschliche Begegnungen wegrationalisiert werden (s. S. 155–163). Intelligenz schafft Distanz. Vom Problem und vom Mitmenschen. So soll es sein. In den Organisationen gefangen, erkaltet der Glanz der Innovation, die gestern noch das Team zu Höhenflügen anspornte. Selbst die hinreißende Initiative eines einzelnen schlägt, angekommen in der Organisation und konsumiert vom System, keine Funken mehr. Sie läßt uns los; und das ist gut so: Der Wandel verlangt schon wieder neue Lösungen.

Energie nachladen: Dabei helfen uns die IQ-Speicher nicht, mit denen wir arbeiten. Sie ticken leidenschaftslos weiter, geben ab, was wir abfragen, befriedigen unsere Intelligenz und regen zum Weiterfragen an; die Start-Energie für den nächsten Innovationssprung liefern sie nicht.

Wer geht für einen Computer durchs Feuer? Wen ermuntert das unwiderstehliche Lächeln seines Laptops am Morgen? Computer lächeln nicht. Wen zieht ein *Notebook* ins Boot zu neuen Wagnissen? – Auch der Manager mit dem Top-IQ zieht keinen Teamkollegen ins Boot – es sei denn, der Glanz der emotionalen Kompetenz schafft ihm die Aura des *Leaders*.

Seine Ausbilder haben ihm wahrscheinlich nicht geholfen, diesen Glanz zu entwickeln. Vielleicht aber ist er einem gemischten Talent begegnet, ohne zu begreifen, wie die Strahlkraft dieses Vorbildes sich zusammensetzte? Was die meisten Manager am meisten interessiert: Kann ich es managen, dieses Talent – bei mir selbst? Wie sieht ein Selbstmanagement aus, das meine intellektuelle Kompetenz mit emotionaler *Power* so anreichert, daß ich Menschen begeistern, auf Ziele verpflichten, zu Anstrengungen bewegen kann, wie große Ziele sie verdienen?

Wir werden kaum erfahren, wie viele Manager dieses Defizit längst bei sich selbst spüren. Über Defizite zu reden ist ein großer Fehler, wissen Männer – das tun nur Frauen. Status hat durchaus auch damit zu tun, wieviel von meinen inneren Schwächen ich verbergen kann, so weiß der Manager. Schwächen verbergen macht härter. Ein weiterer Schritt in die falsche Richtung, denn Verbergen ist Abgrenzen, und Abgrenzung isoliert. Die Macht isoliert, sagen die meisten Manager. Aber sie müßte verbinden, damit wir soviel erreichen können, wie sie verspricht.

Der erste Befund also:

- Manager wissen viel über ihre Defizite; aber ein Tabu verhindert, daß sie daran arbeiten. Es ist das Tabu der verordneten Stärke. Wer oben ist, muß überlegen wirken. Und traditionell benutzt man dazu seinen Verstand und die trainierte Disziplin. Beide mögen die Umwelt beeindrucken; Bindungsenergie entfalten sie nicht. Eher halten sie dem Chef die Leute vom Leibe. Das mag ihn bestätigen; mächtiger macht es ihn nicht.

  Der zweite Befund:
- Top-Positionen erreicht man durch selektives Denken. Themen beherrschen heißt Themen rationalisieren, sie an die Leine der Intelligenz zu nehmen. Kurzerhand verfährt man mit Menschen

genauso; die Versuchung ist unwiderstehlich, auf diese Weise eine komplexe in eine übersichtliche Welt zu verwandeln. Man nennt das dann »Komplexität reduzieren«; eine Führungsaufgabe.

In Wahrheit reduziert man die eigene Wahrnehmung – und zugleich die Chancen, komplexe Probleme zu lösen. Zugleich geht auch der Zugriff auf mehrschichtige Energien von Mitarbeitern verloren. Das intelligente Spiel aus der Führungsetage warnt Mitarbeiter: Reduziere deine Energie auf intellektuelle Leistungen; Emotionen wegpacken, vernetzte Leistung von IQ und EQ unerwünscht. Die Leistungstemperatur sinkt. Das System produziert Durchschnitt. Innovativ kann es so nicht sein.

Die leitenden Manager haben mit ihrer guten Intelligenz die Chance, ihre emotionalen Reserven strategisch zu sichten und zu mobilisieren – wäre da nicht die antrainierte Zensur: Selektive Wahrnehmung, auch eigener Emotionen, macht ihn windschnittig, aber auch schwächer in der Analyse komplexer Sachverhalte. Das will er im Grunde; ökonomische Wahrnehmung macht entscheidungsstark, so hat er erfahren. Nicht der Situation gerecht zu werden ist das Hauptziel, sondern die Situation zu beherrschen. Also darf er nie zulassen, daß die Lage ihn bestimmt, wenn er die Lage bestimmen will.

Genauso geht er mit seinen eigenen Ressourcen um: Er ist der Macher. Sein Körper muß gehorchen, und sein Geist hält sich frei vom Blitzschlag heftiger Gefühle. Die Grundfrage lautet: Was kann ich machen? Nicht: Was macht das mit mir? Täter bleiben, nicht Opfer werden.

Um diese Gleichungen zu schreiben, muß man die Welt, auch die innere, sehr vereinfachen. Natürlich dürfen aus dem Ruder laufende Gefühle nicht entscheidungsleitend sein. Aber eine Intelligenz, die Stimmungen, Hoffnungen und Begeisterung mit kalter Logik niederwalzt, vernichtet ebenso viele Chancen für das Unternehmen wie ein unbeherrschter und unberechenbarer *Leader* an der Spitze.

Dennoch ist die emotionale Magersucht immer noch ein anerkanntes Qualifikationsmerkmal für Spitzenpositionen. Das Prinzip der versiegelten Seelen ist Karrierebegleiter. Um ein emotionales Profil bis in die obersten Ränge zu retten, braucht der Manager ein Übermaß an Selbstvertrauen und innerer Unabhängigkeit. Auch diesen Typus gibt es; und seine Aura ist in aller Regel mitreißend. Es gibt niemanden, dem sich die Abweichung nicht mitteilt. Solange aber eine gute emotionale Kondition auf Top-Positionen die Ausnahme darstellt, bleibt die *emotional quality* der ganzen Firma dürftig.

- Ihre Kommunikationsleistung leidet an Unterkühlung.
- Der *Corporate identity* fehlt es an emotionaler Brillanz.
- Den Firmen-Auftritten fehlt es daher an Glaubwürdigkeit.
- Die Kundenbindung ist unzuverlässig – und
- die Mitarbeitermotivation bleibt schwach.

Manager mit reduziertem Selbstkonzept setzen auf Eindeutigkeit. Berechenbar sein, das wollen sie für sich selbst und für andere erreichen; ein Konzentrat aus Erfolgseigenschaften, ganz wie die Firma, ohne emotionale Ausschläge. Die lineare Erfolgsbilanz, der Irrtum aus demselben Denkspektrum, verlangt den linearen Typus. Zielgerichtet, stark, nicht irritierbar und nicht störanfällig – gebremste Sensibilität als Führungsqualifikation.

Da die Märkte alles dies nicht sind, wird der gezähmte Wolf von Schwierigkeiten eingeholt, für die ihm das Werkzeug fehlt. Das Fatale: Er kann es nicht außen zukaufen, weil es »Seelenwerkzeug« ist. Intelligenz läuft im Käfig der Systeme folgsam und abrufbar; emotionale Power ist frei und flüchtig, sie ist *Brainpower,* immer noch. »Nachladen« kann der Manager sie nicht so schnell; er könnte freilich ein anderes, komplexer funktionierendes Gehirn zu Hilfe rufen – und manche Manager tun das ja auch. Dann assistiert der komplett vernetzte Kopf dem Top-Kopf mit dem emotionalen *Handicap.* Für die Übergangszeit keine schlechte Lösung.

Was damit rückgängig gemacht wird, ist eine moderne Form der Sklaverei. Kopf versklavt Herz, heißt die Formel, nach der man zur Spitzenposition aufsteigt. Nach dem historischen Abschied von der realen Sklaverei unter Menschen haben die Mächtigen offenbar das Konzept des Rollensplittings nach innen verlegt. Wo einer herrscht,

Traditionelle Bedingungen für Top-Karrieren

Das Tabu der verordneten Stärke
Gefahr: Verlust der Krisenwitterung

Selektives Denken – Probleme beherrschen statt ergründen!
Gefahr: Emotionale Magersucht

Täter bleiben – nicht Opfer werden!
Gefahr:
- **Entzweiung von Intelligenz und Emotion**
- **Entzweiung von Geist und Körper**
- **„Versiegelte Seelen"**

Abgrenzung gegen Abhängige
Gefahr: Realitätsverlust

muß der andere dienen, sagen sich die Kopfgläubigen der intelligenten Kultur. Der kluge Kopf, zum Sieger prädestiniert, nimmt das immer noch wild schlagende Herz in seine eiserne Faust: Ruhe! Die Ratio spricht! Sie kann auf wahrhaft »schlagende« Erfolge verweisen. Niemand widerspricht. Wo die Mächtigen das Persönlichkeitskonzept diktieren, fügen sich alle Aufstiegswilligen.

Aber wissen es die Mächtigen wirklich am besten, was Menschen brauchen, um schöpferisch, einsatzbereit – und glücklich zu bleiben? Wieso sollten die Verwalter des Erreichten die Summe der Erfolgsmittel verkörpern, nur weil sie über diese Summe herrschen? Wir wissen doch (s. S. 283, 296), daß Ergebnisse zu verwalten noch lange nicht dasselbe ist, wie neue Ergebnischancen zu gestalten! Aber das Persönlichkeitsbild des Managers verlangt nach Korrektur, aus demselben Grunde: weil er Macht hat. Und wo berufsbedingte *Handicaps* die Richtung weisen, in die alle gehen sollen, da wird es für alle gefährlich.

Ehe wir das Selbstmanagement für Manager entwerfen, sollten wir auch das größte Geheimnis noch einmal betrachten, das männliche Manager zur spartanischen Kultur ihrer Ratio führt: Es ist nicht die schwache, sondern die starke emotionale Grundausstattung, mit der sie unterwegs sind. Manager korrigieren ständig sozusagen vorauseilend ihr Aggressionsniveau. Sie üben sich in Gelassenheitsgesten, weil sie, bei dem hohen Antriebsniveau, das ihre Karriere möglich gemacht hat, fast nie wirklich gelassen sind. Immer ist alles sprungbereit in ihnen – das aber widerspricht dem Überlegenheits-Job, den sie sich erkämpft haben. Also weg damit. Rivalität flammt überall auf, wo Wettbewerber um intelligentere Bemerkungen, Analysen und Vorschläge in seine Nähe kommen – also tagtäglich. Zugleich sucht er seit Jahren genau diese Atmosphäre, weil sie stimuliert.

Aber mit *coolen* Auftritten imponieren, mit reduzierter Gebärdensprache den Boß herauskehren, das alles gehört zum täglichen *Fight* gegen die Blitzschläge der Emotion. Feindliche Mächte, entscheidet er. Einige ächtet er ganz besonders. Die Furcht zum Beispiel. Deshalb wird so oft von Managern die Gefährdung des Unternehmens nicht wahrgenommen, bis es zu spät ist. Alle wehren die Furcht ab, als sei das eine stumme Absprache; und alle verkennen sie die Zeichen am Horizont. Und alle scheitern sie aus demselben Grund. Das Tabu der Emotionen kosten viel Zeit, viel Geld und sehr viel Glück – auch bei denen, die nicht an der Spitze stehen.

Fast jeder Manager fühlt sich mit dieser Taktik der Emotionsblokkade ziemlich sicher. Er glaubt, daß niemand von seinen starken Gefühlen weiß – außer den Hirnphysiologen, meine Herren, und ein paar Leuten, die sich bei den Hirnphysiologen umschauen. Das Täuschungsmanöver läuft nicht mehr lange. *Countdown* für den *cool player* – niemand will ihre Ratio überhitzen, meine Herren! Aber ein heißes Herz zum kühlen Kopf dürfte es schon sein – zur besseren Krisenwahrnehmung, für mehr Risiko-*Power,* für mehr Innovationskraft und, verführerisch: für mehr Glanz in der Aura des Managers.

Das neue Portrait des Managers – Intelligenz und emotionale Brillanz

Das Selbstmanagement des Managers hat ein innovatives Ziel: Die spannungsreiche Harmonie seiner intellektuellen und emotionalen Energie. Der Nutzen ist ein doppelter: für die Persönlichkeit mehr innere Balance und weniger Streß; für die andern Manager und die Mitarbeiter auf unteren Ebenen mehr Motivation.

Der Glanz von Persönlichkeiten geht nicht von einsamen Höchstleistungen aus, sondern von der Verknüpfung der Höchstleistung mit dem allgemeinen Wohl. Autistische Karrieren wecken Erstaunen, aber keine Begeisterung. Sie distanzieren Menschen, statt sie zu gewinnen. Der Vorsprung durch strategische Emotionalität im Mix mit intelligenter Kontrolle entwickelt dagegen Bindungskraft trotz Abstand: Mir nach, heißt die Botschaft, und nicht: Schau, wie weit ich es gebracht habe, das schaffst du nie.

Das Training für Topmanager muß diesem Ziel dienen: Menschen gewinnen und bewegen; und diesen Anspruch durch außergewöhnliche Qualitäten rechtfertigen. Daraus ergeben sich Nähe und Abstand; die spannungsreiche Mischung für inspirierte Teams (s. S. 27).

Die Trainingslektionen heißen:

- Weg mit der Zensur!
- Die emotionale Kondition verbessern.
- Die innere Selbstzensur erkennen und lockern.
- Gefühle erkennen und einordnen.
- Persönliche Entscheidungen bewußtmachen.
- Selbstakzeptanz und Selbstdistanz verbinden.
- Offenheit und Vertrauen geben.
- Kooperation und

Emotionale Brillanz für Manager
Schluß mit der intelligenten Zensur!

- Die emotionale Kondition verbessern – ebenso die physische!
- Die innere Selbstzensur erkennen und lockern!
- Eigene Gefühle erkennen und einordnen!
- Persönliche Entscheidungen bewußt machen!
- Selbstakzeptanz mit Selbstdistanz verbinden!
- Offenheit und Vertrauen geben!
- Kooperation üben!
- Kommunikation praktizieren und fördern!
- Empathie lernen!

Manager brauchen den Joint-venture von Gefühlen und Gedanken.

- Kommunikation schaffen.
- Empathie entwickeln.

Diese Lektionen sind das halbe Programm für eine gute Performance des Topmanagers. Die andere Hälfte des Programms beherrscht er längst. Bisher hat er auch kein direktes Defizit gespürt; das Wegzensieren und Abdrängen von Schmerz und undefinierbaren Sehnsüchten gehörte ja zum Programm. Es ging also ganz gut. Forderungen nach einem plastischeren Profil wurden ihm nirgends vorgetragen – höchstens zu Hause, aber das sitzen die unqualifizierten Beobachter, die das Business nicht kennen.

Die neuen Lektionen bedeuten also: Vorhang auf für die andere Hälfte der Welt. Und sie werden das männliche und das Managermißtrauen gegen sich haben – ob da wirklich Strategien entstehen, mit denen man weiter schmerzfrei und souverän agieren könne? Lernt er die neuen Lektionen wirklich, dann gibt es keinen Weg zurück. Denn sie wecken alte, sehr vitale Fähigkeiten auf, die sich dann nicht mehr einschläfern lassen. Manager ahnen das, und sie fühlen sich in ihrem reduzierten Erfolgsprogramm bedroht. Auch Verbesserungen bedrohen uns, wenn wir uns nicht verändern wollen, das ist nichts Besonderes. Wie aber, wenn sich der eigene Erfolg vergrößert mit den neuen Strategien? Und wie, wenn man die Garantie bekäme, daß er sich auf keinen Fall verringert? – Die Garantie kann gegeben werden. Das Wagnis lohnt sich also. Anfangen!

Weg mit der Zensur!

Die erste Lektion ist die schwerste. Aber sie ist zugleich die Voraussetzung für alle anderen. Sie kehrt jedoch auch in allen anderen wieder, sozusagen als Erfolgskontrolle. – Dennoch: Wie wird man eine Spontanzensur los, die längst so gut funktioniert, daß sie einem Reflex gleicht, der vom Unterbewußtsein geliefert wird? Deshalb fühlen sich viele Manager so sicher in ihrer Verständnislosigkeit für Therapievorschläge, weil sie wirklich kein *Handicap* bemerken. Das langjährige Training auf dem Weg nach oben entspricht durchaus einer Konditionierung. Spitzenmanager als *Pawlow*sche Hunde? In gewissem Sinne:

ja. Wir haben ausführlich darüber gesprochen, daß die Zensur im Top-Gehirn viel schärfer zugreift als bei durchschnittlich ausgebildeten Menschen. Und natürlich stellen sich dieser Dressur Menschen, die bereit sind, für einen priviligierten Platz erhebliche Einschnitte in ihre Persönlichkeit hinzunehmen.

Was in der allgemeinen Skepsis gegenüber *Leadership*-Qualifikationen aber meist vergessen wird: Wer nach oben will, braucht auch Voraussetzungen, die für den strategischen *Power*-Mix, um den es hier geht, neben der Intelligenz großartige Voraussetzungen bieten. Es sind:

- hohe Antriebsenergie,
- starkes Selbstvertrauen,
- Dominanz,
- Konsequenz,
- Disziplin.

Hinzu kommt meist eine ausgeprägte Härte gegenüber sich selbst – und das bedeutet: Rücksichtslosigkeit gegenüber den eigenen Gefühlen. Man könnte in diese Lektion den paradoxen Satz aufnehmen: Seien Sie nicht mehr so herzlos zu Ihrem Herzen!

Mit den fünf Persönlichkeitsmerkmalen, die hier stehen, öffnet sich überraschend eine Schneise, die der ersten Lektion eine reelle Chance gibt: Alle diese Merkmale mögen zwar gut vernetzt sein mit der Intelligenz des Aspiranten auf einen Spitzenplatz; sie stammen aber aus tieferliegenden, nämlich älteren Schichten seines Gehirns als seine flinke Logik. Es sind Qualitäten, bei denen das limbische System, Zentrum für Bewerten, Fühlen und Aneignen von Welt, und das Reptilhirn mit seinen Handlungs- und Überlebens-Impulsen beteiligt sind (vgl. die beiden Abbildungen S. 78 und S. 30). Das Handicap, mit dem Topmanager ihre eigene Ausstrahlung und visionäre Kraft blocken, ist nicht zwangsläufig, wie sie defensiv behaupten. Es setzt sich vielmehr aus Hunderten und Tausenden von punktuellen Attacken starker Persönlichkeiten auf ihr eigenes reiches Erfolgspotential zusammen – so lange, so gründlich, bis der Defekt habituell wird. Ein Persönlichkeitsmerkmal ist er deshalb noch lange nicht. Er ist eine Konditionierung, die sich rückgängig machen läßt.

Und eben diese Chance ist – überrascht Sie das? – für die starke Spitzenpersönlichkeit viel größer als für durchschnittliche Systemopfer. Das wird in allen Debatten um die Deformation von Managern unterschlagen – oder verkannt. Es gibt also keine Entschuldigung mehr – das ist die andere Seite. Wie übt man den Schritt auf nichtzensiertem Terrain? Der Feind ist so stark wie du selbst – er **ist** du selbst! Das muß man wissen. Versuchen Sie zunächst an einem ganz normalen Tag, vom Aufstehen bis zum Schlafengehen, Ihr inneres Ohr und inneres Auge, Ihre »innere Haut« auf Empfang zu stellen: genau das Gegenteil von dem, was Sie gewöhnt sind. Fragen Sie beharrlich: Was fühle ich? (Denken tun Sie ohnehin.) Was bewegt mich?

- Was fühle ich?
- Was bewegt mich?
- Huscht da ein Schatten vorüber? Da eine Hoffnung?
- Ein enttäuschter Wunsch? Eine Sehnsucht streift mich?
- Was ärgert mich – unvernünftigerweise?
- Was macht mir Spaß – erlaubter- oder unerlaubterweise?
- Woran erinnert mich das – und dies – und jenes?
- War da ein Schrecken? Aus welchem Seelenwinkel? Warum?
- Bin ich zornig? Warum nur?
- Schüttelt mich Neid? Rivalität?
- Habe ich Angst? Sekundenlang – warum?
- Kommt mir plötzlich meine Liebe in den Sinn? Die Liebe anderer?
- Faßt mich ungewohnte Traurigkeit?
- Und Reue? Schlägt mein Gewissen?
- Möchte ich mein Leben ändern?

Hören Sie die Echos? Die Zensur? Jeder hört sie, der das Leben in den oberen Etagen kennt. Räumen Sie nicht gleich den ganzen Katalog von Fragen weg. Er wird Sie nicht um Ihre Position bringen – sondern zu sich selbst zurück. Es ist der Katalog Ihrer vollständigen Persönlichkeit. Ihre Intelligenz wird nicht schwächer, wenn Sie ihn täglich mehr oder weniger flüchtig durchgehen – vielleicht gar weiterschreiben. Im Gegenteil: Ihre Intelligenz wird davon profitieren – denn es ist die Intelligenz Ihrer Gefühle, mit der Sie nun vertraut werden. So stark, wie Sie mit dieser Ressource werden, waren Sie nie. Vergessen Sie nicht: Gedanken profitieren von Gefühlen. Gefühle profitieren von Gedanken (s. S. 61).

Gelingt Ihnen die Vernetzung dieser oben skizzierten Sensibilität mit Ihrem scharfen Verstand, dann sind Sie unschlagbar – vor allem unschlagbar gegenüber sich selbst: Denn da ist nichts mehr, was Sie plötzlich überfällt – ohne in Ihrem Kalkül zu sein. Also haben Sie die prophylaktische Härte und Präpotenz nicht mehr nötig, mit der Sie bisher allen Gesprächspartnern zeigen wollen: Ich bin der Boß! Die Herzen sind Ihnen dafür nicht gerade zugeflogen. Aber was wollen Sie auch mit den Herzen der Menschen? – Inzwischen wissen Sie: Markterfolg geht nur über das *Joint-Venture* von Kopf und Herz.

Die emotionale Kondition verbessern

Die schwere erste Lektion macht die zweite leicht. Jetzt gilt es zu üben mit der neuen Fähigkeit. Gefühle wahrnehmen: Das gelingt schon ab und zu. Sie erschrecken auch nicht mehr. Gefühle vernetzen mit Gedanken, das fällt noch schwer. Kondition hat mit Training zu tun, und das gilt nicht nur physiologisch. Es gilt auch für den Kopf. Üben Sie, Gefühlslagen so schnell wahrzunehmen, wie Sie gedanklich analysieren. Ihr Rückstand ist wider die Natur, denn Sie erinnern sich (s. S. 105): Die Emotionen sind – bei normalen Menschen – schneller auf der Szene als die Gedanken. Auch bei Ihnen – eigentlich. Wenn da Ihr Top-Training nicht wäre, mit dem Sie Ihre Emotionen langsam und Ihre Gedanken schnell gemacht haben. Trainieren Sie die *Meetings* zwischen Emotion und Ratio in Ihrem Kopf! Nehmen Sie amüsiert wahr, wie Ihre Perspektive komplexer wird und Ihre Lösungsenergie wächst. Genießen Sie es, nun plötzlich Ihre Rivalen viel schneller und viel besser zu verstehen. Ihr überlegenes Lächeln von früher hat ja nicht gerade Berge versetzt – Ihre doppelt kompetente Replik, die Sie jetzt liefern, tut genau das.

Schlagen Sie nicht mehr gleich zu, wenn Ihnen unvermittelt ein

Witz einfällt. Nehmen Sie's als gutes Zeichen: Ihre Emotionen beraten Ihren Verstand. Das ist ein Zeichen, daß Sie bereits in der dritten Lektion angekommen sind:

Die innere Selbstzensur erkennen und lockern

Was Sie in der ersten Lektion abgefragt haben, das fällt Ihnen nun von selbst auf:

Schon wieder eine Sperre für mein berechtigtes Gefühl! Schon wieder ein disziplinarischer Zugriff aus dem unerfahrenen Ratio-Gehirn, wo mein Radar für Gefahr, viel älter, viel erfahrener, mich durch einen Aufschrei warnen wollte!

Schon wieder die Keule, die meine Wut zerschlägt, statt mir die intelligente Bearbeitung in einem starken Auftritt bei meinen Leuten zu überlassen! Das werde ich künftig nicht mehr zulassen; ich brauche diese Energie!

Und schon wieder nur ein Glimmen statt eines Freudenfeuers, während wir einen Riesenerfolg einfahren. Wieder kann ich nicht mit jener mitreißenden Begeisterung vor meine Leute treten, die uns alle für Wochen mit frischer Motivation versorgt.

Die innere Perspektive dreht sich: Jedes geblockte Gefühl erkennen Sie nun als vertane Chance; jede an der Wurzel vernichtete Emotion fehlt Ihnen für die komplexe Wahrnehmung von Chancen und Risiken. Jede voreilig abgeschwächte emotionale Wahrnehmung kostet Sie Glanz – jetzt endlich spüren Sie es von selbst. Was vorher eine Zumutung war, wird nun zum Energiespeicher für Ihre Situationseinschätzung und Ihre Überzeugungskraft.

Eigene Gefühle erkennen und einordnen

Bald ist Ihnen Ihre emotionale Reserve nicht mehr unbekannt. Sie erkennen Gefühle leicht wieder, kontrollieren sie mit Ihrem Verstand und bauen sie in Ihre Argumente und Entscheidungen ein. Ihre Mitarbeiter fühlen sich plötzlich viel besser verstanden; das Zutrauen wächst. Ihre Kollegen spüren, daß Ihre Souveränität zunimmt und nichts Sie mehr überraschen kann, aber keiner versteht, warum. Sie können jetzt Ihren Streß reduzieren. Das heißt aber: den *Dis*-Streß abbauen und den *Eu*-Streß als Kraftquelle nutzen. Ihre Emotionen stoßen den Endorphin-Cocktail an, wenn Sie ihn brauchen, Ihre Antriebslage ist meistens optimal, weil Ihre Disziplin eine neue Balance gefunden hat: außerhalb der Zensur. Sie werden hellsichtiger und hellhöriger für die Gefühlslagen anderer; Sie durchschauen Ihre Partner besser, denn auch hier behindert Sie Ihre Selbstzensur nicht mehr. Was stört mich hier dauernd? fragen Sie sich nun neugierig.

Was macht mich mißtrauisch, unruhig, argwöhnisch? Ihr Radar funktioniert – und das braucht neben Ihrem klugen Kopf nun einmal Stammhirn-Energie. Bald wird man Sie einen Manager mit »Intuition« nennen – das ist die Vokabel, die für eine gute emotionale Kondition reserviert ist, weil keiner die Balance von Gedanken und Gefühlen so recht versteht – kein Wunder: Sie ist offiziell tabu.

Persönliche Entscheidungen bewußtmachen

Leicht! sagen Manager. Ich bin ein Entscheider, also ist das mein Metier. Das ist richtig, aber persönliche Entscheidungen fallen bei Spitzenleuten eher *en passant*; sie werden auch dem Zufall oder anderen überlassen – oder unterwandert. Dafür ist keine Energie frei. Nachdem man vertrauter mit den eigenen Emotionen geworden ist, rückt das private Leben plötzlich in Sichtweite. Sogar was Frauen denken und fühlen, wird partiell verständlicher. Mancher Manager sieht erst jetzt, daß er in seinem persönlichen Leben Entscheidungen von erheblicher Tragweite – ja was nun? – weniger getroffen als zugelassen hat. Es ergab sich so.

Damit entstand ein Verdrängungsbedarf auch hier. Da stand nicht immer alles zum Besten; aber das aufzuarbeiten blieb nun wirklich keine Zeit. Zehn Jahre nicht, zwanzig Jahre nicht. Plötzlich präsentiert die Lebenspartnerin eine Bilanz, die dem Mann völlig fremd erscheint. Das soll abgelaufen sein? Für ihn präsentiert sich die Geschichte ganz anders. Allerdings auch mit viel weniger Text, mit vielen Luftnummern und leeren Sprechblasen, die dann eben andere gefüllt haben – mit einem ihm unverständlichen Text und mit Gefühlen, von denen er fast gar nichts wußte. Der Einbruch setzt rückwirkend einen Teil seiner Erfolgsgeschichte außer Kraft.

Das wird dem Manager, der seine eigenen Gefühle akzeptiert und gestaltet, nicht mehr zwangsläufig passieren. Das heißt immerhin: Auch den Frauen wird es mit gleichmäßiger ausgeleuchteten Männerköpfen nicht mehr so oft zustoßen, daß der Partner eine ganz andere Geschichte lebt als sie selbst.

Unwichtig für Topmanager? Aber ihn umgeben solche Schicksale! Wenn er sie, wie sein eigenes, nie versteht, wird er die Kraft und Begeisterung seiner Leute nicht gewinnen.

Selbstakzeptanz und Selbstdistanz verbinden

Der Egomane an der Spitze – ein nicht gar zu seltener Typus – akzeptiert sich aufdringlich und unübersehbar. Mit der Selbstdistanz hat er größere Schwierigkeiten. Er findet sie auch nicht nützlich, weil sie ihn in Frage stellen könnte. Er setzt viel Energie ein, um auch anderen den kritischen Abstand zu seiner Dominanz auszutreiben – unkritische Unterwerfung ist ihm wichtig. Nähe kann er weder riskieren noch erreichen, weil sie Achtung erfordert, die er weder geben noch wecken kann.

Klare Identität beruht auf guter Kenntnis der eigenen Möglichkeiten und Grenzen. Sie gehört zur Selbstachtung – und diese allein macht uns fähig, andere Menschen zu achten. Das Gleichgewicht von intelligenter und emotionaler Erfahrung mit sich selbst ist die beste Grundlage für eine gute Balance zwischen Zustimmung und Abstand zur eigenen Leistung, und zwar auf beiden Sektoren: der intelligenten und der emotionalen Leistung. Stärken und Schwächen optimal miteinander verbinden, das ist nicht nur ein Kapitel für durchschnittliche Leute: Es verlangt ein ausgeruhtes Bild von der eigenen Leistungsfähigkeit ohne Retuschen. Nur so kann die Kunst zu delegieren, was andere besser können, gelernt werden. Der realistische Blick auf die eigenen Grenzen – eine Grundqualifikation für Manager.

Offenheit und Vertrauen geben

Wir haben ausführlich erfahren: Vertrauen beginnt mit einer Vorleistung an Offenheit (s. S. 115 f.). Es beginnt mit der offenen Flanke des Stärkeren. Wer sich selbst genau kennt, kann sich das leisten. Ein

Management, das von Verdrängung und Blockade lebt, kann sich solche Vorschüsse an andere nicht leisten. Offenheit heißt auch: sensible Augen und Ohren haben. Die Lektionen zuvor haben beide geschult. Wer sein emotionales Sensorium auf die Höhe seiner Intelligenz gebracht hat, der kann sich Vertrauen leisten: Er verdankt der guten Selbstwahrnehmung eine sensible Fremdwahrnehmung. Er vermag die Gefühle anderer Menschen nun besser zu lesen. Sein Bedrohungsgefühl schwindet; wo immer er Menschen begegnet, bewegt er sich in »vertrautem« Gelände.

Kooperation

Wir erinnern uns der Grundlagen für Kooperation: Aggression und gemeinsame Ziele (s. S. 142, 144). Kooperation ist der Lebensnerv des Managements. Die besten Partner sind die, deren soziale Kompetenz mit emotionaler und intelligenter Erfahrung kooperiert – ein Musterbeispiel in der Einzelpersönlichkeit für geglückte Kooperationsprozesse. Wo Emotion und Intelligenz sich im Individuum nicht mehr bekämpfen, entsteht auch außen ein kooperativer Geist, der jeden auf seine Kosten kommen läßt. Gute Ergebnisse sind auch ausgewogene und gerechte Ergebnisse; sie sind nur möglich mit Menschen, denen an Qualität und Gerechtigkeit etwas liegt. Daran liegt aber nur jenen Menschen etwas, die Kooperation auf Zukunft hin wünschen – und die Achtung vor ihren Partnern entwickeln. Der Wettbewerb ist in solchen Partnerschaften das *Fair play* zwischen Partnern, die gemeinsam Erfolg suchen – nicht auf Kosten des anderen, sondern mit seiner Zustimmung. Geschäfte werden damit zu gemeinsamen Zukunftsperspektiven, die das Wettbewerbsklima für die nächste Etappe sichern. Kooperation hat immer auch eine ethische Implikation. Sie muß immer auch den Wettbewerb vor Entartung und Mißbrauch schützen.

Kommunikation

Kommunikation legt Defizite bloß. Wir haben das erlebt im Debakel der Firma *Shell,* wir werden es erleben bei Firmenzusammenbrüchen, deren Ursache immer auch die Verdrängungskunst der Manager ist.

Wer Macht hat, der glaubt leicht, auch Krisen wegdrücken zu können; erst widerstrebend lernt er, daß nicht alles der eigenen Willenskraft gehorcht. Wer seine Kräfte zutreffend einschätzt, ist ein guter Kommunikator. Kommunikation lebt in hohem Maße von emotionalen Kraftzuflüssen; und nun überrascht es nicht mehr, daß Spitzenmanager gemeinhin sowenig von einer ausgefeilten Kommunikationsstrategie wissen wollen. Sie möchten mit dieser gemischten Szene, wo Intelligenz keineswegs die Führungsrolle hat, nicht näher zu tun haben. Dafür sorgen dann andere, und Gegenwehr kommt zu spät.

Wer an die Mischung von Ratio und Emotionen gewöhnt ist, sie sogar bei sich selbst zu kultivieren gelernt hat, der muß das Minenfeld der Kommunikation nicht mehr fürchten. Im Gegenteil: Ein Manager, der seine emotionale Kompetenz im Dialog mit seiner Intelligenz trainiert hat, wird jeden undisziplinierten Gegner, der nur Emotionen schürt, übertrumpfen. Er wird es sein, der für Verständigung sorgt, wo andere die Entzweiung betreiben. Einem dünnblütigen Intelligenzler wird das nie gelingen – die Beispiele dafür häufen sich längst. Wer aber den Glanz der emotionalen Stärke ausstrahlt, wird der Sieger bleiben.

Empathie

Sie klang als leises Echo durch alle Überlegungen und Erkenntnisse, die wir ausgetauscht haben: die Fähigkeit, Gefühlslagen anderer wahrzunehmen, sich auf den Platz des anderen zu setzen. Viel wird davon geredet, daß Topmanager »abheben«, daß sie dünne Luft atmen und in einer Art *Orbit* über der Normalität leben. Empathie ist da das Gegenprogramm; vielleicht etwas für demütige Mitarbeiter.

Wer an der Spitze steht, ist gefährdet, wenn ihm das nicht mehr gelingt: die Erinnerung daran wachzuhalten, woher er kommt. Die Sensibilität für die Wegstrecke aufzubringen, auf der andere sich bewegen. Aber auch: die Kraft und die Bereitschaft, sich selbst in die Niederlage anderer hineinzudenken und hineinzufühlen. Beides ist wichtig für die Charakterstärke, die man auf Machtpositionen braucht. Wer es nicht wagen kann, sich zum Gefährten des Gestürzten oder Geschlagenen zu machen, nicht einmal in Gedanken, der wird keinem Sturz oder Schlag gewachsen sein, der ihn selber trifft.

Zum Manager gehört das Unverwundbarkeits-Syndrom – dasselbe, das Unternehmen in Selbstgerechtigkeit führt und sie ihre Gefahrenwitterung kostet. Empathie heißt tatsächlich: wissen, daß nicht nur andere verwundbar sind, sondern auch du selbst. Mächtig, geehrt, unanfechtbar, überlegen – aber verwundbar. Verletzlich, sogar sterblich. Auf der Höhe der Macht ein ungewohnter Gedanke.

Die Empathie ist eine Markttugend, wie wir besprochen haben (s. S. 273). Sie ist eine Qualität mit Bodenhaftung, die sich kein Dienstleister ersparen kann. Der Spitzenmanager ist der oberste Dienstleister der Firma. Wenn er emotionale Brillanz entfaltet, statt nur seiner Intelligenz zu vertrauen, dann liefert er die knappste aller Ressourcen für die *Company:* Sinn.

Literatur

Aaker, David A.: Strategisches Markt-Management. Wettbewerbsvorteile erkennen. Märkte erschließen. Wiesbaden 1988.

Albach, Horst (Hg.), Werte und Unternehmensziele im Wandel der Zeit, Wiesbaden 1994.

Alder, Harry: Manager mit Intuition. Entdecken Sie das Potential Ihrer rechten Gehirnhälfte. Frankfurt a. M. 1995.

Allman, William F.: Mammutjäger in der Metro. Wie das Erbe der Evolution unser Denken und Verhalten prägt. Aus d. Engl. von Gerald Bosch. Spektrum Akad. Verlag Heidelberg, Berlin, Oxford 1996.

Averill, James R./Nunley, Elma P.: Die Entdeckung der Gefühle. Ursprung und Entwicklung unserer Emotionen, Hamburg 1993.

Balck, Henning/Kreibich, Rolf (Hg.), Evolutionäre Wege in die Zukunft. Wie lassen sich komplexe Systeme managen? Weinheim 1991.

Band, William A.: Werte für den Kunden schaffen: besonderer Kundenservice durch ganzheitliche Unternehmensstrategie, Wien 1992.

Baringhorst, Sigrid (Hg.), Macht der Zeichen – Zeichen der Macht: neue Strategie politischer Kommunikation, Frankfurt a. M. 1995.

Bartsch, Elmar (Hg.), Sprechen, Führen, Kooperieren in Betrieb und Verwaltung: Kommunikation in Unternehmen, München 1994.

Bauer, Leonhard et al. (Hg.), Evolution – Organisation – Management: zur Entwicklung und Selbststeuerung komplexer Systeme, Berlin 1989.

Bauer, Werner: Mut zum Vertrauen: Vom Gegeneinander zum Miteinander, 2. Aufl., Frankfurt a. M./New York 1996.

Bayer, Hermann: Coaching-Kompetenz: Persönlichkeit und Führungspsychologie, München 1995.

Becker, R.: Das interaktive Unternehmen. Spitzenleistungen durch menschengerechtes Management, Wiesbaden 1997.

Bednarczuk, Piotr: Strategische Kommunikationspolitik für Markenartikel in der Konsumgüterindustrie: Gestaltung und organisationale Umsetzung, Offenbach 1990.

Beratergruppe Neuwaldegg (Hg.), Intelligente Unternehmen – Herausforderung Wissensmanagement: Wissen strategisch nutzen, Wien 1995.

Bertelsmann-Stiftung (Hg.)/*Stefan Empter* (Verantw.), Auf den Menschen kommt es an: Führung und Motivation im Unternehmen; eine empirische Studie im Dialog mit der Praxis, Gütersloh 1996.

Beyer, Heinrich (Verantw.), Information, Kommunikation und Partizipation im Unternehmen, Gütersloh 1996.

Beyer, Jürgen: Kompetenz 2000: mit Führungswissen zum Unternehmenserfolg, Ehningen bei Böblingen 1992.

Bickenbach, Frank/Soltwedel, Rüdiger: Freiräume schaffen – Motivation stärken – Potentiale fördern: Bausteine partizipativer Führung und Unternehmensorganisation, Kiel 1996.

Blakeslee, Thomas R.: Das rechte Gehirn. Das Unterbewußte und seine schöpferische Kraft, 4. Aufl., Braunschweig 1992.

Böckmann, Walter: Sinn-orientierte Führung als Kunst der Motivation. Landsberg/Lech 1987.

Bono, Edward de: Der Denkprozeß: was unser Gehirn leistet und was es leisten kann, Reinbeck b. Hamburg 1975.

Borsche, Tilman et al., Die Frage nach der Moral: Leben, Politik, Werte, Wirtschaft, Technik, Alltag, Weinheim 1995.

Bromann, Peter: Gestaltung der Unternehmenskultur: Strategie und Kommunikation, Stuttgart 1992.

Bruhn, Manfred/Dahlhoff H. Dieter (Hg.), Effizientes Kommunikationsmanagement. Stuttgart 1993.

Bukow, Wolf D.: Ritual und Fetisch in fortgeschrittenen Industriegesellschaften, Frankfurt a. M. 1984.

Bullinger, Hans-Jörg (Hg.), Dienstleistung der Zukunft: Märkte, Unternehmen und Infrastrukturen im Wandel; Tagungsergebnisse, Wiesbaden 1995.

Cameron-Bandler, Leslie: Die Intelligenz der Gefühle: Grundlagen der »Imperative Self Analysis«, Paderborn 1990.

Classen, Joachim (Hg.), Die Macht des Wortes: Aspekte gegenwärtiger Rhetorikforschung, Marburg 1992.

Cleverley, Graham: Zauberformel Profit: Rituale und Tabus im modernen Management, Frankfurt a. M. 1972.

Comelli, Gerhard/Rosenstiel, Lutz von: Führung durch Motivation: Mitarbeiter für Organisationsziele gewinnen, München 1995.

Cooper, Robert K./Sawaf, Ayman: EQ – Emotionale Intelligenz für Manager, München 1997.

Czichos, Reiner: Coaching – Leistung durch Führung, München 1995.

Damasio, Antonio R.: Deskartes Irrtum. Fühlen, Denken und das menschliche Gehirn, München/Leipzig 1996.

Doppler, Klaus/Lauterburg, Christoph: Change Management, 5. Aufl., Frankfurt a. M./New York 1996.

Douglas, Mary: Ritual, Tabu und Körpersymbolik: sozialanthropologische Studien in Industriegesellschaft und Stammeskultur, Frankfurt a. M. 1993.

Drucker, Peter: Innovationsmanagement für Wirtschaft und Politik, Düsseldorf 1995.

Emme, Martina: Der Versuch, den Feind zu verstehen: ein pädagogischer Beitrag zur moralisch-politischen Dimension von Empathie und Dialog, Frankfurt a. M. 1996.

Emme, Martina: Engagement und Empathie, Univ. Diss. Berlin 1995.

Emme, Martina: Der Versuch, den Feind zu verstehen. Ein pädagogischer Beitrag zur moralischen politischen Dimension von Empathie und Dialog, Iko, Fr. (Diss.) 1996.

Faix, Werner G./Buchwald, Christa/Rasner, Carsten: Das Darwin-Prinzip. Die Wiederentdeckung der Leistung. Der Unfähigkeit Grenzen setzen. Die Leistungsträger erkennen. Die Richtigen fördern, Zürich 1996.

Fischer, Carl A.: Kundenzufriedenheit durch Qualitätsmanagement im Dienstleistungssektor, Winterthur 1993.

Frank, Robert H.: Die Strategie der Emotionen, München/Wien 1992.

Friebe, Margarete: Vom Kopf zum Herzen. Plädoyer für ein Umdenken im Management. Zürich 1987.

Gefroy, Edgar K.: Das einzige was stört ist der Kunde: clienting ersetzt Marketing und revolutioniert verkaufen, 8. Aufl. Landsberg/Lech 1996.

Gerhards, Jürgen: Soziologie der Emotionen. Fragestellungen, Systematik und Perspektiven. Weinheim 1988.

Goffman, Erving: Interaktionsrituale: über Verhalten in direkter Kommunikation, Frankfurt a. M. 1994.

Goldman, Steven L.: Agil im Wettbewerb: die Strategie der virtuellen Organisation zum Nutzen des Kunden, Berlin 1996.

Goleman, Daniel: EQ statt IQ – Emotionale Kompetenz im Management, in: GDI-Impuls 1/1996, 23–31.

Goleman, Daniel: EQ. Emotionale Intelligenz, München/Wien 1996.

Goleman, Daniel: Emotionale Intelligenz. Aus d. Amerik. v. Friedrich Griese. Carl Hanser Verlag, München, Wien 1996.

Grove, Andrew: Hocheffizientes Management, Frankfurt a. M./New York 1997.

Gu, Hai-Mo: Mentales Training und Leistungsverhalten unter Streß: eine experimentelle Untersuchung zur psychoregulativen Funktion des mentalen Trainings, o.O. 1988.

Guntern, Gottlieb: Im Zeichen des Schmetterlings. Vom Powerplay zum sanften Spiel der Kräfte. Leadership in der Metamorphose. Scherz Verlag Bern, München, Wien 1992. 4. Aufl. 1994.

Handy, Charles: Die Fortschrittsfalle: der Zukunft neuen Sinn geben, Wiesbaden 1995.

Handy, Charles: Ohne Gewähr, Wiesbaden 1996.

Hauser, Thomas: Intuition und Innovationen: Bedeutung für das Innovationsmanagement, Wiesbaden 1991.

Henkel, Hans-Olaf: Märkte in den 90er Jahren: Ist die Dienstleistung wichtiger als das Produkt?, Köln 1993.

Herriger, Catherine: Die Kraft der Rituale. Macht und Magie unbewußter Botschaften im Alltag. München 1993.

Heuser, Uwe Jean: Tausend Welten: die Auflösung der Gesellschaft im digitalen Zeitalter, Berlin 1996.

Höfer, Georg: Grundlagen der Motivationspsychologie für Führungskräfte: zwischen Theoriewissen und Realitätsentscheidung. Alfeld 1996.

Holst, Elke/Rinderspacher, Jürgen/Schupp, Jürgen: Erwartungen an die Zukunft. Zeithorizonte und Wertewandel in der sozialwissenschaftlichen Diskussion, Frankfurt a. M./New York 1994.

Homburg, Christian/Gruner, Kjell: Kundenorientiertes Innovationsmanagement: Bestandsaufnahme, Erfolgsfaktoren, Instrumente, Vallendar 1996.

Horovitz, Jaques: Service entscheidet: im Wettbewerb um den Kunden, Frankfurt a. M. 1990.

Hübner, Heinz: Informationsmanagement und strategische Unternehmensführung, München/Wien, 1996.

Izard, Carroll E.: Die Emotionen des Menschen. Eine Einführung in die Grundlagen der Emotionspsychologie. Weinheim 1994.

Johnson, Roy: Der Schlüssel zum EQ. Eine Symbolspiel, das in jeder Lebenssituation kreative Lösungen möglich macht, München 1997.

Karamanolis, Stratis: Die vernetzte Gesellschaft: ein Reiseführer durch das Multimedia-Zeitalter, Neuiberg 1996.

Karmasin, Matthias: Ethik als Gewinn: zur ethischen Rekonstruktion der Ökonomie; Konzepte und Perspektiven von Wirtschaftsethik, Unternehmensethik, Führungsethik, Wien 1996.

Kath, Joachim: V-Management. Visions. Visuals. Victory. Die neue Strategie der Sieger, München 1994.

Kiener, Franz: Das Wort als Waffe, zur Psychologie der verbalen Aggression. Göttingen 1983.

Klein, Wolfgang: Sprache und Ritual, Göttingen 1987.

Köhler, Hans-Uwe L.: Verkaufen ist wie Liebe: nutzen Sie Ihre emotionale Intelligenz, Düsseldorf 1996.

Kölin, Karl/Müri, Peter (Hg.), Führen mit Kopf und Herz. Psychologie für Führungskräfte und Mitarbeiter, Thun, 4. Aufl. 1995.

Konrad, Stefan/Hendl, Claudia: Stark durch Gefühle. Lebenserfolg durch emotionale Intelligenz, Augsburg 1997.

Kronenberg, Hans: Grundlagen sozialer und kommunikativer Kompetenz: ein Handbuch für Führungskräfte und Mitarbeiter in Unternehmungen, Frankfurt a. M. 1996.

Krupp, Friedrich: Führung und Verführung durch Sprache: kritische Reflexionen zur Magie der Wörter, Köln 1992.

Kümper, Thorsten: Innovationsmanagement in multinationalen Unternehmen, Frankfurt a. M. 1995.

Lotz, Karl H.: Information und Kommunikation im Strategiekontext internationaler Unternehmungen: eine vergleichende Fallstudie, Frankfurt a. M. 1987.

Loye, David: Gehirn, Geist und Vision: das Potential unseres Unterbewußtseins, die Zukunft vorauszusehen und zu gestalten, Basel 1986.

MacGill, Michael G.: Das intelligente Unternehmen: Wettbewerbsvorteile durch schnelle Anpassung an Marktbedürfnisse, Stuttgart 1996.

Malik, Fredmund: Strategie des Managements komplexer Systeme: ein Beitrag zur Management-Kybernetik evolutionärer Systeme, Bern 1986.

Malik, Fredmund: Vertrauen als Basis der Unternehmenskultur, St. Gallener Management Blätter 1995.

Martin, William B.: Exzellenter Kundenservice: ein Leitfaden für vorzügliche Dienstleistungen; die Kunst, Kunden als Gäste zu behandeln, Wien 1992.

Mary, Michael: Changemanagement als Chance. Wandel ist die einzige Konstante, Zürich 1996.

Meister, Ulla/Meister, Holger: Kundenzufriedenheit im Dienstleistungsbereich, München 1996.

Morris, Desmond: Das Tier Mensch. Heyne Sachbuch 19/447, München 1996. Originalausg.: The Human Animal. 1994 bei BBC Books, London.

Müller, Wunibald: Empathie: der Seele eine Stimme geben, München, 1991.

Murphy, Emmett C./Snell, Michael: Leadership IQ, Chichester (UK) 1996.

Nebel, Klaus Peter: PR in der Praxis: Vertrauen schaffen in der Öffentlichkeit; Grundlagen, Methoden, Management, Essen 1992.

Nieder, P.: Erfolg durch Vertrauen. Abschied vom Management des Mißtrauens, Wiesbaden 1997.

Nüten, Ingeborg/Sauermann, Peter: Die anonymen Kreativen. Instrumente einer innovationsorientierten Unternehmenskultur, Wiesbaden 1988.

o. V.: Dienstleistung, Befreiung aus feudaler Entmündigung?, Offenbach/Main 1993.

o. V.: Klienten, Kunden, Könige oder: Wem dient die Dienstleistung?, Offenbach/Main 1996.

Pätzoldt, Björn: Motivationsfaktor Mut: ein Beitrag zur Unternehmenskultur und Führungsethik der Zukunft, Hamburg 1988.

Paul, Ingwer: Rituelle Kommunikation: sprachliche Verfahren zur Konstitution ritueller Bedeutung und zur Organisation des Rituals, Tübingen 1990.

Peters, Tom/Austin, Nancy: Leistung aus Leidenschaft. Über Management und Führung, Hamburg 1993.

Peuser, Günter: Sprache und Gehirn; eine Bibliographie zur Neurolinguistik, München 1977.

Pieper, Josef: Mißbrauch der Sprache, Mißbrauch der Macht, Zürich 1970.

Plötner, Olaf: Das Vertrauen des Kunden: Relevanz, Aufbau und Steuerung auf industriellen Märkten, Wiesbaden 1995.

Plötner, Olaf: Risikohandhabung und Vertrauen des Kunden, Berlin 1993.

Pohoryles, Ronald J.: Dienstleistung statt Industrie?: Der Beitrag der wirtschaftsnahen Dienstleistungen zur Innovation; ein internationaler Vergleich, Wien 1989.

Price Waterhouse Change Integration Team, Das Management-Paradox: Erfolgsprinzipien für Unternehmen in einer Welt des Wandels, Frankfurt a. M. 1997.

Quartapelle, Alberto Q.: Kundenzufriedenheit: wie Kundentreue im Dienstleistungsbereich die Rentabilität steigert, Berlin 1996.

Rasche, Hans O.: Unternehmens-Kultur als neuer Erfolgsfaktor; ein Werte- und Normsystem als notwendige Ergänzung zu den Instrumenten der Betriebswirtschaft und des Marketing, 2. überarb. Aufl., Heiligenhaus 1986.

Rheingold, Howard: Virtuelle Gemeinschaft: soziale Beziehungen im Zeitalter des Computers, Bonn 1994.

Richter, Günther: Führungsinstrument Kommunikation: die sozialen Beziehungen im Unternehmen partnerschaftlich gestalten, Wiesbaden 1996.

Rosenstiel, Lutz von/Einsiedler, Herbert E./Streich, Richard K.: Wertewandel als Herausforderung für die Unternehmenspolitik, Stuttgart 1987.

Rüegg, Johannes: Unternehmensentwicklung im Spannungsfeld von Komplexität und Ethik: eine permanente Herausforderung für ein ganzheitliches Management, Bern 1989.

Salmon, Robert: Alle Wege führen zum Menschen: mit humanem Management zu dauerhaftem Erfolg, Wiesbaden 1996.

Sänger, Michael (Hg.), Team-Management: Kooperation und Kreativität im Unternehmen: Arbeitsabläufe optimieren durch offene Kommunikation, flache Hierarchien, Projektmanagement, Gruppencreativität, Bonn 1994.

Sartorius, Mariela: Der weibliche EQ. Wie Frauen ihre emotionale Intelligenz nutzen können, Düsseldorf 1997.

Schabert, Tilo (Hg.), Die Macht des Wortes, München 1996.

Scharitzer, Dieter: Dienstleistungsqualität – Kundenzufriedenheit, Wien 1994.

Schicksupp, Helmut: Führung zu kreativer Leistung. So fördert man die schöpferischen Fähigkeiten seiner Mitarbeiter, Renningen 1995.

Schneider, Wolf: Wörter machen Leute: Magie und Macht der Sprache, München 1996.

Schneider, Wolf: Wörter machen Leute: Magie und Macht der Sprache, München 1992.

Schümmelfeder, Gerhard: Die Kommunikation des Unternehmens, Ludwigsburg 1995.

Schuppert, Dana (Hg.), Kompetenz zur Führung: was Führungspersönlichkeiten auszeichnet, Wiesbaden 1993.

Schuppert, Dana von/Lukas, Andrea: Lust auf Leistung: Die neue Legitimation in der Führung, Wiesbaden 1993.

Schwalbe, Heinz: Vertrauen ist besser: mit Public Relations gegen Vertrauensschwund, Politikverdrossenheit und Imageverluste der Wirtschaft, 2., akt. Aufl., Wiesbaden 1994.

Schwertfeger, Bärbel: Die Macht ohne Worte: wie wir mit dem Körper sprechen, München 1988.

Senge, Peter M.: Die fünfte Disziplin: Kunst und Praxis der lernenden Organisation, 3. Aufl., Stuttgart 1996.

Sepac, Reinhard: Erfolgreich durch Mentaltraining: mehr Leistung und Harmonie durch die Mobilisierung innerer Kräfte, München 1988.

Simon, Hermann: Kundennähe als Wettbewerbsstrategie und Führungsherausforderung, Mainz 1991.

Sprenger, Reinhard K.: Das Prinzip Selbstverantwortung, 3. Aufl., Frankfurt a. M./NewYork1996.

Sprenger, Reinhard K.: Mythos Motivation, 11. Aufl., Frankfurt a. M./New York 1996.

Steiner, Claude: Emotionale Kompetenz, München 1997 (erscheint im August).

Stiegler, Barbara: Berufe brauchen kein Geschlecht: zur Aufwertung sozialer Kompetenzen in Dienstleistungsberufen, Bonn 1994.

Strauss, Bernd (Hg.), Erfolg durch Service-Qualität: Dienstleistungskonzepte, Direct-Relationship-Marketing, Messung der Kundenzufriedenheit, Personalkonzepte in der Dienstleistung, Qualitätsmanagement; Tagungsbericht, München 1991.

Strauss, Bernd: Dienstleistung aus Kundensicht, Regensburg 1992.

Sydow, Jörg et al. (Hg.), Management Internationaler Beziehungen: Vertrauen, Kontrolle und Informationstechnik, Opladen 1994.

Sydow, Jörg/Windeler, Arnold: Management internationaler Beziehungen. Vertrauen, Kontrolle und Informationstechnik, Wiesbaden 1994.

Tapscott, Don: Die digitale Revolution, Wiesbaden 1996.

Topel, Helga: Die Lebensqualität im Gehirn, Macht Leistung euphorisch, Frankfurt a. M. 1994.

Tzifidaris, Michael: Management der Innovation. Pragmatische Konzepte zur Zukunftssicherung des Unternehmens, Renningen 1994.

Ulich, Dieter/Mayring, Philipp: Psychologie der Emotionen, Stuttgart 1992.

Ulrich, Peter: Ethik und Erfolg: unternehmensethische Denkmuster von Führungskräften: eine empirische Studie, Bern 1992.

Ulrich, Peter: Unternehmensvitalisierung: wachstumsorientierte Innovation – lernende Organisation – wertebasierte Führung, Stuttgart 1997.

Ulsamer, Berthold: Karriere mit Gefühl, Frankfurt a. M. 1996.
Urban, Dieter: Chancen für Querdenker. Mit emotionaler Intelligenz (EQ) zur alternativen Problemlösung, Zürich 1996

Verres, Rolf/Sobez, Ingrid: Ärger, Aggression und soziale Kompetenz. Zur konstruktiven Veränderung destruktiven Verhaltens, Stuttgart 1980.
Vester, Heinz Günter: Emotion, Gesellschaft und Kultur. Grundzüge einer soziologischen Theorie der Emotionen, Wiesbaden 1991.
Vilsmeier, Carmen: Feedback geben – mit Sprache handeln: Kommunikation in Kundenberatung, Führung und Personalentwicklung, Stuttgart 1995.

Wahren, Heinz-Kurt E.: Kundenorientierte Dienstleistungsqualität: ein Analyse- und Handlungsleitfaden, Eschborn 1994.
Walters, J. Donald: Die Kunst, Menschen zu führen: ein Handbuch für Menschen in Führungspositionen, Seeon 1993.
Walz, Hartmut: Das intelligente Unternehmen: schneller lernen als der Wettbewerb, Landsberg/Lech 1995.
Wassermann, Otto: Das intelligente Unternehmen: mit den Stärken des Westens gewinnen, Düsseldorf 1994.
Weiner, Edith/Brown, Arnold: Lust auf Arbeit. Büro-Biologie. Mehr Kreativität, Freie und Leistung, Zürich 1994.
Weisbach, Christian-Rainer/Dachs, Ursula: Mehr Erfolg durch Emotionale Intelligenz. Mit Gefühlen gezielt umgehen, München 1997.
Widmaier, Sandra: Wertewandel bei Führungskräften und Führungsnachwuchs: zur Entwicklung einer wertorientierten Unternehmensgestaltung, Konstanz 1991.
Wiedmann, Klaus-Peter: Herausforderungen an eine marktorientierte Unternehmensführung im Zeichen des Wertewandels, Mannheim 1984.
Wodak, Ruth: Sprache und Macht – Sprache und Politik, Wien 1989.
Wolff, Georg: Erfolgsfaktor Führung: Kommunikation und Kooperation als Antwort auf den Wertewandel, Frankfurt a. M. 1990.
Wolff, Georg/Göschel, Gesine: Erfolgsfaktor Führung. Kommunikation und Kooperation als Antwort auf den Wertewandel. Wiesbaden 1990.

Zündorf, Lutz: Macht, Einfluß und Vertrauen: Elemente einer soziologischen Theorie des Managements, Lüneburg 1987.

Register